国家出版基金项目
NATIONAL PUBLICATION FOUNDATION

欧亚历史文化文库

总策划 张余胜

兰州大学出版社

伊犁河流域塞人和乌孙的古代文明

丛书主编 余太山

〔苏联〕K. A. 阿奇舍夫 Г. A. 库沙耶夫 著

孙危 译

图书在版编目(CIP)数据

伊犁河流域塞人和乌孙的古代文明 / 孙危译. —
兰州:兰州大学出版社,2013.5
(欧亚历史文化文库/余太山主编)
ISBN 978-7-311-04107-6

Ⅰ.①伊… Ⅱ.①孙… Ⅲ.①古代少数民族考古—研
究—新疆 Ⅳ.①K874

中国版本图书馆 CIP 数据核字(2013)第 102790 号

总 策 划　张余胜

书　　名　伊犁河流域塞人和乌孙的古代文明
丛书主编　余太山
作　　者　〔苏联〕K.A.阿奇舍夫　Г.A.库沙耶夫　著
　　　　　孙危　译
出版发行　兰州大学出版社　(地址:兰州市天水南路 222 号　730000)
电　　话　0931 –8912613(总编办公室)　0931 –8617156(营销中心)
　　　　　0931 –8914298(读者服务部)
网　　址　http://www.onbook.com.cn
电子信箱　press@lzu.edu.cn
印　　刷　兰州人民印刷厂
开　　本　700 mm×1000 mm　1/16
印　　张　19.75
字　　数　272 千
版　　次　2013 年 5 月第 1 版
印　　次　2013 年 5 月第 1 次印刷
书　　号　ISBN 978-7-311-04107-6
定　　价　60.00 元

(图书若有破损、缺页、掉页可随时与本社联系)
淘宝网邮购地址:http://lzup.taobao.com

出版说明

　　随着 20 世纪以来联系地、整体地看待世界和事物的系统科学理念的深入人心，人文社会学科也出现了整合的趋势，熔东北亚、北亚、中亚和中、东欧历史文化研究于一炉的内陆欧亚学于是应运而生。时至今日，内陆欧亚学研究取得的成果已成为人类不可多得的宝贵财富。

　　当下，日益高涨的全球化和区域化呼声，既要求世界范围内的广泛合作，也强调区域内的协调发展。我国作为内陆欧亚的大国之一，加之 20 世纪末欧亚大陆桥再度开通，深入开展内陆欧亚历史文化的研究已是责无旁贷；而为改革开放的深入和中国特色社会主义建设创造有利周边环境的需要，亦使得内陆欧亚历史文化研究的现实意义更为突出和迫切。因此，将针对古代活动于内陆欧亚这一广泛区域的诸民族的历史文化研究成果呈现给广大的读者，不仅是实现当今该地区各国共赢的历史基础，也是这一地区各族人民共同进步与发展的需求。

　　甘肃作为古代西北丝绸之路的必经之地与重要组

成部分,历史上曾经是草原文明与农耕文明交汇的锋面,是多民族历史文化交融的历史舞台,世界几大文明(希腊—罗马文明、阿拉伯—波斯文明、印度文明和中华文明)在此交汇、碰撞,域内多民族文化在此融合。同时,甘肃也是现代欧亚大陆桥的必经之地与重要组成部分,是现代内陆欧亚商贸流通、文化交流的主要通道。

基于上述考虑,甘肃省新闻出版局将这套《欧亚历史文化文库》确定为2009—2012年重点出版项目,依此展开甘版图书的品牌建设,确实是既有眼光,亦有气魄的。

丛书主编余太山先生出于对自己耕耘了大半辈子的学科的热爱与执著,联络、组织这个领域国内外的知名专家和学者,把他们的研究成果呈现给了各位读者,其兢兢业业、如临如履的工作态度,令人感动。谨在此表示我们的谢意。

出版《欧亚历史文化文库》这样一套书,对于我们这样一个立足学术与教育出版的出版社来说,既是机遇,也是挑战。我们本着重点图书重点做的原则,严格于每一个环节和过程,力争不负作者、对得起读者。

我们更希望通过这套丛书的出版,使我们的学术出版在这个领域里与学界的发展相偕相伴,这是我们的理想,是我们的不懈追求。当然,我们最根本的目的,是向读者提交一份出色的答卷。

我们期待着读者的回声。

总 序

本文库所称"欧亚"（Eurasia）是指内陆欧亚，这是一个地理概念。其范围大致东起黑龙江、松花江流域，西抵多瑙河、伏尔加河流域，具体而言除中欧和东欧外，主要包括我国东三省、内蒙古自治区、新疆维吾尔自治区，以及蒙古高原、西伯利亚、哈萨克斯坦、乌兹别克斯坦、吉尔吉斯斯坦、土库曼斯坦、塔吉克斯坦、阿富汗斯坦、巴基斯坦和西北印度。其核心地带即所谓欧亚草原（Eurasian Steppes）。

内陆欧亚历史文化研究的对象主要是历史上活动于欧亚草原及其周邻地区（我国甘肃、宁夏、青海、西藏，以及小亚、伊朗、阿拉伯、印度、日本、朝鲜乃至西欧、北非等地）的诸民族本身，及其与世界其他地区在经济、政治、文化各方面的交流和交涉。由于内陆欧亚自然地理环境的特殊性，其历史文化呈现出鲜明的特色。

内陆欧亚历史文化研究是世界历史文化研究中不可或缺的组成部分，东亚、西亚、南亚以及欧洲、美洲历史文化上的许多疑难问题，都必须通过加强内陆欧亚历史文化的研究，特别是将内陆欧亚历史文化视做一个整体加以研究,才能获得确解。

中国作为内陆欧亚的大国,其历史进程从一开始就和内陆欧亚有千丝万缕的联系。我们只要注意到历代王朝的创建者中有一半以上有内陆欧亚渊源就不难理解这一点了。可以说,今后中国史研究要有大的突破,在很大程度上有待于内陆欧亚史研究的进展。

古代内陆欧亚对于古代中外关系史的发展具有不同寻常的意义。古代中国与位于它东北、西北和北方,乃至西北次大陆的国家和地区的关系,无疑是古代中外关系史最主要的篇章,而只有通过研究内陆欧亚史,才能真正把握之。

内陆欧亚历史文化研究既饶有学术趣味,也是加深睦邻关系,为改革开放和建设有中国特色的社会主义创造有利周边环境的需要,因而亦具有重要的现实政治意义。由此可见,我国深入开展内陆欧亚历史文化的研究责无旁贷。

为了联合全国内陆欧亚学的研究力量,更好地建设和发展内陆欧亚学这一新学科,繁荣社会主义文化,适应打造学术精品的战略要求,在深思熟虑和广泛征求意见后,我们决定编辑出版这套《欧亚历史文化文库》。

本文库所收大别为三类:一,研究专著;二,译著;三,知识性丛书。其中,研究专著旨在收辑有关诸课题的各种研究成果;译著旨在介绍国外学术界高质量的研究专著;知识性丛书收辑有关的通俗读物。不言而喻,这三类著作对于一个学科的发展都是不可或缺的。

构建和发展中国的内陆欧亚学,任重道远。衷心希望全国各族学者共同努力,一起推进内陆欧亚研究的发展。愿本文库有蓬勃的生命力,拥有越来越多的作者和读者。

最后,甘肃省新闻出版局支持这一文库编辑出版,确实需要眼光和魄力,特此致敬、致谢。

余太山

2010 年 6 月 30 日

序

《伊犁河流域塞人和乌孙的古代文明》一书是苏联时期出版的一部非常有影响的考古学专著。该书汇集了伊犁河下游地区大量的考古发掘资料,并对考古学遗存的族属、年代以及考古资料所反映的古代人类的经济形态、社会组织形态等问题进行了较为深入的探讨。这一研究成果,对中国境内伊犁河上游地区同时代考古学文化的研究具有不言而喻的重要参考价值和借鉴价值。该书俄文版出版至今已近五十年了,但一直没有中文版问世,这对中国考古学者不能不说是一个很大的遗憾。经过孙危博士的努力,我们现在终于可以看到盼望已久的这部书的中文版了,这是一件令人十分高兴的幸事。

中国是一个有着几千年历史的文明古国,中国古代文明形成和发展的过程,具有不同于世界上其他古代文明的十分明显的特征。这些特征的形成和延续,与中国相对封闭的地理环境和长期作为农业大国的经济形态关系密切。但同时我们也不能忽视,中国古代文明在形成与发展的过程中,与世界上其他古代文明特别是周边国家和地区的古代文明,一直存在着交流和互动。因此,在探讨中国古代文明形成和发展过程时,如果我们对周边国家和地区的古代文明缺乏深刻的了解,也不可能真正了解中国古代文明。长期以来,中国的考古学家们由于种种原因,都埋头于国内的考古工作,很少有人致力于外国考古研究。在中国只有研究中国的考古学家,没有研究埃及的考古学家、西亚的考古学家、古典的考古学家,更没有研究美洲的考古学家、非洲的考古学家,甚至没有真正深入研究印度、中亚、东南亚、日本和朝鲜半岛的考古学家。因此,中国的考古学家只在中国考古学研究领域内有发言权,在中国以外的考古研究领域基本上没有发言权。这种状况,与中国考古学科的地位十分不相称。要改变这种状况,需要我们大家共同的努力,首先需要认真了解国外的考古资料和研究成果。《伊犁河流域塞人和乌孙的古代文明》中译本的出版,应该成为这一过程的标志性成果之一。

从中国北方的蒙古草原到西方的中亚草原,是古代游牧民族活动的重要区域,在这一区域形成和发展起来的古代游牧文明,与以黄河流域为中心的中国古代农业文明长期存在着互动关系。但是,由于中国考古学科主要是在研究古代农业文明的基础上发展起来的,对于古代游牧文明的研究工作一直做得不多,亟须加强。古代游牧民族的生存环境、经济形态和社会组织形态与农业民族有很大的不同,他们留下的文化遗存也有许多不同于农业文化遗存的特点。因此,在研究古代游牧文化的时候,中国的考古学家们需要对已有的考古学研究方法进行调整和改进,以适应研究对象的变化。《伊犁河流域塞人和乌孙的古代文明》的研究对象主要是古代游牧文化遗存,为我们提供了一个该领域研究的良好范例,值得中国考古学家们学习和借鉴。当然,作为一个近半个世纪前完成的研究成果,现在看来存在一些认识上的局限是难以避免的。例如,该书的作者发现了游牧人群冬季普遍定居、夏季也有部分人定居的现象,因而将之称为不同于纯游牧的"半游牧"形态。现在看来,在欧亚大陆北方草原地区是否真正存在四季游牧的所谓"纯游牧"形态值得怀疑,冬季定居、夏季游牧很可能是游牧民族生活的普遍形态。

塞人和乌孙是中国和西方文献中都有记载的曾活动于中国新疆和中亚地区的古代人类集团。但由于文献记载的内容过于简略,要较为全面地了解古代塞人和乌孙的历史真相,主要还要依靠考古资料。同时,这一课题还需要研究中国和研究中亚的考古学家们共同努力和合作。《伊犁河流域塞人和乌孙的古代文明》中文版的出版,为研究这一课题的中国考古学者提供了十分珍贵的资料,将有助于推动这一课题研究的进展。我们期待该书中文版的出版能促成该项研究出现新的热潮,有更多的考古资料和研究成果问世,并促进中国考古学界与国外考古学界的交流与合作。

王建新

2012 年 4 月 22 日于西北大学

目 录

说明 / 1

前言 / 2

伊犁河流域塞人的古代遗迹 (公元前7世纪至公元前4世纪)

1 引言 / 3

2 别斯沙迪尔墓地
　　——皇族尖帽塞人的墓地 / 21

3 平民尖帽塞人的遗存 / 66

4 历史学和考古学方面的研究 / 85

伊犁河右岸地区的乌孙遗迹 (公元前3世纪至公元3世纪)

1 引言 / 113

2 伊犁河右岸乌孙墓葬分期研究 / 122

3 乌孙遗迹的历史考古学研究 / 183

4 分布在伊犁河右岸的乌孙人的
　　经济和社会结构 / 208

结语 / 232

附录 / 233
图版 / 255
原书彩版 / 260
附表 / 261

后记 / 267
索引 / 269

插图目录

一、塞人部分

 图1-1 给波斯帝国进贡的尖帽塞人
    （出自波斯波利斯薛西斯宫殿
    中的浮雕,公元前5世纪）/ 14

 图1-2 带有人形象的金牌饰（来自
    阿姆河宝藏,公元前6世纪至
    公元前5世纪）/ 15

 图1-3 别斯沙迪尔巨冢平面图 / 23

 图1-4 别斯沙迪尔巨冢 / 23

 图1-5 发掘前的石圈 / 24

 图1-6 发掘后的石圈 / 24

 图1-7 石圈上的缺口——大门 / 25

 图1-8 立石 / 25

 图1-9 立石 / 26

 图1-10 别斯沙迪尔1号巨冢平剖面图 / 27

 图1-11 墓地上竖立的石碑 / 27

 图1-12 原木盖板上的芦苇 / 27

 图1-13 原木盖板 / 28

 图1-14 墓葬的南立面 / 28

图1-15　带椁架的墓葬平面图 / 29

图1-16　墓葬的北立面 / 29

图1-17　墓葬的西立面 / 29

图1-18　墓葬的东立面及入口 / 30

图1-19　椁室门 / 30

图1-20　椁室内的东北角 / 31

图1-21　椁室内的西北角 / 31

图1-22　原木上的加工工具留下的痕迹 / 32

图1-23　清理墓地的场面 / 32

图1-24　墓葬北部和西部的剖面图 / 33

图1-25　墓葬东西两面的立面图 / 33

图1-26　墓葬所用原木的接缝处 / 33

图1-27　发掘前的别斯沙迪尔3号巨冢 / 34

图1-28　发掘前围绕在封丘底部的石圈 / 35

图1-29　封丘底部剖面全景 / 35

图1-30　封丘平剖面图 / 36

图1-31　发掘后的石圈 / 36

图1-32　石墙的局部 / 37

图1-33　发掘前的6号冢 / 38

图1-34　深5米的墓葬 / 38

图1-35　封丘及地下墓圹剖面图 / 38

图1-36　原木盖板和立柱 / 39

图1-37　墓葬的北立面及通道 / 39

图1-38　墓葬的南立面 / 39

图1-39　墓葬的西立面 / 40

图1-40　原木椁架平面图 / 40

图1-41　原木椁架北侧剖面图 / 41

图1-42　原木椁架东侧及入口 / 41

图1-43　椁室内西北角处 / 42

图1-44　椁室内东北角处 / 42

图1-45　椁室入口处 / 43

图1-46　原木端头上的穿孔 / 43

图1-47　芦苇席子 / 44

图1-48　椁室东壁剖面图 / 44

图1-49　墓葬平剖面图 / 45

图1-50　发掘前的封丘 / 46

图1-51　被火烧过的墓葬 / 47

图1-52　别斯沙迪尔8号巨冢平剖面图 / 47

图1-53　发掘前的M14 / 48

图1-54　从东侧看椁室 / 48

图1-55　椁室剖面图 / 49

图1-56　石块和灌木混合而成的顶部 / 49

5

图1-57　揭掉石块和灌木后发现的原木和
　　　　芦苇覆盖物 / 50

图1-58　椁室上覆盖的原木 / 50

图1-59　芦苇席子 / 50

图1-60　发掘前的M15 / 51

图1-61　封丘底部剖面(部分) / 51

图1-62　封丘和墓圹剖面图 / 51

图1-63　发掘前的M25 / 52

图1-64　墓圹上覆盖的木头残余 / 52

图1-65　M25平剖面图及出土的随葬品 / 53

图1-66　用来修建石圈的石板上刻画的图案 / 54

图1-67　别斯沙迪尔6号巨冢中出土的木构架 / 61

图1-68　带穿孔的木板、芦苇席子和绳子 / 61

图1-69　带有加工痕迹的木料端头(M1和M6出土) / 61

图1-70　木料上的各种木工工具痕迹 / 62

图1-71　发掘前的石室墓 / 67

图1-72　发掘后的石室墓 / 67

图1-73　克孜劳兹墓地平面图 / 70

图1-74　M7的墓圹 / 71

图1-75　M7墓圹的北半部 / 71

图1-76　M7封丘平剖面图及墓圹 / 71

图1-77 M9封丘平剖面图及墓圹 / 72

图1-78 发掘后的墓圹 / 72

图1-79 南侧的墓圹 / 72

图1-80 M12封丘平剖面图、墓圹及
出土的随葬品 / 73

图1-81 M14封丘平剖面图及出土的
青铜手镯 / 75

图1-82 塞人墓葬中出土的陶器 / 77

图1-83 图勒奇勒宝藏中的青铜物品 / 81

图1-84 卡梅尼宝藏和新阿列克谢夫
宝藏中的青铜工具 / 82

图1-85 伊塞克湖宝藏中的青铜物品 / 83

图1-86 青铜镬 / 83

图1-87 哈萨克斯坦境内出土的青铜镞
分期图 / 87

图1-88 安德罗诺沃文化分布范围及其
创造者迁徙路线图 / 97

二、乌孙部分

图2-1 伊犁河右岸地区各类遗迹
分布图 / 120

7

图2-2　卡普恰加伊3号墓地墓葬分布图 / 123

图2-3　卡普恰加伊3号墓地M5封丘底部平剖面图及
　　　　墓圹平面图 / 123

图2-4　卡普恰加伊3号墓地M18封丘底部平剖面图及
　　　　墓圹平面图 / 124

图2-5　卡普恰加伊3号墓地M21封丘底部平剖面图及
　　　　墓圹平面图 / 125

图2-6　卡普恰加伊3号墓地M41封丘底部平剖面图及
　　　　墓圹平面图 / 127

图2-7　乌特根3号墓地M27封丘底部平剖面图及
　　　　墓圹平面图 / 128

图2-8　乌特根3号墓地M28封丘底部平剖面图及
　　　　墓圹平面图 / 128

图2-9　克孜勒—厄斯帕墓地南半部的墓葬分布图 / 129

图2-10　克孜勒—厄斯帕墓地M89封丘底部平剖面图及
　　　　　墓圹平面图 / 130

图2-11　克孜勒—厄斯帕墓地M97封丘底部平剖面图及
　　　　　墓圹平面图 / 131

图2-12　克孜劳兹3号墓地墓葬分布图 / 131

图2-13　克孜劳兹3号墓地M9封丘底部平剖面图及
　　　　　墓圹平面图 / 132

图2-14 克孜劳兹3号墓地M11封丘底部
　　　　平剖面图及墓圹平面图 / 133

图2-15 克孜劳兹3号墓地M41封丘底部
　　　　的墓圹痕迹和石圈 / 134

图2-16 汪古尔—科拉1号墓地"Б"组墓葬
　　　　分布图 / 135

图2-17 汪古尔—科拉1号墓地"В"组墓葬
　　　　分布图 / 136

图2-18 汪古尔—科拉1号墓地M21封丘
　　　　底部平剖面图及墓圹平面图 / 137

图2-19 汪古尔—科拉1号墓地M22墓圹
　　　　上的覆盖物 / 138

图2-20 汪古尔—科拉1号墓地M13中
　　　　出土的人骨架 / 138

图2-21 汪古尔—科拉1号墓地M28封丘
　　　　底部平剖面图及墓圹平面图 / 139

图2-22 别斯沙迪尔2号墓地"А"组、"Б"组
　　　　墓葬分布图 / 140

图2-23 乌特根1号墓地墓葬分布图 / 149

图2-24 乌特根1号墓地M3封丘底部
　　　　平剖面图及墓圹平面图 / 150

图2-25 乌特根1号墓地M4封丘底部
平剖面图及墓圹平面图 / 150

图2-26 乌特根1号墓地M5封丘底部平剖面图
及墓圹平面图 / 151

图2-27 乌特根2号墓地M67封丘底部平剖面图
及墓圹平面图 / 151

图2-28 泰加克1号墓地M15中的侧穴153

图2-29 泰加克1号墓地M2Б封丘底部平剖面图
及墓圹平面图 / 154

图2-30 泰加克1号墓地M4封丘底部平剖面图
及墓圹平面图 / 154

图2-31 克孜劳兹2号墓地墓葬分布图 / 155

图2-32 卡尔干1号墓地墓葬分布图 / 157

图2-33 卡尔干1号墓地M37封丘底部平剖面图及
墓圹平面图 / 158

图2-34 卡尔干1号墓地M60封丘底部平剖面图及
墓圹平面图 / 159

图2-35 卡尔干1号墓地M70封丘底部平剖面图及
墓圹平面图 / 161

图2-36 经过清理后的卡普恰加伊2号墓地
M3墓圹里的人骨架 / 168

图2-37　卡普恰加伊2号墓地M3出土的
　　　　木器 / 168

图2-38　丘拉克—积基德1号墓地M31
　　　　出土的石磨盘 / 169

图2-39　丘拉克—积基德1号墓地M40封丘
　　　　底部平剖面图及墓圹平面图 / 170

图2-40　丘拉克—积基德1号墓地M45的
　　　　墓圹中发现的两具人骨 / 171

图2-41　丘拉克—积基德1号墓地M55封丘
　　　　底部平剖面图及墓圹平面图 / 172

图2-42　汪古尔—科拉2号墓地墓葬
　　　　分布图 / 172

图2-43　汪古尔—科拉2号墓地M4封丘
　　　　底部平剖面图及墓圹平面图 / 173

图2-44　汪古尔—科拉2号墓地M26
　　　　的墓圹 / 175

图2-45　汪古尔—科拉2号墓地M31
　　　　的墓圹 / 175

图2-46　卡尔干4号墓地墓葬分布图 / 176

图2-47　阿拉尔—突报1号墓地墓葬
　　　　分布图 / 177

图2-48　汪古尔—科拉1号墓地上的封丘链 / 191

图2-49　泰加克1号墓地M12发掘前的情况 / 193

图2-50　发掘时使用的传输设备 / 193

图2-51　封丘底部(东西向) / 193

图2-52　克孜劳兹3号墓地M36封丘底部

　　　　环绕的石圈 / 195

图2-53　汪古尔—科拉1号墓地M16封丘底部

　　　　的石圈 / 195

图2-54　克孜劳兹3号墓地M43封丘底部环绕

　　　　的石圈 / 195

图2-55　卡尔干1号墓地M62封丘下面的石圈 / 196

图2-56　卡尔干1号墓地M63封丘下面的石堆 / 196

图2-57　卡尔干1号墓地M70封丘下面的

　　　　两个石圈 / 196

图2-58　卡尔干1号墓地M70的封丘 / 197

图2-59　卡尔干4号墓地M10的封丘及

　　　　方形石圈 / 197

图2-60　卡尔干1号墓地M60封丘旁边的

　　　　堆砌物(发掘前) / 198

图2-61　卡尔干1号墓地M60封丘旁边的

　　　　堆砌物(发掘后) / 199

图2-62 卡尔干1号墓地M70封丘旁边的
       堆砌物(发掘后) / 199
图2-63 阿拉木图北郊建筑工地上发现的
       古代墓葬 / 224
图2-64 发掘后的土坑墓 / 225
图2-65 随葬陶器 / 226

图版目录

图版一 / 255

1、9:青铜发簪和手镯(克孜劳兹1号墓地M12出土);5:青铜耳环(克孜劳兹1号墓地M11出土);2:铁发簪(卡普恰加伊3号墓地M35出土);7、8:青铜耳环(卡普恰加伊3号墓地M35出土);15:铜镜(卡普恰加伊3号墓地M35出土);4:铁发簪(卡普恰加伊3号墓地M41出土);3:铁发簪(克孜勒—厄斯帕墓地M89出土);11:蠼螋(克孜勒—厄斯帕墓地M89出土);14:铜镜(克孜勒—厄斯帕墓地M89出土);17:铜镜(克孜勒—厄斯帕墓地M97出土);6:青铜耳环(汪古尔—科拉1号墓地M28出土);12:颜料瓶(汪古尔—科拉1号墓地M28出土);13:铜镜(汪古尔—科拉1号墓地M28出土);16:白垩石(汪古尔—科拉1号墓地M22出土);10:手镯(卡尔干1号墓地M62出土)

图版二 / 255

1:青铜刀(别斯沙迪尔2号墓地M1出土);2:铁刀(乌特根1号墓地M4出土);3:青铜刀(乌特根1号墓地M3出土);4:铁刀(乌特根3号墓地M6出土);5:青铜刀(卡普恰加伊3号墓地M21出土);12:青铜带扣(卡普恰加伊3号墓

地M24出土);15:青铜垂饰(卡普恰加伊3号墓地M24出土);13:骨镞(卡普恰加伊3号墓地M20出土);6:铁刀(卡尔干1号墓地M26出土);10、11:青铜锥(卡尔干1号墓地M17出土);7:纺轮(汪古尔—科拉2号墓地M28出土);8(a、б、в):陶纺轮(丘拉克—积基德墓地M31出土);9:青铜锥(丘拉克—积基德墓地M55出土);14:青铜垂饰(克孜劳兹3号墓地M79出土);16:砺石(汪古尔—科拉1号墓地M35出土)

图版三:陶钵/256

1:汪古尔—科拉1号墓地M22出土;2:汪古尔—科拉1号墓地M33出土;3:别斯沙迪尔2号墓地M11出土;5、6:别斯沙迪尔2号墓地M10出土;4:克孜劳兹3号墓地M82出土;7、8:泰加克1号墓地M4出土;9:卡尔干1号墓地M64出土;10:汪古尔—科拉2号墓地M12出土;11:汪古尔—科拉2号墓地M31出土;12:汪古尔—科拉2号墓地M13出土

图版四:深腹陶罐/256

1:汪古尔—科拉1号墓地M33出土;2:汪古尔—科拉1号墓地M27出土;6:汪古尔—科拉1号墓地M14出土;12:汪古尔—科拉1号墓地M22出土;3:乌特根3号墓

地M27出土;5:乌特根3号墓地M6出土;7:乌特根3号墓地M16出土;10:乌特根3号墓地M8出土;4:卡普恰加伊3号墓地M18出土;11:卡普恰加伊3号墓地M5出土;8:克孜勒—厄斯帕墓地M77出土;9、13:别斯沙迪尔2号墓地M3出土;14、17:泰加克1号墓地M4出土;15:丘拉克—积基德1号墓地M31出土;16:丘拉克—积基德1号墓地M55出土;18:丘拉克—积基德1号墓地M40出土

图版五:长腹陶壶 / 257

1:汪古尔—科拉1号墓地M28出土;3:汪古尔—科拉1号墓地M23出土;6:汪古尔—科拉1号墓地M21出土;8:汪古尔—科拉1号墓地M22出土;2:卡普恰加伊3号墓地M18出土;4:克孜劳兹3号墓地M82出土;5:克孜劳兹3号墓地M76出土;7:克孜勒—厄斯帕墓地M97出土;9:卡尔干1号墓地M63出土;11:卡尔干1号墓地M37出土;10:乌特根1号墓地M4出土;12:卡尔干4号墓地M11出土;13:丘拉克—积基德1号墓地M36出土;14:丘拉克—积基德1号墓地M45出土;15:汪古尔—科拉2号墓地M4出土

图版六:带柄陶罐 / 257

1:汪古尔—科拉1号墓地M35出土;2:克孜劳兹3号墓地

16

M11出土;3:克孜劳兹3号墓地M16出土;4:克孜劳兹3号墓地M9出土;5:泰加克1号墓地M3A出土;6:泰加克1号墓地M4出土;9:泰加克1号墓地M15出土;14:泰加克1号墓地M166出土;7:卡尔干1号墓地M66出土;8:卡尔干1号墓地M67出土;10:乌特根2号墓地M72出土;11:乌特根2号墓地M67出土;12:丘拉克—积基德2号墓地M42出土;13:丘拉克—积基德1号墓地M55出土;15:汪古尔—科拉2号墓地M12出土

图版七:带柄陶壶(杯) / 258

1:克孜劳兹2号墓地M11出土;5:克孜劳兹2号墓地M20出土;6:克孜劳兹2号墓地M15出土;2:汪古尔—科拉2号墓地M31出土;3:汪古尔—科拉2号墓地M11出土;4:汪古尔—科拉2号墓地M10出土

图版八:陶罐 / 258

1:克孜勒—厄斯帕墓地M77出土;5:丘拉克—积基德1号墓地M55出土;2:丘拉克—积基德1号墓地M50出土;4、8:丘拉克—积基德1号墓地M6出土;3:汪古尔—科拉2号墓地M8出土;7:汪古尔—科拉2号墓地M31出土;6:卡尔干4号墓地M14出土

图版九:伊犁河右岸地区出土的随葬陶器 / 259

1:阿尔金—厄密尔4号墓地M2出土;2:卡尔干4号墓地M4出土;3:卡尔干1号墓地M64出土;5:卡尔干1号墓地M61出土;8:卡尔干1号墓地M67出土;12:卡尔干1号墓地M65出土;7:卡尔干1号墓地M63出土;4:克孜勒—厄斯帕墓地M72出土;6:汪古尔—科拉2号墓地M13出土;13:汪古尔—科拉2号墓地M26出土;16:汪古尔—科拉2号墓地M13出土;9:克孜劳兹2号墓地M11出土;10:乌特根3号墓地M4出土;11:乌特根3号墓地M15出土;14:克孜勒—萨伊墓地M2出土;15:克孜劳兹3号墓地M9出土

图版十:伊犁河右岸地区乌孙遗存分期 / 260

公元前3世纪至公元前2世纪

1:汪古尔—科拉1号墓地M27出土;4、26、29:汪古尔—科拉1号墓地M22出土;15、25:汪古尔—科拉1号墓地M21出土;28:汪古尔—科拉1号墓地M33出土;30:汪古尔—科拉1号墓地M23出土;32、35、37、42:汪古尔—科拉1号墓地M28出土;2:克孜勒—厄斯帕墓地M14出土;18、21、23:克孜勒—厄斯帕墓地M89出土;22、36:克孜勒—厄斯帕墓地M97出土;3:乌特根3号墓地M27出土;7:乌特根3号墓地M4出土;17:乌特根3号墓地M6出土;5、33:克孜

18

劳兹3号墓地M82出土；14：克孜劳兹3号墓地M42出土；
24、39:克孜劳兹3号墓地M11出土；31:克孜劳兹3号墓地
M41出土；8:别斯沙迪尔2号墓地M19出土；11:别斯沙迪
尔2号墓地M11出土；16：别斯沙迪尔2号墓地M1出土；
43:别斯沙迪尔2号墓地M11出土；6、13:卡普恰加伊3号
墓地M24出土；10:卡普恰加伊3号墓地M5出土；12:卡普
恰加伊3号墓地M20出土；19、34、38:卡普恰加伊3号墓地
M35出土；27、44:卡普恰加伊3号墓地M18出土；41:卡
普恰加伊3号墓地M41出土；20、40:克孜劳兹1号墓地出土
的随葬品。

公元前1世纪至公元1世纪

45、54:卡尔干1号墓地M67出土；47:卡尔干1号墓地M63
出土；48、61、65:卡尔干1号墓地M61出土；53、64:卡尔干1
号墓地M37出土；55、57：卡尔干1号墓地M64出土；56:卡
尔干1号墓地的堆砌物中出土；66:卡尔干1号墓地M62出
土；46、62:乌特根墓地M2出土。

公元1世纪至公元2世纪

49、50:泰加克1号墓地M3出土；51:泰加克1号墓地M4A
出土；58:泰加克1号墓地M26出土；59、68:泰加克1号墓
地M17出土；67:克孜劳兹2号墓地M20出土。

公元2世纪至公元3世纪

69、75、91：汪古尔—科拉2号墓地M12出土；70、73、80、81、92：汪古尔—科拉2号墓地M31出土；71：汪古尔—科拉2号墓地M13出土；76：汪古尔—科拉2号墓地M8出土；77：汪古尔—科拉2号墓地M4出土；86、88、89：汪古尔—科拉2号墓地M10出土；93：汪古尔—科拉2号墓地M29出土；72：丘拉克—积基德1号墓地M55出土；74：丘拉克—积基德1号墓地M31出土；78、79：丘拉克—积基德1号墓地M6出土；82：丘拉克—积基德1号墓地M55出土；90：丘拉克—积基德1号墓地M40出土；94：丘拉克—积基德1号墓地M42出土；83、84：卡尔干1号墓地M17出土；85：泰加克2号墓地M11出土；87：卡尔干4号墓地M11出土。

原书彩版目录

彩版壹 / 260

1：项链（卡普恰加伊3号墓地M18出土）；

4：项链（卡普恰加伊3号墓地M22出土）；

2：项链（泰加克1号墓地M17出土）；3、6：

珠饰（汪古尔—科拉1号墓地M28出土）；

5：项链（别斯沙迪尔2号墓地M11出土）

附表目录

表一　伊犁河右岸地区乌孙墓葬
　　　冢墓结构及出土陶器分期 / 261

表二　伊犁河右岸地区乌孙墓葬特点
　　　一览表 / 262

表三　伊犁河右岸地区乌孙冢墓出土
　　　陶器特点 / 264

表四　伊犁河右岸地区各期的
　　　典型乌孙墓葬 / 266

表五　伊犁河右岸地区乌孙墓葬中
　　　出土的人骨类型统计表 / 266

说　明

　　本书的内容是研究七河流域的古代文明历史,在波斯和中国的史书中称这一地区居住的古代民族为塞人和乌孙。

　　全书由两部分组成。第一编详细介绍了在伊犁河流域发掘的有关塞人的很多考古新资料。其中在别斯沙迪尔墓地中被称为"皇族塞人"墓地的墓葬中发现了木构建筑。

　　在对考古材料进行比对的基础上,作者对七河流域发现的青铜劳动工具和日常生活用品的时代提出了新的看法。由此还确定了哈萨克斯坦出土的青铜镞的相对年代,进而对七河流域塞人的起源问题提出了一些新的观点。

　　第二编介绍的是乌孙。作者将乌孙的历史分为三个时期,并以考古材料为基础,阐明了各个时期的特点。

　　在本书的两个部分中作者还论述了经济发展、个人财产的多寡、社会划分以及阶级形成等问题。

　　书中还附有大量的图片。本书可供科研人员、大中专教师、博物馆工作人员、方志学者、旅游部门的工作人员、大学和教育学院的研究生阅读参考,另外还包括所有对古代历史有兴趣的人士。

　　著名编辑人、哈萨克苏维埃加盟共和国科学院院士:A. X. 马勒古兰

前　言

　　本书是从物质文明的角度来研究伊犁河流域古代民族历史的专著。伊犁河流域居住的民族正是波斯和中国史书中所记载的塞人和乌孙。这些民族也分布在七河流域,他们在此居住了大约有1000年左右(公元前7世纪—公元4世纪)。

　　塞人—乌孙时期是哈萨克斯坦历史上非常重要的阶段。这一时期社会经济和政治生活都发生了很大的变化,特别是经济和文化,均开始向更高程度迈进。

　　其中经济形态的变化是非常重要的事件,即从牧业向农牧兼营转变。而独特的地理和气候条件是形成该地区经济形态的重要原因之一。具体来说,游牧经济在七河流域并不是表现为一直四处游动放牧,其根据是在一些平坦的地区水草很丰美,也就是说这些地区家畜的饲料是有保证的。

　　在历史文献中对游牧经济记载最早的是中国的史料,里面提到,西戎的经济形态都是游牧经济。但近年来的考古发现和研究成果还不能证实这种记载。国外学者从这些考古资料出发,推定了汉代居住在中国西部的民族的经济形态和社会生活。而他们中的很多人也认为,考古材料能在很大程度上弥补对居住在七河流域的古代民族的史料记载的不足,并有助于说明这些问题。

　　这些考古资料包括:墓葬、居址以及各种随葬品,其中随葬品中有形态发生变化的各种陶器。这些可以证明,塞人和乌孙并不是处于不停的游牧状态。游牧经济虽是他们的基本生活方式,但有时他们也会固定在一个地方放牧。

　　居址的发现可以证实塞人和乌孙既有长期的,即主要是冬季居住的地点,又有较为凉爽的季节放牧时短暂居住的地点。这种情况是完全有可能的,即在塞人—乌孙时期的七河流域开始出现了按季节轮流在不同的牧场进行放牧的制度。

这些居址的发现证实了古代乌孙人越冬的场所多数位于山中的峡谷地带,这些地方通常都是水草丰美,而且地面很少被雪覆盖。另外,挑选越冬场所的依据还有:那里必须能在雪天的条件下有充足的饲料。

经过对塞人和乌孙的考古材料进行比对后可以发现,塞人和乌孙的文化其实是同一族群的人在不同历史阶段的文化。

中国史书中记载的塞种部落有可能就是古希腊诗人阿里斯铁阿斯和历史学家希罗多德提到的伊塞顿人,而稍晚一点的乌孙则是托勒密所提到的伊塞顿人。他们还结成部落联盟,即波斯阿契美尼德王朝史书中记载的萨迦人。

由此可以认为,塞人和乌孙曾先后加入到一个部落联盟当中。史书中所提到的这些民族其实是同一部族在不同阶段的称呼,而在七河流域出现的所谓新部族,其仅仅是这个大联盟上层的统治者。

乌孙这个名称在中国史料中最晚见于 5—6 世纪,当时的政治舞台上先后出现了突骑施、葛逻禄和突厥等部族。但乌孙这个名称的消失并不意味着这个民族的消亡,乌孙后来在突骑施汗国和西突厥汗国形成的过程中曾起到非常重要的作用。

一个民族在其发展的整个历史阶段中的称呼应该是相同的,尽管最后可能已经失去了实际的意义。古代很多族名如乌孙能流传保存至今说明,现代哈萨克的一些部落中就有当年乌孙人的后裔。

本书是以哈萨克苏维埃加盟共和国科学院 Ч. Ч. 瓦里哈诺夫历史、考古与民族学研究所在伊犁河流域调查、发掘所得的考古材料为基础写成的,在伊犁河的考古工作前后共持续了 6 年(1954、1957—1961年)。本书由两个独立的部分组成。

第一编论述了伊犁河流域发现的塞人遗迹,由 К. А. 阿奇舍夫执笔,这部分内容是有关古代七河流域历史和文化的专题学术著作。

第一章首先认为巴沙德勒建筑与七河流域发现的第一批塞人建筑的特点相同,进而确定了它们在分布于黑海沿岸、伏尔加河沿岸、阿尔泰、蒙古以及中亚地区的斯基泰－赛克－萨尔马泰世界的木构建筑中的历史地位。

第二章描述了塞人墓地的情况,并对七河流域出土的青铜劳动工具和日常生活用品的年代进行了推断,认为它们属于安德罗诺沃文化的早期阶段。

第三章作者分析研究了与塞人社会经济发展相关的一些问题,其中包括:贫富不均、社会划分、阶级形成和建筑技术等等。

第四章作者阐述了两个理论问题:一是通过分析研究在哈萨克斯坦发现的塞人时期的青铜镞说明了塞人和塞人文化起源的问题。二是对这些青铜镞进行了分期研究,这样就确定了哈萨克斯坦和中亚地区塞人—乌孙时期的各种考古遗存的年代标尺。

本书的第二编向读者介绍了伊犁河流域发现的有关乌孙的遗存,这一部分由 Г.А.库沙耶夫执笔。书中作者在详细介绍考古材料的基础上,将乌孙的文明分为三个阶段。

在序言中作者对伊犁河流域的考古研究进行了一个简要的评述。随后说明了这部分内容的目的和任务,并且还援引了古代文献中有关乌孙的记载。

第一章介绍了有关乌孙的考古遗存,并根据这些遗存总结出了乌孙文明三个阶段的各自特点。

作者在对乌孙遗存进行分类的同时,还首次尝试着将伊犁河右岸地区发现的大量乌孙遗存系统化。

第二章作者分别从历史学和考古学的角度对伊犁河右岸地区发现的乌孙遗存进行了评述。

第三章的内容是探讨了乌孙的经济、上层建筑以及宗教等问题。另外,在乌孙发展的第三阶段中的社会经济方面的诸多问题也在这一章中得到了详细的阐述。

结尾部分则是作者由这些考古材料所得出的结论。

书中的图版和各种统计表格是由 П.В.阿伽波维完成的。有关墓地的各种地图是由 Г.Б.杰姆切尼克绘制的。照片由 О.梅德维杰维提供(部分底片来自 A. A. 波波夫和 M. П. 巴甫洛夫)。

作者在此对多年来在伊犁河地区开展工作的各位同仁表示诚挚的谢意,感谢他们为此书所付出的辛劳。我们还深切地希望业内的同行对本书提出各种批评和建议。

衷心感谢 A. X. 马勒古兰、M. K. 卡德勒巴耶夫和 Л. M. 列维尼提供了大量未发表的材料,感谢 A. A. 马鲁先科对东西土库曼考古遗存特点的描述,感谢 Л. И. 波拉多诺维和 B. И. 查卡伊诺夫对伊犁河谷地地质构造特点的科学论述,感谢 B. И. 莫勒让诺夫翻译了有关的中文新材料。

欧·亚·历·史·文·化·文·库

伊犁河流域塞人的古代遗迹

（公元前7世纪至公元前4世纪）

1　引言

有关塞人问题的研究已经有将近一个世纪的历史了。其中第一部重要的著作是 B. B. 格里果里耶夫的研究论著，书中作者梳理总结了有关塞人记载的各种史料。[1] 虽然这部书已面世 90 多年，但就是在今天看来，它仍是一部内容丰富的研究塞人问题的专著，而且依然具有自己独特的价值。

在本书中我们不会研究所有记载中亚地区塞人的史料。其原因主要有两个，一是本书不会脱离主题，二是不会重复前人的观点，这其中包括了著名的塞人问题研究专家 A. H. 伯恩施坦和 C. Π. 托勒斯托夫。

我们注意到，所有俄文的和资本主义国家出版的有关塞人问题的图书中都只有古代波斯历史文献对塞人的记载以及对这些记载的各种解释。毫无疑问，这些著作在塞人问题的研究中起到了很重要的作用。但它们中的大多数或多或少都带有一定的偏见以及资产阶级的主观主义态度。而其中有些学者的方法论我们认为是错误的，例如 A. 赫尔曼[2]、O. 弗兰尼科和 Ю. 尤尼格，他们对塞人部落分化、迁徙等问题的研究，由于基于他们认定的迁徙理论，即塞人都是避难者，因此往往具有幻想和虚构的成分。在他们看来，这是解决历史问题最容易的方法。[3]

本书主要是阐明塞人部落迁徙史的问题，另外还要证明各种文字中记载的各个时代的以及不同名称的有关塞人，他们其实说的都是一个概念。

---

〔1〕B. B. 格里果里耶夫：《斯基泰民族中的塞人》，圣彼得堡，1871 年。

〔2〕A. 赫尔曼：《塞人》，载《古典考古百科》第 5 卷，1920 年，第 1 版。（德文）

〔3〕O. 弗兰尼科：《源自中国的中亚突厥和斯基泰文献》，柏林，1904 年；Y. 尤尼格：《塞人研究》，柏林，1939 年。（德文）

·欧·亚·历·史·文·化·文·库·

19 世纪初克拉波洛特和阿别里·列米欧查曾提出这样一个看法：古希腊文献中提到的马萨格泰人和中国古代史料中提到的大月氏人是同一类人。[1] 这个观点先后得到了 O. 弗兰尼科[2] 和 B. B. 格里果里耶夫[3] 的支持,而且 C. П. 托勒斯托夫[4] 后来还进一步发展了这个观点。

与克拉波洛特的观点不同,A. 赫尔曼[5] 也提出了自己的看法。此外,B. B. 巴勒托里德[6] 的观点也与克拉波洛特的不同。

学界对居住在中央亚细亚地区的塞人和马萨格泰人在语音学方面进行了诸多研究。

但很多研究者并不同意"托马谢克"和"玛勒克瓦勒特"[7] 这两个词就是鱼食的意思。

20 世纪 30 年代,B. 塔勒尼和 Ю. 尤尼格则提出了"马萨格泰"意为"伟大的塞人"、"伟大的塞人国家"的观点。[8]

还需要注意的是,A. 赫尔曼和 Ю. 尤尼格援引了阿契美尼德王朝时期的文献:当时并不知道马萨格泰人,而是将他们和尖帽塞人看成是同一类人。

C. П. 托勒斯托夫将月氏人、马萨格泰人和哥特人是指同一类人的说法进行了比对,这种比对是建立在研究中国古代文献对月氏的解释上。这种解释与花拉子模文献中将哥特人与色雷斯人视为同一类人的解释非常相似。[9]

———————————

〔1〕克拉波洛特:《亚洲历史年表》,巴黎,1826 年,第 287 – 288 页;别里·列米欧查:《新亚洲合集》第 1 期,第 220 页。(法文)

〔2〕O. 弗兰尼科:《源自中国的中亚突厥和斯基泰文献》,柏林,1904 年;Y. 尤尼格:《塞人研究》,柏林,1939 年。(德文),第 25 页。

〔3〕B. B. 格里果里耶夫:《斯基泰民族中的塞人》,圣彼得堡,1871 年,第 136 – 139 页。

〔4〕C. П. 托勒斯托夫:《古代花拉子模》,第 240 – 243 页,莫斯科,1948 年。

〔5〕A. 赫尔曼:《中国与叙利亚之间的古丝绸之路》。(德文)

〔6〕《俄罗斯考古学会东方分会学报》,第 11 期,第 343 页。

〔7〕J. 马奎特:《伊朗地理中的普兰多 – 摩西史》,柏林,1901 年。(德文)

〔8〕Ю. 尤尼格、B. 塔勒尼:《居住在巴克特里亚和印度的古希腊人》,剑桥大学,1938 年。(英文)

〔9〕C. П. 托勒斯托夫:《古代花拉子模》,第 240 – 243 页,莫斯科,1948 年,第 243 页。

C.П.托勒斯托夫由此认为马萨格泰人和尖帽塞人应该是同一类人,特别是后者,其分布并不仅限于中亚的河中地区,在雅克萨勒特地区也有分布。与此相反,阿契美尼德王朝时代的文献中记载的牧地塞人和希罗多德笔下的斯基泰—阿莫勒奇亚人他都认为应该就是萨拉弗克人(庞培·特洛克记载的)、萨迦拉弗勒人(斯特拉波记载的)以及萨迦拉瓦克人,他们是同一部族的人,共同组成了马萨格泰人的大联盟。[1]

　　麦高文于1939年出版了他的著作,这本书重点研究的是匈奴的历史。这本书的四卷中只有一卷介绍了匈奴以前的历史,这一卷名为"雅利安族先驱者",共分为三章。分别是:土耳其斯坦的远古居民、北方的斯基泰人和萨尔马泰人、南方的巴克特里亚人和粟特人。这本书不仅是一部研究论著,而且里面还收录了大量的有关塞人的研究资料。[2]

　　而对塞人这个词汇进行广泛而深入研究则当属托马斯[3]和赫勒奇费里达[4]。

　　上文提到的塔勒尼的研究成果是一本有关希腊—巴克特里亚帝国的专著。在书中的几个部分(哈拉斯米亚、中国文献、吐火罗人的希腊称谓)里作者对推翻希腊—巴克特里亚帝国的游牧民族成分进行了分析研究。[5] 塔勒尼所持的观点是,中国史料中的月氏人就是斯特拉波和特罗克笔下的阿西阿马息安人。由此他也就反对月氏人即吐火罗人中的观点,同时认为吐火罗人是众多被月氏人征服的民族之一。[6] 在赞同麦高文观点的同时,塔勒尼还将阿契美尼德王朝时代的牧地塞人

---

　　〔1〕C.П.托勒斯托夫:《古代花拉子模》,莫斯科,1948年,第240－243页。

　　〔2〕W.麦高文:《中亚古国史》,美国北卡罗来纳大学出版社,1939年。(英文)

　　〔3〕F.托马斯·萨卡斯坦:《亚洲皇家社会研究》,1906年。(英文)

　　〔4〕E.赫勒奇费里达:《萨迦斯坦的萨迦人和苏伦人》,见《伊朗考古手册》,1935年,第4版。(德文)

　　〔5〕B.塔勒尼:《居住在巴克特里亚和印度的古希腊人》,附录11、20、21,剑桥大学,1938年。(英文)

　　〔6〕B.塔勒尼:《居住在巴克特里亚和印度的古希腊人》,附录11、20、21,剑桥大学,1938年。(英文),第185页。

·欧·亚·历·史·文·化·文·库·

和萨迦拉瓦克人视为同一类人。[1] 这些观点还得到了 C.П.托勒斯托夫的支持。此外,塔勒尼还指出,马萨格泰人共有五个部落:杰勒比奇、阿巴西阿克、阿塔西、哈拉斯米尼和奥卡西。[2]

研究塞人—斯基泰人问题的专家还有米尼斯。他在其论著里探讨了斯基泰人的文化和艺术。[3]

对中央亚细亚地区的民族进行研究的专家中还有一位值得一提,她就是 Ф.罗奇尼斯基。她在自己的著作中明确指出,如果历史研究仅仅建立在一个人口迁徙理论上,那么得出的结论肯定是不切合实际的。

Ф.罗奇尼斯基在自己的著作中尝试证实,帕提亚人的原住地位于今天的哈萨克斯坦东部和额尔齐斯河上游地区。[4] 中亚系统的武器和铠甲似乎都是从这里起源的,还包括著名的伊犁马。

在俄罗斯众多的资产阶级学者中,М.И.罗斯多夫切夫是必须要提及的一位。他的著作侧重于研究斯基泰人。其著作中有很丰富的各类资料,同时在古代历史文化的一些观点上对俄罗斯和西欧的很多学者产生了较大影响。

М.И.罗斯多夫切夫近期的一部著作中在论述斯基泰野兽纹的起源问题时提出一个假设:咸海沿岸的萨尔马泰人—塞人就是马萨格泰人—大夏人。按照该理论,萨尔马泰人是从咸海沿岸迁徙到伏尔加河下游地区的,其迁徙的原因是受到月氏人的攻击。当时月氏人由于匈奴人的攻击而西迁。М.И.罗斯多夫切夫还认为,野兽纹是由月氏人带来并传播扩大的。[5]

М.И.罗斯多夫切夫在其稍后的一部著作中重申了自己错误的观点。[6]

---

〔1〕B.塔勒尼:《居住在巴克特里亚和印度的古希腊人》,附录 11、20、21,剑桥,1938 年。(英文),第 291 页。

〔2〕B.塔勒尼:《居住在巴克特里亚和印度的古希腊人》,附录 11、20、21,剑桥,1938 年。(英文),第 80 – 81 页。

〔3〕E.米尼斯:《斯基泰人和希腊人》,剑桥,1913 年。(英文)

〔4〕B.菲利普·罗奇尼斯基:《帕提亚人的发源地》,海牙,1959 年,第 42 页。(英文)

〔5〕M.罗斯多夫切夫:《俄罗斯南部地区和中国的动物纹》,普林斯顿,1929 年。(英文)

〔6〕M.罗斯多夫切夫:《斯基泰人和博斯普鲁斯海峡》,柏林,1931 年。(德文)

М. И. 罗斯多夫切夫在自己提出的假设中曾不止一次地指出,要解决复杂的古代历史问题不能仅仅依靠民族迁徙理论。

在研究塞人问题的大量专著中,苏联历史学家、考古学家、语言学家和人类学家的研究成果无疑要占有特殊的地位。

苏联学者们在研究有关塞人的问题时利用了大量的材料,这其中既有文献材料,又有考古材料。这样就有可能得出更加准确和深入的结论。在这些成果中塞人的历史不再仅仅是军人、军事行动以及皇帝的历史。同时,我们不仅能说明塞人的政治史,还能弄清其经济、社会生活、物质和精神文化等各方面的情况。在提及这些著作时,我们应该首先要谈一下 A. H. 伯恩施坦那些具有开创性的著作。他是第一个对七河地区、天山、帕米尔及阿尔泰地区的塞人历史文化进行研究的学者[1]。当然,我们并不同意他书中的所有观点。例如,他在赞同 A. 赫尔曼和 Ю. 尤尼格观点的基础上,认为分布在帕米尔和天山地区的是阿穆勒格塞人(华马瓦勒卡人)。我们认为,他得出这个结论为时尚早,同时依据也不太充分。尽管有这些不足,但伯恩施坦的著作还是开创了塞人—乌孙研究的新阶段。

如果说 A. H. 伯恩施坦对居住在山区的以游牧为主业的塞人进行了卓有成效的研究的话,那么 C. П. 托勒斯托夫则是研究居住在咸海沿岸平原地区的以定居农业为主的塞人的历史问题专家。C. П. 托勒斯托夫的著作主要侧重于塞人的迁徙和族源问题,在这些问题的研究上作出了巨大的贡献[2]。

近年来,C. П. 托勒斯托夫开展了对塞人—马萨格泰人定居点、城址以及墓葬的研究工作,因此他的研究也开始从考古材料入手,并研究

---

〔1〕A. H. 伯恩施坦:《七河地区和天山地区历史文化的分期问题》,载《苏联考古》1949 年第 11 期;《丘亚谷地》,载《苏联考古学资料与研究》1950 年第 14 期;《天山中部地区与帕米尔—阿尔泰地区历史考古概述》,载《苏联考古学资料与研究》1952 年第 26 期。

〔2〕C. П. 托勒斯托夫:《古代花拉子模》,莫斯科,1948 年;C. П. 托勒斯托夫:《古代花拉子模文明遗存》,莫斯科—列宁格勒,1948 年。

新的问题。[1]

而在塞人政治史和迁徙问题的研究上具有重要意义的是 B. B. 斯特鲁维的相关著作。书中作者对塞人政治生活中的重要事件、塞人与其周边民族的相互关系进行了全新的说明和解释,同时还界定了古希腊和波斯历史文献中记载的塞人各个部族的具体名称。[2]

在分析史料和对斯基泰部族进行分类的基础上,C. И. 鲁金科对在阿尔泰地区发现的巴泽雷克和巴沙德勒巨冢进行了细致的研究。[3]

塞人时代对于研究中亚和哈萨克斯坦地区的历史具有非常重要的意义。K. B. 特列维勒是这方面的专家,他的著作涉及了塞人的文明史、艺术史以及人种构成等诸多方面。[4]

毫无疑问,M. M. 吉亚科诺夫的著作在研究塞人文明史的过程中起了很大作用。他是第一个对古代伊朗历史进行系统综合研究的苏联学者。他在其著作中阐明了塞人的政治史、塞人与其他部族的相互关系等问题,同时对文献中有关塞人的记述进行了详尽的说明和解释。[5]

И. И. 乌姆扬科诺夫是研究吐火罗问题的专家,他的著作中关于塞人起源和迁徙的问题有很多有价值的说明和解释。其中就包括塞人受到大月氏的攻击而西迁的内容,他将阿西安人比定为中国史料中的乌孙。此外,他的著作中还附有大量图书索引。[6]

〔1〕C. П. 托勒斯托夫:《咸海沿岸的斯基泰人和花拉子模》,载《在国际东方学第二十五届代表大会上宣读的报告》,莫斯科,1960 年。

〔2〕B. B. 斯特鲁维:《大流士一世对塞人—马萨格泰人的征讨》,载《苏联科学院历史哲学分院学报》1946 年第 3 期;B. B. 斯特鲁维:《大流士一世时期的马尔吉安那地区——在南土库曼斯坦地区进行考古调查所得的材料》,1949 年。

〔3〕C. И. 鲁金科:《斯基泰时代阿尔泰地区的文明》,莫斯科—列宁格勒,1953 年;C. И. 鲁金科:《斯基泰时代中央阿尔泰地区的文明》,莫斯科—列宁格勒,1962 年。

〔4〕K. B. 特列维勒:《希腊—巴克特里亚艺术古迹》,莫斯科—列宁格勒,1940 年;K. B. 特列维勒:《公元前 6 至公元前 5 世纪中亚地区居民的人种构成》,载《苏联百科全书》第 6、7 卷,1947 年。

〔5〕M. M. 吉亚科诺夫:《古代伊朗历史概说》,莫斯科,1961 年。

〔6〕И. И. 乌姆扬科诺夫:《吐火罗问题研究》,载《古代史通报》1940 年第 3、4 期,1947 年第 6、7 期。

而在塞人考古方面非常有价值的著作则当属研究阿尔泰和南西伯利亚古代史的专著,其代表人物是 M. П. 格里雅斯诺夫[1]和 C. B. 吉谢列夫[2]。

M. E. 马松在土库曼南部进行的多年考古研究工作对于说明塞人时代的中亚和哈萨克斯坦地区的很多历史问题具有重要的意义,当然这其中还包括帕提亚和谋夫地区。[3]

近年来出版的著作则展示了 M. E. 马松在土库曼南部的塞人考古工作中作出的突出贡献。[4]

这些著作都有助于我们更深刻地认识古代农业民族与游牧民族之间的关系。这些著作深入研究了塞人文明的起源,理清了中亚的民族和古代哈萨克斯坦之间的政治和文化联系。从另一个方面来看,古代哈萨克斯坦与伊朗、印度之间也存在着广泛的联系。

正如 A. H. 伯恩施坦在其著作中所提到的,他认为研究帕米尔地区的塞人必须要重视 Б. A. 里特维尼斯基在东帕米尔地区发现的大量塞人墓葬及其研究成果。

正是利用这些墓葬材料,Б. A. 里特维尼斯基证实了中亚、印度和中国之间在古代就存在着密切的联系。同时,他也支持了 H. A. 阿里斯多夫提出的假设,后者认为,通过帕米尔,塞人可以到达印度。[5]

研究塞人问题的专家还有 M. Э. 沃洛涅茨、И. A. 杰列诺日奇尼和 Ю. A. 让德涅波洛夫斯基,他们分别在索格底亚那、沙什和费尔干纳地

〔1〕M. П. 格里雅斯诺夫:《巴泽雷克一号巨冢》,列宁格勒,1950 年;《阿尔泰地区早期游牧人马伊艾米勒阶段的遗存》,载《苏联科学院物质文明史研究所报告及野外研究简报》1947 年第18 期。

〔2〕C. B. 吉谢列夫:《斯基泰时代的阿尔泰》,载《古代史通报》1947 年第 2 期;《南西伯利亚古代史》,莫斯科,1951 年。

〔3〕M. E. 马松:《关于帕提亚历史的新资料》,载《古代史通报》1950 年第 3 期;《关于谋夫古代史的新资料》,载《古代史通报》1951 年第 4 期。

〔4〕M. E. 马松:《土库曼南部古代农业民族及他们与印度的联系》,载《古代史通报》1957 年第 1 期;《马尔吉安那地区的古代农业文明》,载《苏联考古学资料与研究》1959 年第 73 期。

〔5〕Б. A. 里特维尼斯基:《东帕米尔地区的考古发现及中亚、中国和印度在古代的联系问题》,载《国际东方学第二十五次代表大会苏联代表团报告》,莫斯科,1960 年。

区做了大量的研究工作。[1] 而 A. K. 吉毕洛夫和 Ю. Д. 巴鲁日季尼在天山地区所做的工作也是卓有成效的。[2]

这样来看,苏联考古学家主要是在三类塞人部落联盟居住的地域上做了大量研究工作。用阿契美尼德王朝的历史文献来称呼他们就是:居住在海那边的塞人、牧地塞人和尖帽塞人。

在关于这些塞人分布地域的问题上目前还没有一个比较统一的观点。所有解决这个问题的尝试可以归结为调和,即努力消除各种矛盾的观点的分歧之处,同时还要弄清那些史料中关于居住在中亚和哈萨克斯坦地区的古代民族的记载。

众所周知,希罗多德和其他古代历史学家关于塞人的记载都带有传说甚至是杜撰的成分,因为他们所获得的这方面信息可以说都是二手材料。

古希腊人认为塞人可以分为两个大的部落联盟。即:居住在奥克斯河[3]以东的塞人和马萨格泰人,后者居住在咸海南岸地区。除此以外,古希腊历史学家还将塞人分为三类:伊塞顿人、阿尔吉帕人和阿里马斯普人。

关于伊塞顿人的材料从阿里斯杰伊·波洛科涅斯基(公元前6世纪)的记载来看,伊塞顿人居住在咸海北岸,在其北部居住的是塞人和马萨格泰人。阿里斯杰伊·波洛科涅斯基的这个记载与希罗多德(公

---

〔1〕К. В. 特列维勒、А. Ю. 雅古波弗斯基、М. Э. 沃洛涅茨:《乌兹别克斯坦民族史》第 1 卷,塔什干,1950 年;М. Э. 洛洛涅茨:《1950—1951 年乌兹别克苏维埃共和国科学院历史博物馆和历史考古研究所在费尔干纳地区所进行的考古研究工作》,载《乌兹别克苏维埃共和国历史博物馆报告》1954 年第 2 期;И. А. 杰列诺日奇尼:《索格底亚那与查奇》,载《苏联科学院物质文明史研究所报告及野外研究简报》1950 年第 23 期;Ю. А. 让德涅波洛夫斯基:《奥什州南部地区的考古遗存》,伏龙芝,1960 年。

〔2〕А. К. 吉毕洛夫:《查特卡勒发现的考古遗迹》,载《吉尔吉斯苏维埃共和国科学院文学和语言研究所报告》1956 年第 5 期;А. К. 吉毕洛夫:《关于在苏萨摩勒地区进行考古调查的某些方法问题》,载《吉尔吉斯苏维埃共和国科学院文学和语言研究所报告》1955 年第 1 期;Ю. Д. 巴鲁日季尼:《卡拉—布拉克墓地》,载《吉尔吉斯苏维埃共和国科学院文学和语言研究所报告》1956 年第 2 期、1957 年第 3 期。

〔3〕我们认为阿拉克斯河、雅克萨勒特河、锡尔河三者指的是同一条河流。相关研究可参见 К. В. 特列维勒、А. Ю. 雅古波弗斯基、М. Э. 沃洛涅茨合著的《乌兹别克斯坦民族史》第 1 卷第 51 页和 М. М. 吉亚科诺夫的《古代伊朗历史概说》第 77、367 页。

元前 5 世纪）说的是一样的。

公元 2 世纪的希腊历史学家普多列梅伊认为伊塞顿人此时居住在天山和东突厥斯坦一带。

我们认为，这三位历史学家所记载的都是正确的。而他们所说的伊塞顿人居住地不同的原因在于，伊塞顿人在不同时期的居住地也是不同的，其主体部分（有可能是在公元前 5 世纪至公元前 3 世纪）从咸海北岸迁居到了七河流域和天山地区。

按照我们的观点，从希罗多德等人记载的：伊塞顿人分布在塞人和马萨格泰人以北地区的情况来看，这片区域应该指的是哈萨克斯坦的丘陵地带，即哈萨克斯坦西部的偏东地区、中部地区以及靠近咸海的地区。而不是哈萨克斯坦西部的偏北地区，有些研究者认为这一地区也是伊塞顿人的分布地域[1]，这是错误的。

这样看来，古希腊历史学家所说的伊塞顿人指的应该是居住在哈萨克斯坦中部地区的早期游牧民族。这些人是创造安德罗诺沃文化的先民的后裔，可以这样说，他们早在公元前两千年就居住在此地了。阿里斯杰伊不仅称呼伊塞顿人为勇士，而且还指出他们人数众多。由此也可以认为，伊塞顿人应系本地起源，而且只能是安德罗诺沃先民的后裔。

考古材料也证实，分布在七河流域的中央哈萨克族游牧民徙居到此地是在伊塞顿人时代以前。也就是说，他们来到这里的时代是安德罗诺沃文化的早期阶段。关于这个问题，我们还要在对七河流域塞人文明起源的探讨中继续涉及。

如此可见，无论是历史文献的记载，还是古典历史学家的记述，还有大量研究者均认为马萨格泰人分布在中亚河中地区的下游地带，而伊塞顿人则分布于七河流域。[2]

---

〔1〕参见《苏联历史概述》中的"原始公社制与最古老的国家"部分，莫斯科，1956 年，第 272 页。

〔2〕C. П. 托勒斯托夫：《古代花拉子模》，第 245 页；C. И. 鲁金科：《斯基泰时代中央阿尔泰地区发现的文明》，1962 年，第 175 页；A. H. 伯恩施坦：《天山中部地区与帕米尔—阿尔泰地区历史考古概述》，1952 年，第 214 页；M. M. 吉亚科诺夫：《古代伊朗历史概说》，第 79 页。

从阿契美尼德王朝时期的文献记载来看,中亚和哈萨克斯坦地区的所有民族可以分为戴尖帽的塞人、崇拜植物叶子的塞人和居住在海边或河流边的塞人三大类。但关于这些塞人分布的具体地域目前还存在着分歧。

笔者认为,戴尖帽的塞人分布在沙沙、吉尔吉斯以及哈萨克斯坦南部地区。这个观点也是目前很多苏联东方学方面的专家所支持的。[1]此外,И.И.科波洛夫[2]也支持这个观点。还有,伊塞顿人很有可能加入了戴尖帽的塞人的大联盟。

我们目前所利用的研究材料,大体上可分为两类:文献材料和实物材料,其中后者主要是考古发掘和调查所得。

笔者目前的工作是系统地分析这些新材料,并且归纳出在我看来属于戴尖帽的塞人的遗存各个时代的特点。

因此,我们建议读者挑选一些记载戴尖帽的塞人的历史文献来阅读一下,例如希罗多德(公元前5世纪)、色诺芬(公元前5世纪至公元前4世纪)、波里比阿(公元前2世纪)、斯特拉波(公元1世纪)等人的著作,当然也包括阿契美尼德王朝的楔形文字材料。

B.B.格里果里耶夫认为,塞人最初似乎居住在东突厥斯坦的西部地区以及天山、帕米尔等地,后来他们从这些地区向外迁徙,直至巴尔喀什湖和楚河下游地区。B.B.格里果里耶夫是在利用一些记载塞人最初居住地的文献中得出此结论的,这些文献是:《马哈波哈拉特》、《汉书》以及托勒密的著作。三种不同语言的史料记载了同样的信息,可以证明这些信息应该是毋庸置疑的。K.B.特列维勒、A.Ю.雅古波弗斯基、M.Э.沃罗涅茨等人更是对这些记载深信不疑。[3]

---

〔1〕K.B.特列维勒:《公元前6至公元前5世纪中亚地区居民的人种构成》,载《苏联百科全书》,1947年,第6、7卷,第307页;C.П.托勒斯托夫:《古代花拉子模》,第243页;K.B.特列维勒、A.Ю.雅古波弗斯基、M.Э.沃洛涅茨:《乌兹别克斯坦民族史》,第47页;C.И.鲁金科,1962年,第175页。

〔2〕И.И.科波洛夫:《从考古材料看锡尔河流域和七河流域的塞人》,副博士学位论文提要,列宁格勒,1953年,第6页。

〔3〕K.B.特列维勒《公元前6至公元前5世纪中亚地区居民的人种构成》,载《苏联百科全书》1947年,第46页。

在波斯波利斯附近的一处峡谷中发现的大流士墓的浮雕碑文中提到,波斯帝国境内的塞人分为三类,其中一类就是戴尖帽的塞人。而浮雕上记载的戴尖帽的塞人的文字正好位于一个戴尖帽的士兵形象的下方。

此外,著名的贝希斯顿铭文中也提到了戴尖帽的塞人。这处遗迹是大流士战胜塞人后留下的记功石刻。

其中铭文第五列的内容是这样的:大流士说,我与塞人的军队一起到了塞人的国家,这个国家在海的那边,这里的人戴着尖顶的帽子。随后我在接近海的地方修复了浮桥,我通过浮桥到了那个国家并猛烈地击溃了塞人。我俘获了一部分,其余的被绑着送到我这里。他们的最高首领名叫斯昆哈,也被擒获了,并被带到我这里来。在那里按照我的意志,我让另一个人做了最高统治者。随后这个国家也成了我的。[1]

B. B. 格里果里耶夫在早些时候提出的观点是:贝希斯顿铭文上所说的塞人并不是黑海沿岸的斯基泰人,他们与中亚地区的塞人更为接近一些。[2] 后来的 A. A. 弗列伊曼也支持这个观点,他是一位研究古代波斯铭文的大家。他还明确指出,贝希斯顿铭文中提到的大流士打败的塞人是戴尖帽的塞人。[3]

这个观点还得到了《乌兹别克斯坦民族史》一书作者们的支持。[4]

希罗多德同样也提到了带尖帽的塞人,只是称呼不同。希罗多德称其为"正统的阿里玛斯波伊人"。这个民族在翻译时被当作戴尖帽的塞人。希罗多德是这样描述他们的:塞人属于斯基泰的一个部族。他们头戴用致密的毡子制成的尖顶帽子,下身穿着裤子,他们使用当地特有的一种弓,此外还手持短剑和斧钺。[5] 这些记载可以证实波斯波

〔1〕B. B. 斯特鲁维:《古代世界史选读》,第 233 页。斯特鲁维认为,大流士这里说的塞人应该是马萨格泰人。

〔2〕B. B. 格里果里耶夫:《斯基泰民族中的塞人》,圣彼得堡,1871 年,第 15 – 16 页。

〔3〕A. A. 弗列伊曼:《关于古波斯铭文研究的新成果》,载《古代史通报》1940 年第 2 期,第 127 页。

〔4〕K. B. 特列维勒、A. Ю. 雅古波弗斯基、M. Э. 沃洛涅茨:《乌兹别克斯坦民族史》,第 51 页。

〔5〕见《古代史通报》1947 年第 2 期。

·欧·亚·历·史·文·化·文·库·

利斯宫城(公元前5世纪)发现的浮雕上戴尖帽的人就是塞人。浮雕上的这些塞人头戴尖顶帽,身着短至膝盖处的袍子,袍子的衣袖和腰部都很窄,此外裤子也很瘦。他们身体右侧佩戴着短剑,而左手则拿着弓(见图1-1)。

图1-1 给波斯帝国进贡的尖帽塞人

(出自波斯波利斯薛西斯宫殿中的浮雕,公元前5世纪)

我们认为,这些浮雕中还有一个细节很重要,这个细节直到现在都没有引起注意。

按照希罗多德的记载,除了阿里奇别特人以外,所有塞人的相貌都是扁平的鼻子、宽下巴。从人种学的角度来看,他们都属于蒙古利亚人种[1] 如果仔细观察薛西斯宫城中发现的戴尖帽的塞人形象,也会发现这些人具有明显的蒙古利亚人种特征,例如面部扁平、胡子很少、眼裂较窄等。但如果以阿姆河宝藏中发现的黄金饰牌上的武士形象来界定塞人的人种问题时,就会得出相反的结论。

阿姆河宝藏中的饰牌上的武士形象(见图1-2)具有明显的欧罗巴人种特征。例如脸部很长、眼裂较直、鼻梁较高。看来这应该是中亚地区的欧罗巴居民,有可能是粟特人或是塞克—阿摩利人。

---

〔1〕见《古代史通报》1947年第2期,第23-24页。

图 1 - 2　带有人形象的金牌饰

（来自阿姆河宝藏,公元前 6 世纪至公元前 5 世纪）

　　如此看来,在对波斯波利斯的雕像进行研究分析后可以使我们得出这样的结论。即:从史料记载来看,只有尖帽塞人和居住在海边或河流边的塞人是头戴尖帽的。其中后者居住在里海的东南沿岸一带,那里自古至今居住的都是欧罗巴人种的居民,他们并没有波斯波利斯的浮雕上表现出的蒙古利亚人种特征。因此,波斯波利斯的浮雕表现的应该是戴尖帽的塞人,他们分布在天山、七河流域和沙沙等地区。与他们毗邻的民族都属于蒙古利亚人种,毫无疑问,七河流域的塞人曾与这些民族有过融合。此外,塞人和乌孙具有蒙古利亚人种的特点也得到了人体解剖学材料的支持。[1] 而且随着与蒙古利亚人种的融合在数个世纪后变成了匈奴人。按照浮雕上的形象来判断,至少公元前 5 世纪时七河流域的塞人已经有了一些蒙古利亚人种的特征。

　　在尖帽塞人的部落联盟中有阿克萨塔格人、伊塞顿人和阿里斯杰

　　〔1〕B. B. 奇斯布里克:《哈萨克斯坦东南部发现的古代居民人骨材料》,载《哈萨克斯坦苏维埃共和国科学院考古学与人类学研究所报告》1959 年第 7 期,第 266 - 269 页。

伊人,此外还有阿勒奇别伊人。其中阿勒奇别伊人还得到了希罗多德的证实。希罗多德对他们的记载是:他们属于蒙古利亚人种,与伊塞顿人相邻,居住在山脚地区。按照希罗多德的说法,阿勒奇别伊人的东邻是伊塞顿人。由此看来,伊塞顿人应该是从哈萨克斯坦中央草原迁徙到七河流域直至东突厥斯坦一带。如果关于这个伊塞顿人分布范围的结论能确定的话,那就可以解释乌孙的起源地应该是在别什巴勒克地区。[1]

我们同意中国史料中记载的乌孙的位置,中国史料的记载与托勒密所持的说法相同,二者都认为乌孙和伊塞顿人相邻。这些材料也是奇格米勒和 A. H. 伯恩施坦著作中的根据所在。[2] 但有关乌孙和伊塞顿人的历史以及文明还是一个值得研究者们关注的问题。

上述内容就是各种正史中记载的有关尖帽塞人的材料。这些材料人为地将七河流域的塞人与中亚地区的其他两类塞人割裂对立起来看待。实际上这些具有同源关系的民族在日常生活以及各方面的发展中都具有密切的联系,他们之间相互影响。相近的物质和精神文化面貌也使塞人的政治史具有了非常丰富的内容。

对于塞人的研究还有一类材料,这就是我们所关注的考古材料。这类材料的真实性最强,同时可以使我们对塞人的文明、日常生活以及意识形态等方面的问题做更加深入的研究。

与七河流域发现的同类材料一样,对伊犁河流域发现的有关塞人物质文明材料的研究目前还显得很薄弱。就目前来看,伊犁河流域发现的这类材料仅有一处。但这并不能说明这类材料很缺乏,其中一个很重要的原因是,目前还没有人专门从事对有关塞人的遗迹进行调查、发掘及研究的工作。

A. H. 伯恩施坦是第一个对伊犁河流域的塞人墓葬进行研究的学者。他的论著涵盖的时代很广,从青铜时代开始直到中世纪晚期。但

---

〔1〕H. 松田:《古代天山地区历史地理研究》,东京,第 3 页。(英文)

〔2〕A. H. 伯恩施坦:《关于乌孙、贵霜以及吐火罗等问题》,载《苏联民族学》1947 年第 3 期,第 41 - 47 页。

他的著作中并没有专门对塞人的历史进行研究。同时,他对很多问题也没有进行专门而深入的研究,就是一些他自认为解决的问题亦是如此。

目前,在伊犁河流域又新发现了七处非常著名的塞人墓地,它们涵盖了塞人发展的各个历史阶段。其中卡勒卡拉 1 号墓地和卡拉硕卡墓地的一些墓葬是 A. H. 伯恩施坦在 1939—1940 年间发掘的,这些墓葬的时代发掘者将其确定为公元前 8 世纪至公元前 4 世纪。[1]

而茹安多别 1 号墓地和卡德勒巴伊 3 号墓地中的 10 座墓葬则是由 Е. И. 阿格耶娃和 А. Г. 马克西莫娃于 1956 年发掘的。发掘者将这些墓葬的年代分为两期,其中第一期的年代为公元前 7 世纪至公元前 6 世纪,第二期的年代为公元前 4 世纪至公元前 3 世纪。[2]

还有三处墓地即别斯沙迪尔墓地、克孜劳兹 1 号墓地和阿尔金—厄密尔梅里 1 号墓地是从 1954 开始由我们发掘的,共发掘了 40 座墓葬。其中克孜劳兹 1 号墓地共 17 座墓葬都得到了揭露。[3]

通过上述考古发掘工作,我们得到了很多塞人的物质文化材料。这其中的青铜镜、青铜桌和青铜灯又具有特殊的价值。这三类物品主要保存在位于阿拉木图的哈萨克斯坦中央国立博物馆中,此外,在伏龙芝、塔什干、江布尔、鄂木斯克、塞米巴拉金斯克、莫斯科和列宁格勒等地的博物馆中也收藏了一些。

目前公开发表的所有铜镜,主要是各个博物馆藏品的统计数据,可

〔1〕A. H. 伯恩施坦:《吉尔吉斯北部考古概述》,伏龙芝,1941 年,第 24 - 26 页。

〔2〕А. Г. 玛克西莫娃:《德如望多别墓地——塞人时代的巨冢》,载《苏联科学院物质文明史研究所报告及野外研究简报》1960 年第 80 期,第 60 - 64 页;Е. И. 阿格耶娃:《阿拉木图州东北部发现的早期游牧人家墓》,载《哈萨克斯坦苏维埃共和国科学院历史、考古和民族分院公报》1959 年第 36 期,第 83 - 85 页。

〔3〕К. А. 阿奇舍夫:《七河流域发现的塞人古迹》,载《哈萨克斯坦苏维埃共和国科学院历史、考古与民族研究所报告》(考古学专号)1959 年第 7 期,第 204 - 214 页。

参见 E. Ю. 斯巴斯卡娅的两篇论文。[1] 从 E. Ю. 斯巴斯卡娅的统计数据中可以看出,出土于哈萨克斯坦境内的铜镬共有 47 件,其中的 32 件出自阿拉木图及其邻近地区(包括伊犁河流域)。这个数据是 1956 年以前的统计结果,而近四五年在七河流域东北部(阿拉木图州的范围)又发现了 15 件镬,其中 2 件为铜镬,其余的均为铁镬*。此外,阿拉木图地区还发现了一批数量很大的镬(12 件铁的和 1 件铜的)。如此看来,阿拉木图及其邻近地区是一处独特的保存镬的仓库。镬或许是家园和富足安康的一种象征。

在现在的阿拉木图及其邻近地区不仅发现了大量的镬,而且还发现了数量巨大的灯、青铜工具、青铜武器以及马具等。其中第一件青铜物品是 1855 年在韦尔内(阿拉木图的旧称)附近发现的。在阿列克谢耶夫卡村出土的所有物品则由 H. H. 巴尼杜索夫转交给了考古委员会。[2] 1887 年 5 月在韦尔内又发现了一处窖藏,里面有残损的铜桌、两件飞豹形象和两件猫足形象的支脚。[3] 这件残损的桌与著名的七河祭坛在形制上很相近。[4] 七河祭坛是一张平面为方形的桌子,其四个支脚较为低矮。在桌面的边缘部分还有 25 个飞狮的艺术形象。

大宝藏(其中有 4 件铜镬、1 件铁镬和 1 件青铜灯)是 1912 年在一座巨冢中发现的。这处巨冢位于大阿拉木图河和巴卡尼科伊河之间,距阿拉木图市 5 公里。[5] 其中青铜灯上还有 4 个飞虎形象的装饰。与前面提到的 2 件发现于阿拉木图市附近的灯一样,这件青铜灯也是属于塞人的遗物,其证实了塞人的青铜浇铸工艺具有很高的水平。

---

〔1〕E. Ю. 斯巴斯卡娅:《哈萨克斯坦和吉尔吉斯早期游牧人使用的铜镬》,载《国立阿克久宾教育学院学报》(社会政治类)1956 年第 11 期,第 155 – 169 页;E. Ю. 斯巴斯卡娅:《哈萨克斯坦和吉尔吉斯出土的早期游牧人的铜镬》,载《国立阿克久宾教育学院学报》(社会政治类)1958 年第 15 期,第 178 – 193 页。

*1962 年在阿拉木图地区发现了 10 件铜镬。

〔2〕《1882—1888 年考古委员会工作报告》,圣彼得堡,1889 年。本书中所引用的材料来自其中的《新阿列克谢夫宝藏》。

〔3〕《皇家考古学会学报》1887 年第 3 期,第 278 页。

〔4〕A. C. 斯特列科夫:《巨大的七河祭坛》,载《C. Ф. 奥里杰尼布勒克从事学术活动 50 周年(1882—1932)纪念文集》,列宁格勒,1934 年,第 477 – 493 页。

〔5〕这些遗物现收藏于艾尔米塔什国立博物馆。

第二件铜灯是在阿拉木图市区里发现的。这件铜灯的灯盘为圆形,灯盘上还有圆锥形的支脚,此外在灯盘的边缘上还饰有 8 个行进中的老虎形象,在灯盘中央还有两头双峰驼的塑像。[1]

第三件铜灯是 1953 年在伊塞克村附近(距阿拉木图市不远)发现的。与之共出的还有 4 件镬(3 件铜质、1 件铁质)。支撑圆形灯盘的是透雕的圆锥形支脚。在灯盘里还有马的雕像,而在马的对面则是一个蜷腿坐着的男人。[2]

这些遗物引发了学者们探究塞人—乌孙历史的兴趣。这些遗物证实了塞人、乌孙这些民族具有高度发达的文明,其金属制造工艺非常先进,同时也说明了他们具有极高的艺术品位。对这些金属遗物的制造工艺最早注意的是 И. И. 科波洛夫,他提出了这样的假设:塞人的金属工匠已经开始使用心撑。[3] 在目前发表的研究铜镬、青铜祭台和灯的学术文章中,对铜镬和附在这些器物上的雕像的用途还没有一个比较一致的观点。А. Н. 伯恩施坦认为,这些物品都是用于祭祀的,它们和萨满教或拜火教信仰有关。[4] 笔者对此观点并不完全赞同。这些铜镬可能会有一些祭祀的功用,但它们中的绝大多数毫无疑问是游牧民族的实用器物。举个例子来说,就是今天的哈萨克人和吉尔吉斯人还仍在使用这种铜镬。

安杰勒松在对鄂尔多斯青铜器进行研究后提出的结论是:那些铜镬、青铜灯以及祭台上的动物形象都是捕猎的对象,将它们的形象塑造出来,是为了对它们施以法术以方便捕猎。但 В. В. 格里姆斯杰伊并不同意这种观点,她认为这些动物是一种图腾象征。[5] 而 А. Н. 伯恩施

---

〔1〕Г. С. 马勒德诺夫:《伊塞克湖遗物》,载《苏联科学院物质文明史研究所报告及野外研究简报》1955 年第 59 期,第 150－156 页。

〔2〕这件铜灯目前收藏于哈萨克斯坦国立中央博物馆内。

〔3〕И. И. 科波洛夫:《塞人时代的金属铸造工艺历史》,载《国立阿克久宾教育学院学报》(社会政治类)1957 年第 14 期,第 291－299 页。

〔4〕А. Н. 伯恩施坦:《天山中部地区与帕米尔—阿尔泰地区历史考古概述》,载《苏联考古学资料与研究》1952 年第 26 期,第 43 页。

〔5〕В. В. 格里姆斯杰伊:《古代西伯利亚地区的祭祀风俗》,载《国立物质文明史研究院院刊》1933 年第 100 期。

坦则认为,这些动物既是一种图腾,同时也具有施法术的功能。[1] 总的来说,我们比较赞同伯恩施坦的观点。但需要说明的是,我们认为,随着塞人文明的不断发展,后来这些动物形象越来越具有装饰物的性质。上文提到的那件伊塞克村附近出土的带有马和人物形象的铜灯就是我们这种推论的证据。

七河流域发现的大量与塞人有关的青铜器可以证明这里是一个手工业品的生产中心。

最近我们只是在七河流域的东北部发现了一些新的青铜器材料(包括土勒克西波窖藏、伊塞克村窖藏以及杰格里市附近出土的镜等)。这些遗物不仅能补充塞人青铜器的材料,同时我们还能确认其准确年代。这些新材料将在下面的相关章节中得到描述和说明。

---

〔1〕A. H. 伯恩施坦:《天山中部地区与帕米尔—阿尔泰地区历史考古概述》,载《苏联考古学资料与研究》1952 年第 26 期,第 43 页、第 40 – 50 页。

2 别斯沙迪尔墓地
——皇族尖帽塞人的墓地

　　伊犁河流域是一个独特的地理走廊,它是位于外伊犁地区的阿拉塔乌山脉以南和马拉伊萨拉、硕拉克塔乌、阿勒德艾美里以及卡杜塔乌山脉以北之间的一块地区。其东西长 600~700 公里,即自巴勒哈什沙地始,至伊宁市止。只是这条巨大的走廊在局部地区像一个盾牌一样,呈现着蓝色,使阿雅卡勒坎山笼罩在一片薄雾之中。夏天这里盛行强烈的西北风并且会带来酷热的空气,而冬天则会将河右岸平原的积雪给吹来。

　　伊犁河流域的地理位置决定了它在历史上具有重要的作用。它是连接哈萨克斯坦、中亚和东突厥斯坦以及更远的中国之间的一条宽阔的通道。它对各国之间经济和政治上建立联系、民族上的融合与交流、文化上的互相影响都起到了促进作用。

　　别斯沙迪尔巨冢墓地就位于伊犁河中游右岸的狭长地带。这处墓地北至硕拉克塔乌山脉,南到伊犁河河岸。由于受到水流的冲刷,这里形成了很多大大小小的地理单元。这里植被贫乏,只是在多雨的年份或是早春季节才遍布着各种野花。其余时间这里则只生长着芦苇、沙枣、盐豆木等各类灌木植物,而且也只是在伊犁河河岸边的低地上才有。

　　别斯沙迪尔墓地位于热勒沙勒格勒山的山脚下,即西勒伯勒峡谷附近。墓地距伊犁河河岸约 3 公里,东距伊犁斯克市 100 公里。别斯沙迪尔是当地居民给这处遗迹起的名称。

　　这处墓地所处的位置地势较高,从这里可以很清楚地看到伊犁河左岸直到阿拉塔乌山脉的所有地区。

　　第一个也是至今唯一一个报道别斯沙迪尔墓地的是 В.Д.格洛杰

斯基。他在自己的文章中提到,伊犁河右岸有一处名为别斯沙迪尔的墓地,1924 年 B. 巴勒费奇耶夫曾造访过此地。[1] 但在我们目前所知道的三部有关七河流域各个历史时期的著作中并没有提到这处墓地。

别斯沙迪尔墓地南北长约 2 公里,东西宽约 1 公里,由 31 座墓葬组成。其中 21 座为石冢墓,其余 10 座的坟冢则是由碎石块和泥土混合而成的。这些墓葬的排列顺序并没有什么特别之处,但大体可分为南北两大组。其中北面这组是由 6 座石冢墓组成的,其中的 3 座是别斯沙迪尔墓地中最大的 3 座,其编号分别为别斯沙迪尔 1 号、2 号和 3 号墓葬。

南面这组距北面那组约有 0.5 公里,共有 4 座石冢墓,呈南北向排列。在这 4 座墓葬的西北方还有 5 座墓葬,其坟冢为土石混合而成,这 5 座墓葬也呈一条线排列。其余墓葬则散布在墓地四周。

由坟冢的规模可以将这些墓葬分为大中小三类。其中大墓坟冢的直径为 45~105 米,高为 6~17 米;中等墓坟冢的直径为 25~38 米,高为 5~6 米;小墓坟冢的直径为 6~18 米,高为 0.8~2 米。

我们在 4 年(1957、1959—1961)内共发掘了这处墓地中的 18 座墓葬,其中包括 3 座大墓,其余的都是中小型墓。发掘过程是:1957 年发掘了 2 座小墓(编号为 24 和 25),1959 年发掘了 6 号大墓和 5 座小墓(编号分别为 15、26、27、29 和 30),1960 年发掘的墓葬数量最多,这一年发掘了 1 座大墓(编号为 3)、2 座中等墓(编号为 8 和 14)和 6 座小墓(编号为 17—22)。

但遗憾的是,除了 M25 以外,其余墓葬都已经被盗了。

尽管如此,别斯沙迪尔墓地还是给我们提供了一些有时代特征的遗物(包括短剑、镞等),此外更有价值的是,那些时代较早的、巨大的墓上建筑可以让我们用新的眼光来看待七河流域的塞人文明。其中包括塞人建筑工艺的发展水平、塞人使用木头、石块和芦苇修建房屋和祭

〔1〕B. Д. 格洛杰斯基:《七河流域地区发现的古迹》,载《哈萨克斯坦苏维埃共和国科学院历史、考古与民族研究所档案资料》。

祀建筑的技艺等等。除了这些,在对塞人的这些原木建筑进行了精心的研究后我们还获得了有关原木的加工方法和古代居民木器加工工具的翔实资料。

在对别斯沙迪尔墓地的地上建筑、封土以及巨大的墓室等进行审视后,我们认为,它们不仅仅是墓葬,也是塞人建筑的杰出代表。

2.1 别斯沙迪尔墓地的建筑艺术

无论是从外部还是从内部结构的复杂性来看,别斯沙迪尔墓地的这些墓葬都是非常有价值的建筑物。除了这些,我们还确信,每一座大墓都是样式独特的建筑群。其具体表现为:每座大墓均由巨大的封土堆和几个相邻的建筑共同组成。这个建筑群里有:环形的用巨大石块修造的建筑物、石墙、石砌面和地下墓道等。总的来看,这些建筑物不仅具有普通墓葬的特点,还受到了当时一些建筑的影响,即为了表示对领袖的纪念和对部族的强大和光荣的崇敬。

下面,我们就对我们所发掘的各个墓葬做一个比较完整的描述。

别斯沙迪尔大冢:这是墓地最大的一座墓葬,位于墓地的东北部(见图1-3)。直径104米,平均高度15米,最高处能达到17米。其封土外形为截锥状,封土顶部较为平坦,直径约为32米。封土外侧有几排石圈(见图1-4),封土的南北两侧各有一块凹陷的地带(宽约2

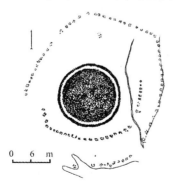

0   6 m

图1-3　别斯沙迪尔巨冢平面图

图1-4　别斯沙迪尔巨冢

米)。其中南面的那块凹地的尽头是一个用碎石块堆砌成的小山包,其直径为 20 米,高 2 米。此外,在距封土 5～7 米处还有一条宽 2 米、高 50～60 厘米的石堆环绕(见图 1 - 5)。

图 1-5 发掘前的石圈

1961 年,我们发掘了一段长 35 米的石墙,目的是查验它究竟是不是被破坏的石墙的残余部分。但发掘结果并没有证实这个假设,我们没有看到砌体的残余。这样来看,这道呈带状的石墙应该是当时的人们建造的,但当时修建的高度是我们所今天见到的 2 倍左右(见图 1 - 6、1 - 7)。

图 1-6 发掘后的石圈

这座大墓的石墙的西段和西北部已被当地居民用作建筑材料而拆毁。

这些呈圆环状分布的建筑是由大石柱构成的,石柱栽入木块中。为了叙述方便在下文中我们称其为"石圈"。

图 1-7　石圈上的缺口——大门

　　围绕在这座大墓封土四周的石圈共有 94 道。它们呈螺旋线状分布,有的石圈(1 号石圈)距石堆有 30 米左右,而 93 号石圈位于封土的南部,它距石堆约有 50 米左右。位于封土北部和西部的石圈距石堆则分别为 70 米和 36 米。各道石圈之间的距离平均为 3 米左右,石圈的直径在 2~3 米左右。其中 94 号石圈位于封土的北部(见图 1-8、1-9)。

图 1-8　立石

　　在石圈中的一些直立石柱上还发现了哈萨克族的标记,这些标记之间当地人称之为“科斯塔尼巴”。

　　在封土西南 250 米处还有 7 道石圈,它们呈西北—东南向排列,长度达到 40 米。在这些石圈的周围我们发现了很多碎陶片,有时还能看到陶镗的把手。

　　1957 年,我们所做的工作是弄清石圈的用途。我们在封土的东南

·欧·亚·历·史·文·化·文·库·

图 1 - 9 立石

方和南部共发掘了 14 道石圈。在其中的 12 道石墙里均发现了灰色的烟炱斑点(其规格多为 30 厘米 × 50 厘米)。剩下的 2 道石墙里除了发现灰色的斑点以外,还找到了经过焚烧的碎骨、陶片和珠饰。可以断定的是,石圈具有祭祀的作用。另外还有一点也是无可置疑的,即它们都与火的祭礼有关。

在封土上我们还找到了很大的坑,其直径为 32 米,深 7 米。这应该是盗墓后所留下的。

别斯沙迪尔 1 号巨冢:这处封土堆位于墓地偏北处。其直径为 52 米,高 7.6 米。其南侧要更高一些,为 8.93 米。封土堆上还覆盖着石块,其顶部较为平坦。在顶部靠东的位置发现了一个大坑,直径为 16 米,深约 2 米,这是盗墓后留下的。

这座巨冢于 1961 年进行了发掘。在发掘过程中我们弄清了封土的结构。封土大致可分为三层:第一层为石堆,这一层顶部的厚度为 1 米,而底部的厚度能达到 3 米。最厚的一层是第二层,其为碎石和土块混合而成,厚度为 3.5 ~ 13 米。第三层是由大块的石头组成的,其厚度为 1.5 米到 10 ~ 12 米之间(见图 1 - 10、1 - 11)。在第三层下面有大量的木构建筑残迹,这些木构建筑的原料是整根的天山杉树(见图 1 - 12、1 - 13、1 - 14)。这些木构建筑应该是建造在封土下面,属于墓葬地表建筑的一部分。

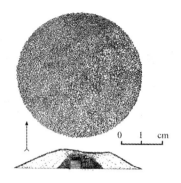

图 1 - 10　别斯沙迪尔 1 号巨冢平剖面图

图 1 - 11　墓地上竖立的石碑

图 1 - 12　原木盖板上的芦苇

·欧·亚·历·史·文·化·文·库·

图 1 – 13　原木盖板

图 1 – 14　墓葬的南立面

　　这座墓葬大体由三部分构成,分别为:墓道、甬和椁室(见图 1 – 15)。其中墓道长 5.75 米,宽 1.5 米,高约 5 米。甬是墓道的延续,其比墓道低约 2.5 米,方形,与椁室的东壁相连。其长度为 1.75 米,宽 1.25 米,其顶部为 5 块木板拼合而成,侧壁为原木制成,整个建筑位于石块基础之上。建筑内部有 5 根木柱进行支撑,木柱埋入地下的部分约有 1 米。

　　走廊由 2 个小隔间组成(见图 1 – 16、1 – 17、1 – 18)。椁室近似正方形,长 3.6 米,宽 3.3 米,高 4 米,方向基本上为正方向。椁室侧壁为天山杉树,共有 16 排。椁室的盖板压在侧壁上,方向为南北向,其宽度有七八根原木的厚度之和。

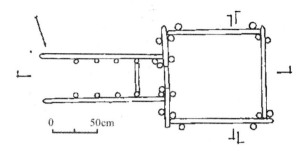

图 1 - 15　带椁架的墓葬平面图

图 1 - 16　墓葬的北立面

图 1 - 17　墓葬的西立面

·欧·亚·历·史·文·化·文·库·

图 1 - 18　墓葬的东立面及入口

　　用以制造椁室侧壁的原木为埋入地下的 16 根木柱,每根木柱都依靠三个方向的其他木柱来加固。只是东壁无论是外面,还是椁室内部均使用了 4 根立柱。这样做的目的应该是:在侧壁的中部,即第二根原木和第七根原木的下方是一个门(长 150 厘米,宽 75 厘米,见图 1 - 19)。这道门还利用一根原木作为门槛。

图 1 - 19　椁室门

　　所有原木都加工得很精细:其表面修整得很平整,而且去掉了树皮。在椁室的四角还用 1 根原木将其他原木固定起来(见图 1 - 20、1 - 21)。这样看来,这座椁室不仅仅是一般意义上的椁。

图 1 - 20　椁室内的东北角

图 1 - 21　椁室内的西北角

　　原木上还保留着刀凿等工具的痕迹,所有原木的中部和末端都有钻孔(见图 1 - 22、1 - 23)。

·欧·亚·历·史·文·化·文库·

图 1－22　原木上加工工具留下的痕迹

图 1－23　清理墓地的场面

　　在椁室的顶部,还覆盖着用芦苇编织成的席子。在椁室内的通道里进行过葬礼后要将这里塞满大石块,这些石块越堆越高,最后形成了一个大约高出地面 5 米的土石混合的大封丘(见图 1－24、1－25、1－26)。

　　但这些设施并不能如建造者所期望的,起到防盗的功用。盗墓者还是先将封丘破坏,然后通过通道进入椁室。因而在我们进行发掘时,通道已处于暴露的状态,而椁室内则充塞着厚达 1 米的泥土和石头。这些泥土和石头都是通过盗洞逐渐堆积起来的。在椁室的地面上清理出了 1 具男尸和 1 具女尸,另外还发现了动物的骨头以及 1 件不知是什么器物的木支脚。

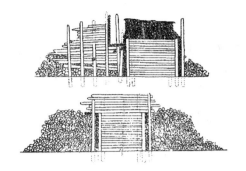

图 1 - 24 墓葬北部和西部的剖面图

图 1 - 25 墓葬东西两面的立面图

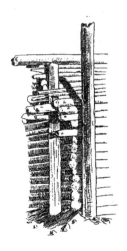

图 1 - 26 墓葬所用原木的接缝处

·欧·亚·历·史·文·化·文·库·

别斯沙迪尔2号巨冢:位于大封土堆以北100米处。其直径为68米,平均高度为9.5米,封土上还覆盖着石块,而且在封土的底部还有好几层巨石紧密排列。封土周围环绕的石堆宽2~2.5米,高30~50厘米,距封土底部的巨石的距离为5~7米。

在封土东北部有一条由12道石圈组成的石圈链,这个石圈链排列的方向为西北—东南向,延续的长度为100米。石圈是由巨石组成的。

在封土中还发现了一个深达5米的盗洞。

别斯沙迪尔3号巨冢:位于墓地西北部。这座墓冢的高度仅次于大封土堆(见图1-27),封土直径南北长73米,东西宽75米,高11.5米。封土顶部较为平坦(直径为20米),上面有一个深达3米的盗洞。此外在封土的底部还垒砌着大石块,给人的印象是这些大石块是封土的基础。在封土南部有一块凹地(宽约3米),这处凹地随着地势逐渐向下形成了一个直径12米、高1米的土丘。这种凹地在封土的西北部也有一处。

图1-27　发掘前的别斯沙迪尔3号巨冢

在距封土底部4米处有一道宽1.3~1.7米的石墙。在石墙的一些地段上,特别是其北部还发现了石砌的台子(见图1-28),其高度在50~60厘米之间。

封土周围共环绕着40道石墙,这些石墙均是由大块的石块修建而成的。在石墙西部有一道长70米的缺口,北部也有一道,长55米。因此在封土西北角实际上只有3道石墙。

图 1-28　发掘前围绕在封丘底部的石圈

在封土的东南也有 2 道石墙,其中南面的那道墙上的一些大石头上有用尖利的工具刻画出来的图案,形象是大角山羊,此外还有狼,狼紧紧咬住了山羊的脖子。

这座墓冢是在 1960 年发掘的。当时清理了封丘,发掘了 3 道石墙。为了弄清其结构,我们将封丘的南半部进行了细致的发掘(见图 1-29)。发掘结果表明,封丘是用共 17 层的泥土和石块交替混合堆砌而成的(见图 1-30)。从平面上看,各层就像同心圆一样。其中石块层每层厚约30~50 厘米,泥土层每层厚约 2~4 米。封丘内部中央处有一处由大石块组成的填石层,其高约 4 米,直径 15 米。与其他发掘过的巨冢一样,在填石层下面我们也发现了原木制成的墓室。但墓室有火烧的痕迹,可能是盗墓者想掩盖他们盗墓的行为所致。

图 1-29　封丘底部剖面全景

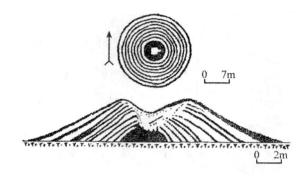

图 1 - 30 封丘平剖面图

封丘下面有通道,通道是将岩层打通而形成的。这条地下通道从填石层的西部开始,直至填石层的南半部。其高度为 1.7 米,宽1.3米。[1]

对积石堆砌物的发掘可以使我们确认,这处积石堆砌物应该是一段石墙的残余,原先它是建造在封丘周围的(见图 1 - 31)。经过测量后得知这段残存的石墙高度为 70 厘米(见图 1 - 32),按照石块的数量以及地面凹陷的程度来推测,石墙最初的高度应该在 1 ~ 1.2 米之间。

图 1 - 31 发掘后的石圈

----

[1]对这条地下通道的发掘工作我们今后还将继续进行。

图 1-32　石墙的局部

别斯沙迪尔 4 号巨冢:封丘上覆盖着石块,此外在封丘的底部有紧密排列的石基础,其宽度为 3 米。在封丘顶部有一个深约 2.5 米的盗洞。

在封丘东南部有 11 道石墙,封丘直径 48 米,高 7 米。

别斯沙迪尔 5 号巨冢:位于这一组巨冢的南部,封丘底部有排列紧密的石基础,其宽度为 2 米。封丘顶部有盗掘的痕迹。封丘直径 45 米,高 6 米。

别斯沙迪尔 6 号巨冢:位于这一组巨冢的最南部,巨冢表面覆盖着石块,封丘底部亦有排列紧密的几层石块。在封丘顶端东南部有一个深 2.5 米的盗洞。在封丘北部有一块宽 2 米的凹地,其逐渐向下延伸,最后形成一个直径 4 米、高 1.2 米的碎石组成的丘岗。在封丘的西北部,距其约 60 米处共有 14 道石墙,这些石墙从南向西北方向排列,延伸长度达 70 米。每道石墙由 5~7 层石块堆砌而成。封丘直径 52 米,高 8 米(见图 1-33)。

这座巨冢是在 1959 年发掘的。发掘结果表明,其与 1 号巨冢的构造基本相同:封丘共分为 3 层堆积。其中顶层为石块堆积,厚约 1 米。中间一层为土和碎石混合堆积,厚约 2~13 米,最下面一层亦为石块堆积,厚 1.5~4 米(见图 1-35)。

与 1 号巨冢一样,在这座巨冢的最下面一层也发现了原先属于地面建筑的原木构架(见图 1-34、1-36、1-37、1-38、1-39)。

图 1 – 33　发掘前的 6 号冢

图 1 – 34　深 5 米的墓葬

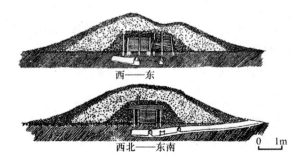

西——东

西北——东南

图 1 – 35　封丘及地下墓圹剖面图

图 1 - 36　原木盖板和立柱

图 1 - 37　墓葬的北立面及通道

图 1 - 38　墓葬的南立面

图 1 - 39　墓葬的西立面

　　6 号巨冢的地下部分同样也由三部分组成,即:墓道、甬和椁室(见图 1 - 40)。其中墓道长 5 米,宽 1.3 米,高 5 米。它比椁室要高出整整 1 米。甬可以看做是墓道的延伸,同时它又与椁室的东壁相连。它比墓道低了 3 米左右,其平面呈正方形(边长为 1.5 米),其顶部覆盖着 3 块原木。甬道的侧壁亦由原木建成,原木自西向东倾斜排列。在甬道内部,有 4 根起支撑作用的柱子,它们深入地下达 1 米。此外,墓道还被厚木板分隔成两部分。

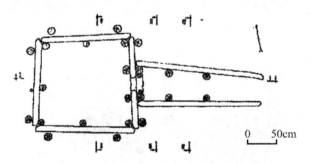

图 1 - 40　原木椁架平面图

　　椁室平面形状为方形,长 4.7 米,宽 4.2 米,高 3.3 米。其侧壁系用天山杉树制成,每个侧壁共有 13 排杉木。

　　侧壁的原木也是由插入地面的木柱来进行固定的,这样的木柱共有 19 根。每面侧壁均是在外面用 2 根木柱、在里面用 3 根木柱进行固定。其中外面的木柱与建造侧壁的原木的末端固定在一起,而里面的木柱则在侧壁的转角处和中部与原木固定在一起。只有东壁,无论是内部,还是外部均用4根木柱来进行固定。东壁的木柱之所以要这样来安放,是因为在东壁的中部,即第三排原木的下方和第六排原木的上方之间要开留出一个长155厘米、宽72厘米的出口(见图1－41、1－42、1－43、1－44、1－45)。

出口处有门槛,系用2根原木制成,高60厘米。为了保证能跨过这道门槛,在东壁的外面还摆放了1块原木作为台阶。在这块原木上还有2块小木头,它们应该是某建筑顶部起支撑固定作用的构件。

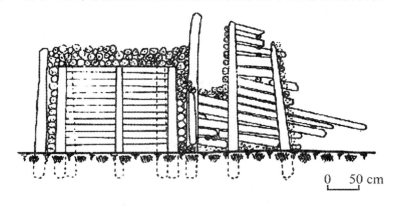

图1－41 原木椁架北侧剖面图

图1－42 原木椁架东侧及入口

图 1 - 43   椁室内西北角处

图 1 - 44   椁室内东北角处

　　这处墓葬中所使用的所有原木都加工得极为精细,其主要表现在:
无论是枝杈,还是树皮,均收拾得非常干净。同时每根原木刨得也非常
平整。

　　在很多原木上可以看到加工工具的痕迹,在所有原木的末端和中
部都有孔眼,一些粗大的原木上往往有 2 个(见图 1 - 46)。

图 1 - 45 椁室入口处

图 1 - 46 原木端头上的穿孔

椁室的盖板正如我们所注意到的,上面还覆盖着芦苇(见图 1 - 47)。特别是为了预防潮气的侵入,盖板的东半部分采取了一些防护措施。与其余部分不同的是,这部分上面覆盖着毡子和两层芦苇编织成的席子。毡子和席子的保存状况也都非常好。

进入耳室的通道是由 3 排较短的原木堆砌而成的,而通道的隔间内则充斥着大小不一的石块。此外,在墓室的上方也覆盖着高达 4 米的由各种石块堆积成的坟冢。

巨大的坟冢和其他防盗设施并不能改变该墓被盗的命运。与1号巨冢一样,盗墓者把坟冢内部搞得很乱,并将坟冢里的填塞物带到了墓道中。我们在发掘时发现,甬道已被打开过,只有1根原木挡在甬道上,而其余的原木则被拖到了椁室里。在墓中还发现了一对拖架、青铜四棱镞和很多小木桩子。巨大的方形椁室里面已经基本上空了,只是在地面上有一些残缺不全的殉牲骨头,其种类有山羊、马。此外,在门槛旁边还发现了碎陶片和盗墓者使用过的被折断的铲或镐把。

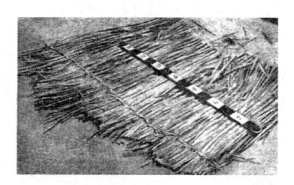

图1-47　芦苇席子

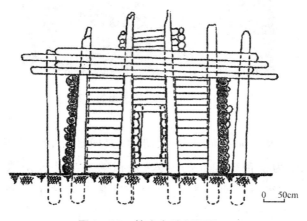

图1-48　椁室东壁剖面图

在椁室西北角有一个不太深的、半塌陷的坑,其方向为西北—东南向。经过清理后发现,这个坑是从椁室的侧壁下方延伸到外面的。随后我们发现,在距椁室地表深1.6米处出现了坍塌,这样就使墓道暴露了出来。墓道是从基岩中开凿出来的,墓道是由一条主道和若干辅道组成的。其中主道发端于坟冢的西北部,随后向东南延伸并深入到深约2米处。在这里它向周围扩展,形成了7条辅道。这7条辅道中,2条向西延伸,里面填塞了土块。还有一条向东北方向延伸,里面填塞了大石块。通道顶部为半圆拱形,高1.1～1.68米,宽75～80厘米。在通道侧壁上有很多用铲子凿出来的小坑,这应该是用来放置油灯的,油灯为当时在地下开凿墓室的工人提供照明(见图1-49)。

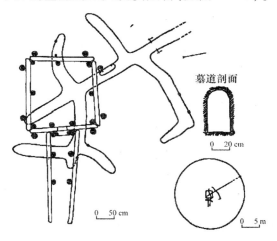

墓道剖面

图1-49 墓葬平剖面图

所有通道加起来的长度总和为55米。我们在清理辅道等地下设施的过程中没有发现任何物品,因此直到现在别斯沙迪尔巨冢地下通道的作用可以说仍然是个谜。但发掘工作也使我们搞清楚了一个问题:地下通道与坟丘应该是有一定联系的,或许正是这些通道伸到地面的孔洞阻止了盗墓者的行动。

在清理坟丘北部下面的通道时,在那里发现了一块凹地。此外还发现了原木,这些原木被加工成为地下入口。入口是由4根埋入地下的木柱所组成的,在木柱的上面还有厚木板制成的横梁,在横梁上还有3根原木,这3根原木形成了入口顶上的盖板。在入口旁边还有一块石头,这是用作台阶的。这样看来,地下通道与某种葬仪应该是有密切联系的,同时这些地下通道也是别斯沙迪尔巨冢结构上的特点之一。

别斯沙迪尔 7 号巨冢:位于巨冢链的南端,直径 45 米,高 6 米。其坟丘与别斯沙迪尔其他巨冢基本相同,坟丘的基础为排列紧密的石块,共有 2～3 排,宽 2 米。坟丘顶部比较平坦,上面有盗掘的痕迹。

在别斯沙迪尔具有中等规模坟丘的墓葬中,我们只介绍其中的 3 座:8 号、9 号和 14 号。

别斯沙迪尔 8 号冢:位于 1 号巨冢附近,直径 33 米,高 5.2 米(见图 1－50),在坟丘顶部有一个由填石组成的漏斗状的、深约 1 米的坑。我们是在 1960 年对其进行发掘的。坟丘是由泥土和碎石块组成的,坟丘下面发现了焚烧后的残余痕迹(见图 1－51)。但我们仍可以通过这些痕迹和竖立在坑里的柱子来复原当时的建筑(见图 1－52)。从形制上看,这里的建筑与 1 号和 6 号巨冢内的建筑基本类似。

图 1－50　发掘前的封丘

8 号冢的一个特点是其有 2 道石圈,均位于北部,分别向东西两侧延伸。墓内的椁室长 4 米,宽 3.7 米。在椁室东南角有一条长 4 米、宽 1.3～1.9 米的墓道。附加的 2 道石圈在距坟丘 65 米处连接了起来,2 道石圈之间的部分填塞着碎石。从内部看,2 道墙里的原木都有一定的倾斜,这样做的目的是将原木的上部与椁室侧壁的原木靠得更紧密一些。看来,为了稳固可以根据不同情况用泥土和石块来堆砌建筑。在清理墓葬的过程中,我们先后发现了人骨、兽骨、陶片等遗物,陶片中有钩形的把手残余,此外还有 1 块黄金片。

图 1 - 51　被火烧过的墓葬

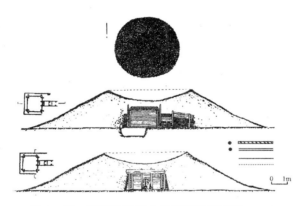

图 1 - 52　别斯沙迪尔 8 号巨冢平剖面图

　　别斯沙迪尔 9 号冢:位于北面那组墓葬的最南端。与其他墓葬一样,其坟丘上也有积石。坟丘底部为大石块堆砌,在其顶部(直径 17 米)有一个深 2.5 米的漏斗状的坑。坟丘周围环绕着宽 1.6 米、高40～50 厘米的石堆。在坟丘的东部有 5 道由巨石组成的石圈。坟丘直径38 米,平均高度为 4.85 米。

　　别斯沙迪尔 14 号冢:坟丘为碎石堆积而成。其长径为 25.7 米(东西),短径为 22.4 米(南北),平均高度为 5.2 米。

　　坟丘东侧的斜坡由于盗墓者的破坏而较为平缓。其发掘工作是在1960 年进行的。坟丘大致可分为 2 层:碎石层和由碎石和泥土混合而成的土石层(见图 1 – 53、1 – 54)。

图 1 – 53　发掘前的 M14

图 1 – 54　从东侧看椁室

　　经过发掘我们发现了一种全新的墓室结构(见图 1 – 55)。其中墙壁是由泥土与碎石混合而成的,其高度为 1.4 米,厚 1 ~ 1.2 米。在墙头上覆盖着 3 排原木,其中 2 排为天山杉木,剩下 1 排为沙枣木。在原木上还建有圆形的房顶,房顶是由 16 层交替分布的石头和灌木组成的,每层的厚度为 15 ~ 25 厘米。每层的直径随着高度的不断增加而逐渐变短(见图 1 – 56)。这样看来,最初的墓室应该是有方形的基座和圆形的顶部的。这座建筑物从内部看,长 4 米,宽 3 米,高 2.7 米。

　　在这座建筑物的东面有一条宽 1.5 米的入口,在距入口两侧各有 2 根相邻的、埋入地下的柱子。其中位于内侧的 2 根柱子是由较短的原木拼接而成的,在原木的连接处有凿出来的孔,孔里塞有木楔子。为了更加稳固还使用了很粗的绳子(见图1-57、1-58)。在入口的顶部铺有2层芦苇席子(见图1-59)。此外,在入口处还发现了1块原木,这应该是被盗墓者破坏的棺的残片,因为原木上有摆放散乱的人骨。

下面要描述的是规模较小的墓葬,其特点是,墓中发现的材料可以确定其时代,或者是墓中的建筑物与前面提到的不同。

15号冢:坟丘由碎石堆积而成。在其顶部有一个深0.8米的漏斗状的盗坑。坟丘直径18米,高2米。

从坟丘的纵剖面上我们可以看出其结构。这座坟丘是由石块层、泥土和碎石混合层共3层交替堆砌而成的(见图1-60、1-61、1-62)。

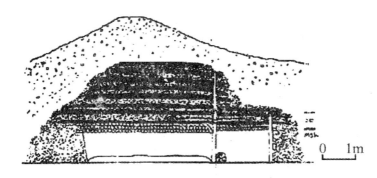

图1-55 椁室剖面图

图1-56 由石块和灌木混合而成的顶部

图 1 - 57　揭掉石块和灌木后发现的原木和芦苇覆盖物

图 1 - 58　椁室上覆盖的原木

图 1 - 59　芦苇席子

图 1 - 60　发掘前的 M15

图 1 - 61　封丘底部剖面 (部分)

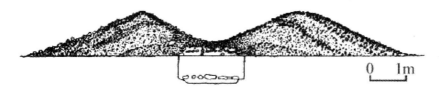

0　　1m

图 1 - 62　封丘和墓圹剖面图

　　墓圹上面有一个呈椭圆形的石堆建筑,墓向为西北—东南向,长
2.9 米,宽 1.9 米。在墓圹底部有一个由石块和石板搭建成的石室,石
室长 2.3 米,宽 1 米,里面有堆放散乱的人骨。

25 号冢:坟丘由碎石块堆砌而成。直径 8.5 米,高 1.08 米。在坟丘顶部有一个深 0.5 米的漏斗状的坑。经过发掘表明,该坑是由于泥土的塌陷而形成的。而塌陷则是源于墓室顶部的木质构架的腐朽。同时,这个坑也起到了迷惑盗墓者的作用,从而避免了被盗掘(见图 1 - 63、1 - 64)。

图 1 - 63　发掘前的 M25

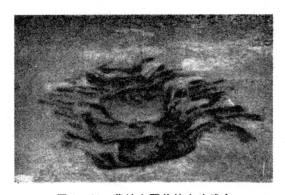

图 1 - 64　墓圹上覆盖的木头残余

在巨大的墓圹(长 3.5 米,宽 2 米)里发现了 2 具并排放置的尸骨,均为仰身直肢葬,头向西(见图 1 - 65)。在 2 具尸骨的右侧均有 1 把短铁剑,而左侧则是装青铜镞的箭囊残余。箭囊里共有 50 枚青铜镞,大体可分为 12 种类型。2 把铁剑均有蝴蝶状的十字线。在北边那具尸骨的左侧还有 1 把铁护手,看来这应该是一面盾牌的残余。此外,在这具尸骨的腰部还发现了 1 个铁带扣。除了上述这些随葬品以外,我们还分别在 2 具尸骨中发现了 4 颗光玉髓质的珠饰（位于颈椎附近）和 2 颗珠饰（应该是箭囊上的饰物）。25 号冢中出土的随葬品我们已经在《七河流域发现的塞人古迹》这篇文章中做过介绍。[1]

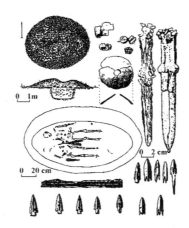

图 1-65　M25 平剖面图及出土的随葬品

30 号冢：坟丘为石块堆积而成，在其顶部有盗掘的痕迹。坟丘直径 7 米，高 0.7 米。

在发掘坟丘时出土了 1 把青铜锥，其截面为圆形，长 10.5 厘米。

在发掘别斯沙迪尔墓地其他的小型墓冢中基本上没有发现随葬品，除了 29 号冢出土了 1 把青铜刀，这其中的原因主要应该是盗掘。

经过测算，我们确定了别斯沙迪尔墓地占地面积约为 2 平方公里。但我们还对墓地邻近的地区也进行了不止一次的勘查测量，结果表明，与别斯沙迪尔墓地有关的遗迹所占据的地域要比墓地本身大很多。其中在墓地东北 5 公里处的一块高地上有 6 道墙围子，其形制与结构与别斯沙迪尔墓地中环绕在坟丘周围的石圈基本类似。这种墙围子还发现过 4 道，最远的一处距墓地约有 10 公里，是由 45 道墙围子组成的，这些墙围子从南向北蜿蜒曲折跨度达 450 米。其余的墙围子多位于山

〔1〕K. A. 阿奇舍夫：《七河流域发现的塞人古迹》，载《哈萨克斯坦苏维埃共和国科学院历史、考古与民族研究所报告》（考古学专员）1959 年第 7 期，第 204－205 页。

脚下的伊犁河岸边的台地上。

从所处位置和外观来看,无论是结构还是规模,墓地周围这些建筑(包括墙围子)都与墓地上那些矗立在封丘旁边的巨石很相似。这样就可以使我们做出如下的推断,两者不仅时代基本相同,而且它们之间还有一种很密切的关系,但这种关系我们目前还不能解释。可以肯定的是,墓地周围这些由巨石构成的墙围子并不是独立的建筑。我们在其中一些石块上还发现了刻有山羊、野猪和狼的形象(见图1-66)。

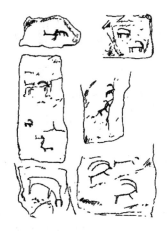

图1-66　用来修建石圈的石板上刻画的图案

从历史文献中我们可以得知,欧洲的斯基泰人和中亚的塞人在文化上有相近之处。斯基泰人中盛传着一个神圣的地方——格罗斯,那里埋葬着很多声名显赫的斯基泰人的国王和首领。这些人的陵墓很受尊敬,就如同圣物一样。同时,为了防止陵墓被亵渎和盗掘,关于墓地的位置他们会严格保密。正如希罗多德所记载的,波斯人问斯基泰国王伊达费勒斯:为什么你们要逃避会战呢?后者回答说,我们是在尝试着找到并摧毁我们国王的陵墓,这样的话,你们就应该知道,我们究竟会不会进行会战呢?

毫无疑问,别斯沙迪尔墓地里安葬的正是尖帽塞人的首领,亦即希罗多德所记载的神圣的格罗斯。同时,这里当年应该还举行过很多祭拜仪式和宗教祭礼。而这些围绕在坟丘周围、规模宏大的墙围子正是为这些仪式和祭礼而建。由此看来,这些墙围子主要具有祭祀和宗教的功能。

我们已经对别斯沙迪尔墓地周围建筑的形制进行了说明,并确定了其年代。现在,还有一个问题需要研究分析一下,即就别斯沙迪尔墓地各个坟丘而言,它们是不是也受到了墓地周围建筑的影响呢?

可以看出,墓地各个坟丘在形制上基本相同。坟丘均由大小不一的石块堆积而成,顶部平坦(从剖面看呈梯形),几乎所有坟丘都有紧密排列的石块作为基座。最大的那座坟丘周围还环绕着宽 2~3 米、高 30~60 厘米的石墙。经过考察研究我们可以推断,这些石墙原先应该更高更宽一些,后来随着岁月的流逝,它们逐渐坍塌,这样就导致石墙上部的石块掉到石墙底部。当然,当地居民从这里拿取石块也导致了石墙遭到破坏。

共有 6 座坟丘周围有数量不等的石墙,这些石墙有的紧密地环绕着坟丘,有的位于坟丘的东侧,有的位于坟丘的西南方。石圈基本上由 5~7 块,个别的有 9 块石板和大圆石(高 1~2 米)组成,而且有 2~4 块石板还插入了木块。在它们的周围矗立着 3~5 块大圆石,这些圆石每块都重约数百公斤,并组成了半圆形。同时,石圈所使用的石板和大圆石都有固定的排列顺序。例如,在最大的一座巨冢旁边的半圆形石墙里,那些大圆石都是朝里倾斜,而那些石板则都是向外倾斜。2 号和 6 号坟丘周围石墙里的石板和大圆石也都是按照这样的方法来排列的,而 3 号和 9 号坟丘周围石墙里的同类物品排列方法则完全不同,这里的石板都插入了木块,而且是向内倾斜。

这种差别并不是偶然的,可能反映了每个死者在社会地位,或是年龄,或是性别方面的差异。

前文已经提及,共有 4 座巨冢(最大的那座、3 号、4 号和 6 号)的坟丘的斜坡上有凹地,这些凹地一直延伸到地面的小丘冈。而且最大的那座和 3 号巨冢旁边的凹地分别位于坟丘的西北方向和南部,而其余 2 座旁边的凹地则只是位于坟丘的西北方向。经过考察后可以证实,这些凹地的形成并不是盗墓者所为,而是别斯沙迪尔巨冢本身的结构特点。

在对 3 号和 6 号巨冢进行研究后可以发现,它们旁边的凹地正是通往地下墓室的入口处。可能这是在举行完埋葬仪式后而设立的一个用来专门用来参拜死者、举办祭祀仪式的地方。然后经过按当时习惯事先规定好的时间后,出口就被堵死了。3 号巨冢的地下墓道中发现的动物骨头就是对上述推测的一个证明。

其实别斯沙迪尔墓地的每座巨冢都可以分为内部建筑和外部建筑两部分。外部建筑包括:锥形坟丘、地下墓道入口和环形石圈。内部建筑有墓道、墓室等。

如此看来,别斯沙迪尔墓地的巨冢从结构上看都非常复杂。

对别斯沙迪尔墓地的考察可以说明,七河流域的塞人建造的祭祀性建筑是参考了他们使用多年的日常建筑样式以及方法。例如建筑平面为方形或圆形土石混合而成的高大建筑,对木头、芦苇、石块等各种材料的巧妙运用等等。

这些建筑方法不仅被应用在祭祀性建筑上,这些方法首先是在人们的生产活动中逐渐积累起来的,主要是建造住宅,随后才被应用于祭祀类建筑。

而且要修建规模如此宏大、结构如此复杂的祭祀性建筑也需要多种多样的建筑工艺。

祭祀性建筑的形制和规模自古就被赋予极大的意义,因为人们想用这种方式来纪念国王或首领。因此,他们在修建此类建筑时就不仅是努力考虑防盗的因素,而且还要让其永存。按照当时人们的认识,这些建筑也以其规模宏大的特点来诠释国王或首领的强大与富庶。同时,这种规模宏大的特点也唤起了人们对国王或首领的敬畏之情。应当说,建筑者们达到了这些目的。

别斯沙迪尔巨冢的规模就是在今天给我们的感觉也是非常震撼的。以最大的那座为例,它是动用了超过 50000 立方米的土石建造而成的。此外,距墓地 3 公里有一座山,为了修建环绕坟丘的石圈从那里运来了大约 1000 块石板和大石块。3 号巨冢使用了大约 25000 立方米的土石,1 号和 6 号巨冢均使用了 7000 立方米的土石。

从坟丘的地层学研究成果来看,每一个巨冢都不是一个简单的土石堆,而是一座建筑。其结构是事先设计好的。其中 3 号巨冢的坟丘结构就是一个绝好的例证,坟丘是由 17 层泥土和石块交替堆积而成的。

别斯沙迪尔坟丘多层堆积的特点对于坟丘内形成相对干燥的环境具有非常好的促进作用。此外,这种特点还能预防墓内的木质棺椁等葬具受潮,并能长期地保持坟丘的原貌。

我们已经注意到,别斯沙迪尔巨冢的外部建筑无论是形状、结构,还是规模都存在着一定的差别。但这些差别并不妨碍它们之间的密切联系,相反,它们给我们的整体印象更加深刻。

与 3 种形制的坟丘(大、中、小)相伴随的是 3 种类型的墓内建筑。其中属于原木制成的棺椁的墓有 1 号、3 号、6 号和 8 号墓;具有穹庐式棺椁的墓可以 14 号墓为代表,此外这也是一些大中型墓的特点;而土坑无葬具(个别的用石块垒砌成石室作为葬具)则属于小型墓的特点。

土坑墓分布的地域非常广,而且在历史上延续的时间也很长,因此它不能反映出塞人的文化特性。石室墓是塞人早期阶段常见的一种墓葬形式(例如阿勒德 – 艾美里墓地和卡勒卡拉 1 号墓地),这些墓地所在的区域发现过安德罗诺沃文化的遗存。而石棺墓则出现于塞人的晚期阶段,在乌孙时代这种墓葬形式的分布范围逐渐扩大。

与别斯沙迪尔 14 号墓形制相似的墓葬目前仅此一例,从整个斯基泰—塞人—萨尔马泰人现已发现的墓葬中来看,也是一个孤例。这座墓葬是塞人善于利用各种建筑材料建造日常建筑的一个非常好的例证。

利用原木建造棺椁是斯基泰—匈奴文明中皇族级别的人士所经常使用的。其分布的范围也非常广,最东可达蒙古北部,最西可至匈牙利。

用原木制成的棺椁通常都置于一个很大的方形墓坑中,为了能准确判定别斯沙迪尔墓地在塞人遗迹中的地位,就需要了解各个地区的

·欧·亚·历·史·文·化·文·库·

塞人墓葬类型。

在库班河沿岸地区发现的公元前6至公元前4世纪的斯基泰人冢墓,死者被置于一个巨大的土坑中,上面覆盖着一块用原木制成的板子。有的墓坑里的盖板则是用原木和木板合成的。而在第聂伯河和亚速海附近的草原地带这类墓葬的年代为公元前6世纪至公元前5世纪。[1]

在第聂伯河沿岸的森林草原发现的公元前5世纪的斯基泰人的墓葬中出现了带有一面或两面斜坡屋顶的木构建筑,这种建筑还有一个长长的、带有木镶边的走廊。[2] 斯基泰人将这种建筑放在一个很深的方形土坑之中,这种建筑是亚速海和第聂伯河附近的森林草原地带发现的斯基泰人墓葬的典型特点。

在黑海北岸的草原地带发现的公元前4世纪至公元前3世纪的斯基泰人墓葬的特点是没有木构建筑。其中斯基泰人的国王或首领一般被埋葬在一个很大的土坑[3]或土洞[4]中,有的则是位于地下的石室墓,例如古里奥巴巨冢。[5]

斯基泰人的遗存再往西仍有分布,其中比较著名的位于波兰、保加利亚、匈牙利和罗马尼亚等国境内。

这些地区的斯基泰人墓葬可以卡勒哈若特冢墓为例,这座墓葬位于匈牙利的巴里马楚伊瓦洛沙山区。斯基泰时代的墓葬都是在一个巨大的墓圹中有一个角锥状的木构建筑。[6]

木质棺椁等葬具向东普及的范围也很广,其中在阿尔泰地区发现

---

〔1〕И. В. 雅茨尼克:《公元前7—公元前5世纪的斯基泰人》,载《国家物质文明史研究院报告集》1959年第36期,第36–75页。

〔2〕П. Д. 里别洛夫:《第聂伯河沿岸斯基泰遗迹年表—斯基泰—萨尔马泰考古问题》,莫斯科,1954年,第158页。

〔3〕《考古委员会1912年工作报告》,圣彼得堡,1913年,第40页;《考古委员会1913—1915年工作报告》,圣彼得堡,1916年,第104页。

〔4〕《希罗多德笔下的斯基泰人》第2卷,圣彼得堡,1872年,第74页。

〔5〕《基麦里人的古迹》,圣彼得堡,1854年。

〔6〕《考古学报》第4期,布达佩斯,1954年,第199页。(拉丁文)

的巴泽雷克巨冢等墓葬中发现的葬具均是用阔叶林木制成的。[1] 但从其中的高等级墓葬来看,棺椁等葬具仍然被置于一个巨大的方形墓圹之中。

与阿尔泰地区这些墓葬相似的葬具还向后延续了一段时间,例如在蒙古北部发现的诺彦乌拉匈奴巨冢中也有此类物品。[2] 特别是匈奴人的椁,无论是形状,还是制作工艺都几乎完全模仿阿尔泰地区斯基泰人墓葬中发现的椁。

可以确定的是,斯基泰人墓葬中的木构建筑是墓圹的一个附属设施,目前还没有见到有独立的墓表地上建筑。

但在我们已知的、经过考古发掘的斯基泰墓葬的地面建筑中却有2处例外。一处是位于基辅州的让波季尼村附近的一座墓葬,发掘者为 A. A. 波布里斯基。[3] 这座墓葬是在地面由原木堆砌而成的,而墓葬侧壁是由埋入地下的、紧密排列的原木构成的,侧壁上面还覆盖着由原木制成的盖板,整个墓葬高约2米。

而在库班河沿岸的一座墓葬的地上建筑则是一个锥形的木质顶棚。[4]

如此看来,别斯沙迪尔墓葬中用原木制成的棺椁应该算是一种全新的木构建筑形式。因此,它们是一种非常独特的遗迹,同时在斯基泰—塞人时代的丧葬建筑中具有显要的地位。

毫无疑问,别斯沙迪尔墓地与斯基泰时代的文明遗迹关系非常密切,但两者之间还是存在着本质上的差别。由此,我们就可以判断出七河流域塞人的经济文化发展水平,这种发展水平与公元前7世纪至公元前4世纪斯基泰人的发展水平不相上下。别斯沙迪尔墓地的建筑可

〔1〕С. И. 鲁金科:《斯基泰时代阿尔泰地区的文明》,莫斯科—列宁格勒,1953 年,第 25 – 61 页;С. И. 鲁金科:《斯基泰时代中央阿尔泰地区的文明》,莫斯科—列宁格勒,1962 年,第 22 – 41、93 – 107 页。

〔2〕С. А. 捷普楼霍夫:《诺颜山坟冢的发掘》,载《蒙古北部地区考察研究简报》,列宁格勒,1925 年,第 13 – 22 页。

〔3〕《考古委员会公报》1916 年第 60 期,第 1 – 6 页。

〔4〕《考古委员会 1898 年工作报告》,圣彼得堡,1902 年,第 30 页。

以证明,七河流域的塞人当时已经具有建造大型木构建筑的经验。但他们可能在棺椁上制造榫卯的技术并没有掌握。因此,从建筑工艺上来说,别斯沙迪尔墓地的建筑还是比较简单。这些工艺有可能是更早的斯基泰人传授给他们的。

顺便说一句,上文提到的让波季尼村附近的墓葬从出土的镞来判断,其时代为公元前 7 至公元前 6 世纪。可以确认的是,这座墓葬代表了斯基泰人早期的木构建筑工艺和木匠技术的发展水平。

别斯沙迪尔墓地木构建筑的原材料来源于距墓地 200～250 公里的伊犁河对岸以及外伊犁地区的阿拉塔乌山脉。在这里人们从砍伐的树木上把枝杈去掉,随后在树干上钻孔,接着将这些加工好的木材拉到河岸边,最后用木筏子把这些木材运过河并放到指定的地方。

用于墓地建筑的所有原木的一面都有非常厉害的磨损痕迹,这就可以证明,它们是从远处被拖拽过来的。与塞人生活的时代一样,今天天山云杉树生长的地区距别斯沙迪尔墓地也有 200～250 公里远。

在原木上钻孔是为了便于拖拽和排列在一起制造木筏子,同时也有利于用绳子把很多原木绑起来用作椁室的侧壁和盖板。当时可以利用杠杆的原理把一排木柱立起来,并将这些木柱放到木构建筑的顶部。在这些原木之间我们还发现了残损的绳索。由此可以判定,在日常生活中塞人使用的套索和绳子是用芨芨草的纤维编织而成的。加工木料的大致程序是,首先去掉树皮,然后把原木刨光,接着把它们紧密地排列在一起。如果各个原木之间还有空隙的话,那么就从外面塞些碎木片进去(见图 1－67、1－68)。

在这些原木上还发现了很清晰的工具痕迹,这些工具主要用于砍伐、加工木料以及在上面钻孔。从这些痕迹我们可以判断出工具的样式甚至其刃部的宽度。砍伐树木、将木料加工成所需要的长度以及其他进行粗加工的工序都是用斧头来完成的,斧头的刃部宽约 5.5 厘米。木料上面有各种记号,因此它们在加工时有可能使用了锛,锛的刃部宽度在 4.5～5.2 厘米之间(见图 1－69、1－70)。

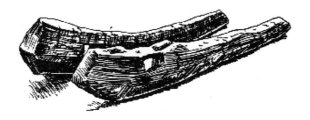

图 1 - 67　别斯沙迪尔 6 号巨冢中出土的木构架

图 1 - 68　带穿孔的木板、芦苇席子和绳子

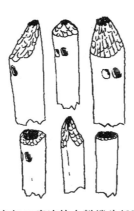

图 1 - 69　带有加工痕迹的木料端头(M1 和 M6 出土)

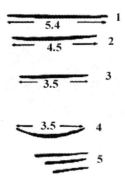

图 1－70　木料上的各种木工工具痕迹

　　还有一点也值得注意,从这些斧锛的刃部宽度来看,它们与哈萨克斯坦博物馆收藏的斧锛刃部的宽度几乎一模一样。

　　有鉴于此,我们认为必须来重新确定七河流域发现的很大一部分青铜工具的年代。那种认为这类工具均属于青铜时代晚期的传统观点应该是错误的。

　　通过对别斯沙迪尔墓地的发掘及研究可以使我们确信,这些遗迹在建成之后其内部应该没有填土。说得更准确一点,由土石混合而成的坟丘只是覆盖住了外椁室和甬道,而墓道和入口处并没有被挡住。这方面的证据是木构建筑上纵向的裂缝和聚在一起的树脂,它们是很快形成的,而不是因阳光的照射而逐渐干枯形成的。同时,散落在墓地的人骨和碎陶片也可以证实我们的判断。

　　有一点很难回答,即为什么墓葬上长期没有封丘的保护? 可能这些墓葬在修建的时候墓主还在世,通道和出口是预先留下的。

　　В.П.西洛夫发掘的伊里查维多墓地中的斯基泰墓葬的墓道出口处也是露天敞开的。[1]

　　别斯沙迪尔墓地的墓葬与斯基泰墓葬的区别有:首先,后者没有木构建筑;其次,后者的墓圹中没有方形的椁,而只有地面建筑;第三,后者大多没有甬道、附属建筑物和门洞等设施,只是在晚期的墓葬中才能

　　　　[1]В.П.西洛夫:《1959年伊里查维多墓地的发掘工作》,载《苏联考古》1961年第1期,第155页。

见到。而后两个特点也正是别斯沙迪尔墓葬在结构上与住宅的相似之处。

因此，别斯沙迪尔墓葬有可能就是这类古迹中时代较早的，即木构建筑出现在墓葬中的第一个阶段。当时墓内的木构建筑或多或少地模仿了住宅的形制，同时木榫的使用也不很普及。

通过对别斯沙迪尔墓葬材料的研究，我们改变了一些关于七河流域塞人文明的观点。这些考古材料表明，当时塞人已经能用木料、石块和芦苇建造大规模且结构复杂的建筑。他们不仅能制造诸如棺榫之类的葬具，也能建造能御寒的住宅。由此可以得出结论：当时七河流域的塞人并不是全年都过着游牧的生活，只是在一年中温暖的季节里进行游牧。随着天气逐渐转冷他们会来到越冬的地方，在这里塞人居住在温暖的住宅中来度过寒冷的季节。

别斯沙迪尔遗存不仅具有古建筑等方面的学术价值，同时还能更好地回答塞人社会阶层分化、社会各阶层财富不均等问题。

我们所获得的这些考古材料对于七河流域东北地区的学术研究是非常有益的，同时结合这一地区考古工作的先行者（A. H. 伯恩施坦等）的研究成果可以得出这样的结论：在伊犁河和楚河流域发现的这些数量巨大的被称为王族巨冢的陵墓并不能表明这里居住的都是塞人的王族、高级显贵以及乌孙。正如 A. H. 伯恩施坦所证实的，[1]七河流域的从事游牧的塞人（公元前 7 世纪至公元前 5 世纪）社会阶层的分化要早于居住在咸海沿岸和锡尔河流域的定居塞人。也正是此时产生的畜牧经济成为了一种进步的现象，因为畜牧经济所提供的产品要远远多于哈萨克斯坦和中亚地区的灌溉农业条件下所能提供的产品。

牲畜的迅速繁殖和作为财产的畜群分配非常容易，这些因素都有利于个人、家庭乃至部族人财富的快速积累。这样就加剧了财富不平等的现象，随后就导致了社会各阶层的分化。

---

〔1〕A. H. 伯恩施坦：《天山中部地区与帕米尔—阿尔泰地区历史考古概述》，载《苏联考古学资料与研究》1952 年第 26 期，第 22、187 页。

· 欧 · 亚 · 历 · 史 · 文 · 化 · 文 · 库 ·

如果塞人的社会财富不是这样进行积累的话,而是像乌孙那样通过政治斗争来取得财富,那就不会出现我们所熟知的、中国史料中所记载的一个人占有四五千匹马的情况了。[1]

大量牲畜集中掌握在个人手中也促使这些人尝试着巩固土地的私有化。中国史料中有很好的例子:部落贵族使用贫穷的社会成员和战俘奴隶来管理数量庞大的牲畜。[2]

如此看来,塞人的经济、政治和文化成果都成了乌孙人社会变革的前奏曲了。

但历史事实表明,古代定居民族在经济、社会以及文化发展上都是超过游牧民族的。以畜牧业经济为基础的社会往往会很快丧失自己向前发展的可能性。

塞人社会历史的变革可以通过这些大小不一的墓葬反映出来。别斯沙迪尔那些规模巨大的墓冢是非常好的例证。

刚刚出现的塞人世袭显贵希望自己的统治地位能一直延续到死后的世界,因而他们就建造了规模宏大的陵寝。别斯沙迪尔墓地的这些巨冢还意味着墓主人生前曾有过的显赫地位。特别是那些巨大的封丘更显示了这些贵族生前凌驾于普通民众之上的社会地位。

按照这个观点,别斯沙迪尔巨冢的墓主可以分为三个社会阶层。即封丘的规模与墓主的身份等级是成正比关系的。

第一类墓可以大墓、1号墓为代表,这些墓的主人为当时居住在伊犁河流域和阿拉塔乌山脉的山麓地区的塞人部族首领。这类墓葬封丘的直径在50～150米之间,高度在8～17米之间。

第二类人为塞人中的一般贵族、战功显赫的军人,他们都埋葬在首领的四周,这类人的封丘规模稍小,直径在30～45米之间,高度在5～6米之间。

---

〔1〕Н.Я.俾丘林:《古代中亚地区居民资料汇编》第3卷,莫斯科—列宁格勒,1950年,第190页。

〔2〕Н.Я.俾丘林:《古代中亚地区居民资料汇编》第2卷,莫斯科—列宁格勒,1950年,第197页。

第三类墓(其封丘直径在 6～18 米之间、高度在 1～2 米之间)的主人为普通的士兵。

因此可以这样说,别斯沙迪尔墓地埋葬的都是战功卓著的军人。这样的结论不应使人感到惊讶。有一点应该得到明确:塞人时代是一个军事民主制占统治地位的时代。当时每一个成年男性都是战士,而且他们都以勇敢力大为荣。就军事首领而言,英明智慧是他们必须要具有的品质。

别斯沙迪尔墓地各个墓葬封丘的规模取决于墓主生前的社会等级、所立的军功、军人的英勇精神以及财富的占有程度等。直到现在我们的所有论断都仅仅是建立在考古材料的基础上,但史料方面也有一些内容能支持我们的观点。毫无疑问,这些史料是其他民族所记载的。考虑到汉代(公元前 3 世纪至公元 3 世纪)的中国无论是其疆域,还是在年代上都与塞人具有密切的联系,而当时中国的墓葬制度中所遵循的正是墓葬的规格与死者生前的社会等级是相匹配的原则。因而可以推测,同样的,不仅仅是制度,也有部族传统也存在于塞人社会之中。

例如,中国历史学家杨树达曾证实,按照汉朝的礼制,只有皇室成员的墓葬封土高度才能超过 4 丈(12.8 米)。而高级贵族,例如列侯,其墓葬封土最高也只能达到 12.8 米,至于一般贵族,其墓葬封土不能超过 1.5 丈(4.8 米)。[1]

我们对别斯沙迪尔墓地的各个墓葬进行了详细的介绍,其中葬仪、墓葬形制与结构等内容都是用来确定文明民族属性的标准。不对这些材料进行细致而深入的研究就不能弄清七河流域的塞人民族史。

---

〔1〕H. H. 杰列霍夫:《汉代中国的墓葬制度》,载《苏联考古》1959 年第 3 期,第 44 页。

3 平民尖帽塞人的遗存

3.1 墓地概况

平民尖帽塞人的墓葬与以别斯沙迪尔墓地为代表的贵族墓葬相比,无论是在墓葬结构,还是随葬品上都有着明显的差别。在这些平民墓葬中,有少量的石室墓和土坑墓与数量巨大的乌孙人墓葬很难区别开来。经常能遇到这样的情况:在一处有 10 ~ 20 座墓葬的墓地里,总能见到少量的塞人墓葬和数量较多的乌孙人墓葬混杂在一起。

我们发掘的 35 座塞人平民墓葬分属 6 处墓地,这些墓葬基本上涵盖了整个塞人历史时期(公元前 7 世纪至公元前 4 世纪)。

其中属于塞人早期文明阶段(公元前 7 世纪至公元前 6 世纪)的是卡勒卡拉 1 号墓地和阿勒德 – 艾美里 2 号墓地。前者位于阿拉木图以西 55 公里的卡勒卡拉峡谷中,1940 年 A. H. 伯恩施坦在这里发掘了几座墓葬,这些墓葬均有球状的堆石,堆石下面 3 ~ 3.5 米处发现了石棺和人骨架。其葬式为仰身直肢葬,头向东北。A. H. 伯恩施坦认为这处墓地的时代属青铜时代到塞人时代的过渡时期,即公元前 8 世纪至公元前 7 世纪。[1]

卡勒卡拉 1 号墓地的材料目前还没有全部发表。从 A. H. 伯恩施坦已发表的材料来看,葬具为石棺,随葬品主要有青铜刀、锥以及陶器。在 A. H. 伯恩施坦的另一部著作中他仅仅提到了这处墓地出土的一件陶器,[2]但这件陶器并不能证明卡勒卡拉 1 号墓地的时代为塞人文明早期。这件陶器具有典型的塞人—乌孙文化特色:敞口、细颈、球状腹、

---

〔1〕A. H. 伯恩施坦:《吉尔吉斯北部考古概述》,伏龙芝,1941 年,第 24 – 25 页。
〔2〕参见《苏联考古学资料与研究》1950 年第 14 期,附录中的图版九五,图 31。

底部有突起。因此,我们的观点是:卡勒卡拉1号墓地的年代为公元前6世纪至公元前4世纪。

我们对1957年发现于丘拉克山脉的阿勒德－艾美里山口的石室墓进行研究后推测,这些墓葬属于塞人文明早期。每座石室均是用多块石板搭建而成的,高出地面20～25厘米,长1.6米,宽0.8米,方向基本上为东西向。但遗憾的是,所有发掘的墓葬都已被盗,而且没有出土任何能表明年代的材料(见图1－71、1－72)。

图1－71 发掘前的石室墓

图1－72 发掘后的石室墓

就七河流域而言,石室墓是塞人时代一个很重要的特征。而乌孙时代这种墓葬则非常罕见。而且在塞人时代晚期和乌孙时期所见到的石室墓多位于土坑之中,且上面多有封丘。考虑到这种规律性,我们推测,这种在地面搭建的石室墓是青铜时代的墓葬特征,因而作为残余被带入了早期的塞人文明之中。

相对于早期塞人遗迹而言,晚期塞人遗迹(公元前 5 世纪至公元前 4 世纪)发现得较多,研究工作也做得更好一些。晚期塞人遗迹主要有:如安多别墓地、卡德勒巴伊 3 号墓地、卡拉硕克墓地和克孜劳兹 1 号墓地。

这些墓地发掘所得的考古材料目前已全部发表,因此这里我们仅对整个墓地的一些共性之处进行探讨。

其中如安多别墓地的墓葬分属多个时期,自 1939 年开始它就为人们所熟知。1956 年,А. Г. 马克西莫娃发掘了其中的 7 座冢墓,这些墓葬的时代为公元前 7 世纪至公元前 6 世纪。[1]

这些冢墓规模并不大,其封冢由泥土和河卵石构成。人骨架置于土坑之中,此外土坑里还发现了厚木板制成的棺,人骨架的方向基本上为东西向。从保留下来的人骨材料看,葬式为仰身直肢葬,头向西。有一座的封冢下面有两个墓圹,一个埋的是人,而另一个埋的则是马。

在这些墓葬中发现的随葬品有:青铜马衔、青铜刀、骨梳、木梳、珠饰、青铜垂饰和陶器。

А. Г. 马克西莫娃将这些墓葬出土的随葬品与斯基泰时代的典型物品进行对照后发现,两类物品具有很多相似性。进而认为,这些墓葬的时代应为早期塞人时期。而笔者却并不同意她的这个观点。具体来看,马克西莫娃所列举的如安多别墓地出土的青铜马衔的时代并不如她所言,恰恰相反,从形制上来看,这种马衔并不是众所周知的斯基泰的那种像马镫一样的马衔。这种马衔由各种式样的环组成。因此如安多别墓地出土的这种马衔应该说是一种环状物,由此可以确定墓地的时代应为公元前 5 世纪至公元前 4 世纪。这个时代对于墓地中发现的其他随葬品例如青铜刀也是适用的。不知为何马克西莫娃会将这些青铜刀与伊塞克湖沿岸出土的青铜刀进行比对,因为这两种刀没有任何

---

〔1〕А. Г. 玛克西莫娃:《如安多别墓地——塞人时代的巨冢》,载《苏联科学院物质文明史研究报告及野外研究简报》1960 年第 80 期,第 60 - 64 页。

相似之处。

卡拉硕克墓地位于伊犁河右岸地区,1939 年,A. H. 伯恩施坦发掘了其中的一座塞人冢墓。[1] 这座墓的封丘不大,是用泥土和碎石混合而成的。此外,封丘上还有两个用石块堆积的、同心圆圈状的凸起。墓中出土了青铜镞,[2]A. H. 伯恩施坦正是据此判断该墓葬的年代为公元前 5 世纪至公元前 4 世纪。

卡德勒巴伊 3 号墓地位于伊犁河流域,1956 年,E. И. 阿格耶娃发掘了其中的三座冢墓,并认为这三座墓葬的年代为公元前 4 世纪至公元前 3 世纪。[3] 墓葬上的封丘由土石混合而成,在封丘的底部还有一个圆环状的石堆。这三座墓葬的墓圹中都发现了用石块搭建的葬具,死者均为仰身直肢,头向为西或西北。随葬品有带柄铜镜、带野兽装饰花纹的青铜带扣以及陶器。从这些随葬品体现的特征来看,与前面所推定的年代是相符的。

还有一处属于塞人中的平民阶层的墓地是克孜劳兹 1 号墓地。这处墓地由 17 座冢墓组成,这些墓葬从南向北呈链状排列(见图 1 - 73)。这处墓地的发掘工作共持续了 2 年:1954 年发掘了其中的 5 座(M1、M2、M10、M14 和 M15),1957 年发掘了其余的 12 座。这些墓葬的发掘资料我们已经发表。[4]

这里我们只介绍一些典型的墓葬,这些墓葬的葬仪和随葬品都非常有特点。

M6(直径 6 米,高 0.2 米):在其封丘下面发现了 2 具尸骨,尸骨均在土坑之中,土坑为东西向,尸骨为仰身直肢葬,头向西。这 2 具尸骨分上下两层放置,两具尸骨之间相距 30 厘米。在墓坑的西北角,即下层人骨架的颅骨旁边发现了 1 件陶器,此外还有绵羊骨和铁刀。而在

〔1〕A. H. 伯恩施坦:《吉尔吉斯北部地区考古概述》,伏龙芝,1941 年,第 26 页。
〔2〕参见《苏联考古学资料与研究》1950 年第 14 期,附录中的图版九五,图 49。
〔3〕E. И. 阿格耶娃:《阿拉木图州东北部发现的早期游牧人冢墓》,载《哈萨克斯坦苏维埃共和国科学院历史、考古和民族他院公报》1959 年第 36 期,第 83 - 85 页。
〔4〕K. A. 阿奇舍夫:《七河流域发现的塞人古迹》,载《哈萨克斯坦苏维埃共和国历史、考古与民族研究所报告》(考古学专号)1959 年第 7 期,第 204 - 214 页。

上层人骨架的盆骨处发现了 1 件小的石纺轮。从人骨架的位置来看，它们紧贴着墓圹西壁。值得注意的是，上层的人骨架在埋葬时头和身子是分离的，因为颅骨的位置要比其他骨头的位置高 0.4 米。

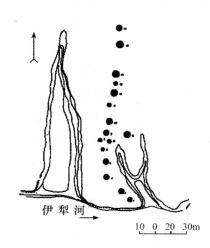

伊犁河

10 0 20 30m

图 1 - 73　克孜劳兹墓地平面图

M7（直径 6 米，高 0.27 米）：在封丘下面有 2 个墓圹，墓圹方向均为东西向，其中在南面那个墓圹中发现的尸骨均为仰身直肢葬，头向西（见图 1 - 74、1 - 75）。在墓圹西南角有 1 件陶器，这件陶器的腹部中央有一个环状把手，与这件陶器并排还发现了绵羊的骶骨。按照 B. B. 奇斯布勒克的判断，其中的那具妇女骨架属于欧罗巴人种。而在北面的那个墓圹中共发现了 4 具人骨架，这 4 具骨架分两层放置。其中上面那层有 1 具，距墓壁为 22 厘米，仰身直肢葬，头向西。在颅骨左侧有 1 件平底陶罐。下层的 3 具尸骨距上层尸骨为 15 厘米，这 3 具尸骨的葬式和头向都同上层的那具尸骨相同。下层的这 3 具尸骨分别为 2 个成年人和 1 个未成年人，在 2 具成年人颅骨附近各有 1 件陶器，其中 1 件腹部呈球状、细颈，另 1 件为大杯子，在里面发现了绵羊的骨头（见图 1 - 76）。

这 7 具人骨均属同一时代。

M9（直径 8 米，高 0.8 米）：共有 4 个墓圹，里面共发现 7 具人骨架。墓圹呈平行排列,均为东西向(见图1-77)。人骨架均为仰身葬,头向西。在最南边的那个墓圹里有3具尸骨:2具成年人的和1具儿童的。而且可以看出,男性成年人的下葬时间要晚于女性成年人和儿童的下葬时间。在男性成年人下葬时,为了给他腾出足够的空间,还把那具儿童的尸骨进行了搬动,将其移到了墓圹南壁附近。此外,那具妇女尸骨也受到了扰动。在2具成年人颅骨之间发现了陶器、陶纺轮以及绵羊的骶骨(见图1-77、1-78、1-79)。

图1-74 M7的墓圹

图1-75 M7墓圹的北半部

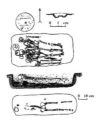

76 M7封丘平剖面图及墓圹

·欧·亚·历·史·文·化·文·库·

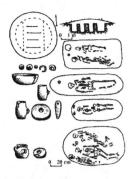

1-77 M9 封丘平剖面图及墓圹

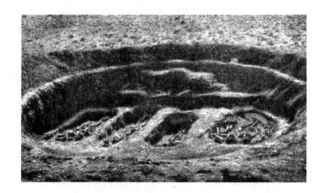

图 1-78 发掘后的墓圹

图 1-79 南侧的墓圹

在中间的那2个墓圹里分别都只埋葬了1个人,为1男1女。在埋葬女性的墓圹中发现了高脚大陶杯、用来描眉的小石棍、陶纺轮、绵羊骶骨以及一些青铜物品的残余。在埋葬男性的墓圹的西部也出土了高脚大陶杯和绵羊骶骨。这2件高脚大陶杯的腹部中央均有1个环状把手。

在最北边的那个墓圹里有2具骨架,分别为1个成年人和1个儿童。这具成年人尸骨很有可能是女性,因为在人骨架中发现了一些珠饰。此外,在墓圹西部还发现了陶器和绵羊的骶骨。

M12(直径10米,高度超过1米):封丘下面有一个宽度为2米的石圈,在石圈中央有2个墓圹,墓圹方向为东西向。墓圹上面还覆盖着厚木板。

在北面的那个墓圹里出土了残缺的石磨棒。

南面的那个墓圹里随葬品更为丰富。其中在墓圹的西侧有6件陶器,3件大杯,另外3件为罐。在这些陶器周围还发现了正方形的梳妆用具。在人骨架中则发现了青铜簪、铃、手镯,其中在手镯的一个端头上是雪豹的形象,此外还出土了青铜钱币以及光玉髓珠饰等(见图1-80)。

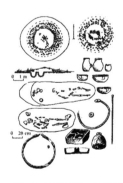

图1-80　M12封丘平剖面图、墓圹及出土的随葬品

从现场的情况来看,墓圹中的尸体原先应该是置于芦苇制成的垫子上的。

克孜劳兹1号墓地的发掘工作做得比较彻底。总计发掘了19座封丘,封丘下面共发现了 27 个墓圹,所有墓圹中共发现 33 具尸体。这些墓葬中所体现的葬仪和出土的随葬品具有高度的一致性。

从葬仪上来看,尸体均为头西脚东、仰身直肢,且尸体埋葬方法也比较单一,仅有 3 座墓(M1、M8、M19)为双人异穴葬,有 2 座墓(M6、M7)为 1 个墓圹中分 2 层来放置尸体,另外还有 2 座墓葬(M7、M9)为多人葬。

就整个墓地而言,封丘下面有石圈和墓圹上有木盖板是其两个重要的特点。从封丘规模来看,石圈原先是环绕在封丘底部的,后来逐渐塌陷到封丘里,看上去就像在封丘下面。

从墓葬数量、随葬品和葬仪所具有的高度一致性等特点来看,克孜劳兹 1 号墓地是一处居住在伊犁河右岸地区的塞人中的平民阶层墓地。

那如何来说明有些墓葬中的分组和分层埋葬现象呢(例如 M6、M7 和 M9)? 这应该是当时塞人父权制家庭在墓葬制度上的一种体现。

体现墓葬年代的基本材料当属陶器,特别是 M9 和 M19 中出土的那种带环形把手的陶器。

这种陶器与中亚和哈萨克斯坦地区晚期塞人时代的遗迹中出土的陶器非常相似(这些遗迹分别是卡乌奇居址[1]、别勒卡里墓地[2])。同时我们也注意到,这种陶器与伊朗和前亚地区发现的安诺三期文化遗存中出土的陶器也具有一定的相似性。

克孜劳兹 1 号墓地的年代当属晚期塞人时代(公元前 5 世纪至公元前 4 世纪),其证据是墓葬中出土的随葬品。其中有用浇铸法制造的青铜手镯,手镯的两个端头装饰着猛兽的形象(M12 和 M14 出土)(见图 1–81);还有刻有格里芬形象的青铜牌饰,格里芬周围还用斯基泰风格的纹饰来装饰(M15 出土)。

还有些随葬品。例如青铜发簪、青铜锥、各种式样的青铜耳环以及

---

〔1〕Г. B. 格里果里耶夫:《克列斯草原地区在考古学上的意义》,载《哈萨克斯坦苏维埃共和国科学院学报》(考古版)1948 年第 1 期,第 47–78 页。
〔2〕参见《苏联考古学资料与研究》1950 年第 14 期,附录,图版十。

各种骨制品,但这些随葬品并不仅仅是塞人时代的典型随葬品。

　　七河流域塞人物质文化的研究工作目前还很薄弱,成果也不多。我们目前面临着利用大量的田野考古资料来研究塞人的政治史、物质文化史等课题。

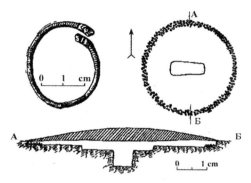

图 1 - 81　M14 封丘平剖面图及出土的青铜手镯

　　现阶段能回答的问题只是塞人历史和文明中的一些局部问题。

　　毫无疑问,七河流域的塞人其基本的经济生活方式为养羊业。这是由考古和历史材料所共同证实的。养羊业在塞人中非常普及,其证据是我们发掘的大量塞人墓葬中都出土了羊骨,而这正是塞人食物的残余。公元前 1000 年中叶希腊史学家合里勒称塞人为牧羊人,这就表明养羊业在塞人经济生活中具有重要地位。

　　羊不仅能为塞人提供肉食,而且还能提供毛皮。毛皮可以用来制作毡子、绳索等物品。在别斯沙迪尔 1 号和 6 号大墓中出土的毡子和绳索即为证据。同时还能证实,当时塞人已能制造各类毡子。其中有粗糙而厚实的黑色毡子,这种毡子是覆盖在房顶或是铺在室内的地面上;还有一种柔软而且很薄的毡子,这是一种质量较低的细毛毡,主要用来缝制衣物和塞人所特有的尖顶帽。其中那种用粗毛线缝制而成的毡子在别斯沙迪尔 1 号大墓中出土过。

　　马在塞人的生活中也发挥着重要作用。这方面的情况可以注意古代历史学家对塞人骑兵的描述。考古材料也证实了这方面的情况(如安多别墓地和别斯沙迪尔墓地都发现了大量的殉马)。

如果将克孜劳兹 1 号墓地(M12、M14)出土的碾子作为证据的话,那就可以推测当时塞人已经开始经营农业。而且有可能他们的先祖已能耕种土地和培育农作物,那时应是青铜时代。这是完全有可能的,在收割作物和储备芦苇时塞人使用的是青铜镰刀,这种工具在七河流域青铜时代塞人的遗迹中发现很多。

有关塞人的葬仪情况,我们在介绍墓地时已做了非常详尽的介绍。

总的来看,塞人的墓葬类型大体可以分为两类:石室墓和土坑墓。其中前者多建在一个土坑之中,从出土的随葬品判断,这类墓葬的时代较早,但也有一些能见到晚期塞人文化的特点(例如卡德勒巴伊 3 号墓地)。而土坑墓则是公元前 5 世纪至公元前 4 世纪塞人的典型墓葬,这类墓葬上面一般都覆盖着木头。

Г. Г. 巴巴尼斯卡娅在对别勒卡勒墓地进行深入研究后也提出了类似的观点。[1]

从目前所知的塞人平民墓葬中来看,仅有 1 座墓葬(克孜劳兹 1 号墓地的 M15)的尸骨置于土坑之中,尸骨周围摆放着木头。这种结构有可能是一种属过渡性质的墓葬结构。

第一批重棺(椁)的墓葬在七河流域出现的时间应该是在乌孙时期。

塞人墓葬与乌孙墓葬的一个很重要的区别是前者很少出土铁制品。目前所发掘的 35 座塞人冢墓中仅有 7 座出土了铁刀和铁剑,而乌孙的墓葬则基本上都发现了铁器。

从葬式和葬俗来看,塞人墓葬中的死者多头朝西,仰身直肢。此外,塞人平民墓葬中的随葬品一般也比较少,但仍具有一定的时代特点。

每具尸骨的头部旁边通常都随葬 1 件陶器,很少能看到 2 件的。其他随葬品还有日常生活用品和饰物。

---

〔1〕Г. Г. 巴巴尼斯卡娅:《别勒卡勒墓地》,载《哈萨克斯坦苏维埃共和国科学院历史、考古与民族研究所通讯》1956 年第 1 期,第 205 页。

塞人使用的陶器无论是形制,还是容量都有很多种。我们大体可以将其分为5类。

(1)带流和环形把手的罐,而且流、把手与罐身形成90度的夹角。

(2)各种尺寸的圆形盆(钵)。

(3)细颈球形腹罐。

(4)各种尺寸的带柄杯(罐)。这类陶器中有少量的没有柄但带有角状的突起。

(5)形体较为瘦高的罐。可分为三型:1)带两个角状突起的;2)带环形把手的;3)无把手的。这类陶器的底部一般为平底或有凸起。(见图1-82)

图1-82　塞人墓葬中出土的陶器

所有陶器的表面都没有烟熏的痕迹。毫无疑问,它们都不是炊器,而是食用器。炊器一般壁更厚一些,而且制作得粗糙一些,另外容量也较大。此外,我们在别斯沙迪尔墓地还发现了一些带耳陶镀的残片。这就存在一种可能,即塞人的食用器不仅有陶器,也有青铜器。[1] 就数量和种类而言,炊器比食用器都要少。众所周知,镀一直是各游牧民族广泛使用的一种器形,它既可以用来煮肉、煮牛奶,也可以烧烤饼类食物。

这些食用器也可以证实塞人的文明程度较之早期有了很大发展。

---

〔1〕E. IO. 斯巴斯卡娅:参见其相关著作。

·欧·亚·历·史·文·化·文·库·

必须要注意的是,正是半游牧的生活方式才迫使塞人使用这些食用器,虽然其数量并不多。之所以能得出这个结论,是因为我们将青铜时代与时代较晚的两类塞人墓葬中出土的食用器数量进行了对比。其中时代较晚的塞人墓葬中几乎每名死者身旁都随葬1件食用器,有的甚至能随葬2到3件。

七河流域的塞人文化,在其发展的晚期阶段我们可以看到与哈萨克斯坦青铜文化的一种前后继承性。从人种学的角度来看,塞人保留了很多古代安德罗诺沃人的体质特征[1]。而从物质和精神文化的角度来看,例如,七河流域塞人墓葬中经常出土的三棱铜镞与哈萨克斯坦青铜时代晚期文化——达尼德巴文化遗迹中发现的同类器物非常相似,后者是哈萨克斯坦境内首次发现这种青铜镞的遗迹[2]。

七河流域的塞人在葬仪方面还保留了过去的一些传统。大量父权制的家庭,包括青铜时代的很多部族都有自己的家族墓地,这些墓地中只埋葬自己家族或部族的成员。正如我们前面所注意到的,克孜劳兹1号墓地的一些墓葬(M6、M7和M9)中尸骨分两层或是分组埋葬证实了塞人是有家族墓地的。

这样来看,塞人社会中曾经历过从氏族向父权制家庭演变的过程,但仍保留了氏族社会的一些特征。这种发展变化从阿拉古里和达尼德巴时代一直延续到塞人时代[3]。可能这种变化过程是在塞人时代最后完成的,因为在乌孙时代的墓葬并不是家族墓地。这意味着氏族社会已经完全瓦解。乌孙时代的墓葬都是单个家庭的墓葬,这也反映了塞人社会发展的历史进程。

---

[1]Б. В. 齐斯布里克:《哈萨克斯坦苏维埃共和国中心及东部地区古代居民的人种学材料》,载《人类学通讯》1956年第1期;Б. В. 齐斯布里克:《从民族起源研究看中亚地区古人类学的基本问题》,载《苏联科学院民族学研究所简报》1959年第31期。

[2]П. С. 勒科夫:《奇卡特集体农庄工作概要》,载《国家物质文明史研究院院刊》1935年第110期,第57页;Л. Р. 克兹拉索夫、А. Х. 马勒古兰:《别卡查墓地的石板石圈》,载《苏联科学院物质文明史研究所报告及野外研究简报》1950年第32期。

[3]К. А. 阿奇舍夫:《中央哈萨克斯坦地区的青铜时代》,列宁格勒,1953年。

3.2　偶然发现的遗物

　　对七河流域塞人的物质文明的研究目前还非常缺乏。很遗憾,有些塞人的墓葬的发掘工作并不规范,但同样也获得了一些重要遗物。这些遗物主要有:劳动工具、武器以及日常生活用品。

　　就我们所知,塞人的大量金属制品都是在很偶然的情况下发现的。这其中包括青铜镬、祭坛和灯,这些物品具有高度的艺术表现力,表明塞人时代是一个青铜制造业繁荣的时代。如果说哈萨克斯坦地区青铜时代的部族是开采和冶炼金属矿石的先行者的话,那么塞人就是他们的继承者,并使青铜铸造业达到了更高的水平。

　　较之青铜时代,由于出现了新的生产部门,塞人时代的文明程度也就随之发展得更高,其表现形式就是制造出了很多形态各异的工具、武器以及日常生活用品。但同时塞人仍保留并一直使用一些老式的青铜制品,这些青铜制品自青铜时代就开始制造使用,例如背部下垂的斧子、锛、凿、镰,这些青铜物品也被称之为七河类型。

　　在前面提及的别斯沙迪尔 M1 和 M6 两座巨冢中的原木上保留了很清晰的木工工具使用过的痕迹。从这些痕迹来判断,所使用的工具应该是刃部较宽的且背部下垂的斧子和锛,这些工具在哈萨克斯坦博物馆都可以看到。我们的观点是:这些工具不仅在青铜时代就已得到广泛应用,塞人时代同样也在继续使用。之所以有这样的观点,是因为七河流域和古沙什地区的青铜制品在这两个时代一直处于占优势的地位。从另一个方面来看,除了塞人居住的地域,其他地域,例如安德罗诺沃文化分布的地区很少能见到青铜制品。

　　近年来发现的两处窖藏(卡梅尼和图勒奇斯)中的青铜制品被称为安德罗诺沃类型青铜制品,但与之共出的还有塞人—乌孙时代的典型陶器,此外并没有发现安德罗诺沃式陶罐。但这些证据还并不能用来确定上述遗物的确切年代。根据类型学理论,有的研究者认为这两

·欧·亚·历·史·文·化·文·库·

处窖藏的时代为青铜时代晚期。[1]

而目前的研究成果中则认为这个断代是错误的,其根据就是近年来伊犁河流域出土的青铜制品。

我们挑选的 20 件青铜制品出自 4 个地点,即:图勒奇斯、新阿列克谢耶夫、卡梅尼和伊塞克。从年代关系上可以将这些青铜制品分为两期:第一期为公元前 8 世纪至公元前 7 世纪,第二期为公元前 6 世纪至公元前 4 世纪。

图勒奇斯出土的青铜制品属于第一期。其年代是通过对青铜刀和叶状矛头的断代来确定的。其余三地出土的青铜制品均属于第二期。

图勒奇斯青铜制品是 1957 年在外伊犁地区的阿拉塔乌山地发现的,这里的海拔高度达到了 1100 米,发现青铜制品的地方是一处疗养院(位于阿拉木图市郊)。这批青铜制品是在工人挖壕沟时出土的,距地表深约 3 米。除了青铜制品以外,与之共出的还有石杵、陶器等物品。[2] 下面就对这些物品做一个简单的介绍。

背部下垂的斧:由两部分铸造并拼接而成,在两部分结合处有修平的痕迹。其中一面的痕迹一直从刃部通到斧背部。整个斧子长 25.4 厘米、刃部宽 5.4 厘米。此外,还有一个用于安装斧柄的椭圆形孔,其规格为 3 厘米 × 5 厘米。

矛头状的凿:同样由两部分铸造拼接而成。长 13 厘米。

叶柄状的矛头:叶片状,刃部和柄部的末端已被折断。柄部的横截面为方形,残长 4.2 厘米。

带柄刀:其刃部有一定的延展性,刀柄一面有很多椭圆形的凹坑,此外还有一个用于挂饰物的小孔。整个刀长 24.7 厘米,其中刃部长 15.2 厘米,宽 3.4 厘米。

镰:在其一面有三条宽带状图案,长 25.7 厘米,宽 8 厘米。

镰:长 23.9 厘米,宽 6.2 厘米。(见图 1 - 83)

〔1〕A. 德如苏波夫:《阿拉木图市郊发现的窖藏中的青铜时代工具》,载《哈萨克斯坦苏维埃共和国科学院历史、考古与民族研究所简报》1956 年第 1 期,第 261 - 263 页。

〔2〕这些物品目前收藏于哈萨克斯坦苏维埃共和国科学院考古与民族博物馆。

图 1-83　图勒奇勒宝藏中的青铜物品

这些镰均属七河流域类型,较直,只是背部稍有弯曲。此外,镰身上还有一些圆孔用于固定柄部。

石杵:其端头部分的切面为方形,柄为圆形,长 23.4 厘米。

陶器:从形制、原材料成分以及烧制工艺来看,均与塞人—乌孙的陶罐非常相似。

新阿列克谢耶夫窖藏发现于 1883 年,这处窖藏位于伊犁河左岸的阿列克谢耶夫克村(现名新阿列克谢耶夫)附近。

窖藏中有 4 件青铜制品。此外,这一年还发现了一件带流和把手的青铜器。以下分而述之。

背部下垂的斧:浇铸法制造。在斧背上有五排带状图案,这些图案是由很窄的横线构成的,而这些横线又可以分成更细的竖线条。斧长 28 厘米,刃部宽 5.4 厘米。

凿状锛:一面较平,另一面有凸起。长 20.4 厘米,刃部宽 5.2 厘米。

凿:长 18 厘米。上部为锥状的套筒,而且还带有一个突出的圆箍。

镰:较直,只是背部稍有弯曲,有一个孔用于固定把手。长 27 厘米,宽 7 厘米。

青铜器:球状,有流,流位于长把手与器身交界部分的下部。整个器高 11 厘米,腹径 13 厘米,口径 9 厘米,把手长 10 厘米。[1]

卡梅尼窖藏发现于 1953 年。这里位于阿拉木图市郊,是在卡梅尼高原疗养院内发现的。窖藏距地表深约 1 米,里面包括有一件凿状锛、两件带有套筒的凿和一件陶器。[2] (见图 1－84)

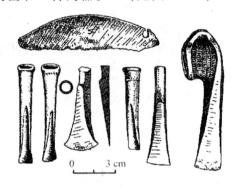

图 1－84 卡梅尼宝藏和新阿列克谢耶夫宝藏中的青铜工具

伊塞克窖藏发现于 1958 年。这里以东 40 公里就是阿拉木图,当时是在一个高山湖泊旁边修路时发现这处窖藏的。共出土了 5 件青铜制品。[3]

带有套筒的矛头:尖部为匕首状,刃部中央有两个凸起。套筒里有两个孔,这是用来固定木杆的。整个矛头长 34.5 厘米,刃部宽 4 厘米,套筒直径 3.7 厘米。

短剑:剑柄和剑身的十字交叉线呈蝴蝶状,剑身已残损,残长 22.5 厘米,剑柄长 7.5 厘米,剑身宽 3 厘米。

环状马衔(共 2 件):由于长期使用而磨损得很厉害。其中一件圆环直径为 3.3 厘米,另一件直径为 2.7 厘米。(见图 1－85)

镄:在上腹部有 2 个把手,底座为圆锥状,沿着口沿部分有一些呈凸起状的波折纹曲线。整个镄高 40.5 厘米,口径 36 厘米,腹径 39 厘

---

〔1〕这些物品现藏于莫斯科。

〔2〕参见 A.德如苏波夫:《哈萨克斯坦苏维埃共和国国立中央博物馆的收藏品》。

〔3〕这些物品现藏于哈萨克斯坦苏维埃共和国科学院考古与民族博物馆。

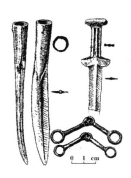

图 1 - 85 伊塞克湖宝藏中的青铜物品

米,底座高 12 厘米。[1]

另一件塞人铜镀是 1958 年在德如尼加·阿拉塔乌山脉的支脉附近发现的,这里属德格里市管辖。

镀的口沿处有两条呈凸起状的波折纹,其把手仅保留了一个。镀的底座为圆锥状,底座高 24.5 厘米,整个镀高 54 厘米,腹径 57 厘米,口径 48 厘米。(见图 1 - 86)

图 1 - 86 青铜镀

七河流域的塞人青铜制品后来出土得还很多,其中的一些对我们判断年代起到了非常重要的作用。

七河流域的塞人文化非常独特,且富有表现力。毫无疑问,这种文

---

〔1〕这些物品现藏于哈萨克斯坦苏维埃共和国科学院考古与民族博物馆。

化受到了来自中国和中亚地区农业文明的影响。而且,相互的交流也使各种文化的内涵变得丰富起来。

上述研究成果表明,七河流域塞人的物质文化是一种独特的文化。它自身的很多特点都与同时期的其他文化具有显著的差别。可以这样推测,塞人文化是七河流域当地起源的一种游牧文化。

同时,伊犁河谷、丘亚河谷和塔拉斯河谷等地区发现的大量塞人青铜制品也能证实,七河流域是斯基泰—塞人世界青铜铸造业的一个非常重要的中心。

4 历史学与考古学方面的研究

4.1 哈萨克斯坦出土的青铜镞的相对年代序列

青铜镞是古代军队使用的一种很重要的武器。这种武器会随着金属冶铸工艺的改善和军事装备的完善而不断改变自己的形状。因此,镞对于确定遗迹的年代具有非常重要的意义。可以说,从确定年代的角度来说,镞的重要性绝不在陶器之下。镞和陶器,是断代的两个基本标尺。有一点毫无疑问,在研究一处遗迹时,必须从整体上、全面地考察其所有的出土物。

目前,考古学家已能利用青铜镞对苏联欧洲部分南部的斯基泰文化进行分期研究。而在确定斯基泰文化年代标尺的考古学家中贡献最大的当首推 Б. Н. 格拉科夫[1],此外还有 П. Д. 拉乌[2]。

关于此问题的更新成果是建立在已有的年代标尺的基础上,而且也没有什么重要的变化,虽然还补充了大量的新材料。这些新成果中必须要提及的是 А. А. 伊叶西尼[3]和 П. Д. 里别洛夫[4]的著作,他们二人的著作刊载在《斯基泰—萨尔马泰考古学问题汇编》中。在近期问世的一本关于马尔吉安那地区农业文明的专著中,作者在对雅斯－杰别古迹的地层进行研究的同时,还列出了在中亚定居文明分布区域

---

〔1〕Б. Н. 格拉科夫:《萨尔马泰人和斯基泰人使用的金属镞的制造工艺研究》,载《俄罗斯社会科学研究所学术研究联合会考古组成果集》1930 年第 5 期,莫斯科。

〔2〕P. 拉乌:《早期铁器时代伏尔加河下游地区的墓葬》,1929 年。(德文)

〔3〕《高加索北部发现的一些公元前 8 至公元前 7 世纪的遗存》,莫斯科,1954 年。

〔4〕《斯基泰时代第聂伯河流域古迹的编年问题》,莫斯科,1954 年。

·欧·亚·历·史·文·化·文·库·

以及伊朗、阿富汗等地区常见的青铜镞的相对年代框架。[1] 而萨尔马泰考古研究中一项非常重要的成果则是 K. Φ. 斯米勒诺夫的新作,[2] 这部著作重点分析研究了军事装备,当然也包括镞。

在开始分析哈萨克斯坦地区出土的青铜镞的相对年代等问题之前,我们首先简要地为读者介绍一下这些青铜镞在形制上的发展历程。

从目前关于镞的分期结论(没有包括哈萨克斯坦和中亚地区出土的材料)来看,最早的两羽叶柄状青铜镞是由 Б. А. 库弗吉尼在外高加索地区的别石塔谢墓地发掘所得的。这处墓地的年代为青铜时代晚期至早期铁器时代。[3] 这一时期说得更准确一点就是公元前 8 世纪左右。按照 A. A. 伊叶西尼的观点,[4] 尾部较长的月桂叶状的镞可具体分为这样几种:新切勒卡斯窖藏出土的叶状镞、涅克拉索夫、切勒尼谢夫以及高加索北部其他巨冢中出土的大量菱形和圆角菱形镞。

黑海北岸这一时期属于斯基泰文化早期(按照 A. A. 斯毕奇的观点:公元前 8 世纪至公元前 6 世纪为斯基泰文化早期),而在伏尔加河下游地区的斯基泰—萨尔马泰时代的遗迹中同样也发现了这种尾部较长的月桂叶状的镞。

这样来看,斯基泰和萨尔马泰文化中时代最早的青铜镞是带套筒的月桂叶状镞。正如 A. A. 伊叶西尼所注意到的,有的矛头也是这样的形状,有的镞则为菱形或圆角菱形。几乎所有斯基泰的研究者均认为,这种镞开始出现的时间为公元前 7 世纪左右,是斯基泰人所使用的镞中时代最早的一类。它所流传的地域也非常广, 这方面的内容可参

---

〔1〕B. M. 马松:《马尔吉安那地区的古代农耕文明》,载《苏联考古学资料与研究》1959 年第 73 期,第 46 页,图 12。

〔2〕K. Φ. 斯米勒诺夫:《萨尔马泰人的军事装备》,载《苏联考古学资料与研究》1961 年第 101 期。

〔3〕Б. A. 库弗吉尼:《特里阿列吉的考古发掘》,第比利斯,1942 年。

〔4〕A. A. 伊叶西尼:《高加索北部发现的公元前 8 至公元前 7 世纪的遗迹》,载《斯基泰—萨尔马泰考古学问题》,莫斯科,1954 年,第 120 页。

见 Б.Б.毕奥特洛弗斯基[1]、Е.И.克鲁普诺夫[2]、П.Д.里别洛夫[3]、К.Ф.斯米勒诺夫、И.В.西尼奇、В.П.西洛夫[4]等人的论著。

如果说公元前 8 世纪是上述地域开始大批量制造青铜镞的时期，那么公元前 7 世纪至公元前 6 世纪则是青铜镞式样呈现多样化的时代。这可由发现的这一时期的种类繁多的青铜镞得到证实。

公元前 5 世纪至公元前 4 世纪初期，很多种类的青铜镞消失了。此时最普及的式样是那种出现较早的、体形较小的带套筒的三叶状或是三棱状青铜镞。[5]

到了公元前 4 世纪至公元前 3 世纪时，这一时期占优势地位的青铜镞是带隐形套筒的三棱镞，但三叶状的镞数量也很多。[6]

图 1 - 87 　哈萨克斯坦境内出土的青铜镞分期图

从图 1 - 87 中可以看出，在斯基泰文明发展的整个历程中具有标尺性特点的青铜镞是带有套筒的那种，而叶柄状的青铜镞则非常少。但这个特点在斯基泰文化年代的研究上还没有得到足够的重视。

〔1〕Б.Б.毕奥特洛夫斯基：《王族帝国》，莫斯科，1959 年，第 240 页，图 80、81；第 246 页，图 84。

〔2〕Е.И.克鲁普诺夫：《高加索北部古代史》，莫斯科，1960 年，第 229 页，图 33；第 285 页，图 48。

〔3〕П.Д.里别洛夫：《第聂伯河沿岸斯基泰遗迹年表——斯基泰—萨尔马泰考古问题》，莫斯科，1954 年，第 160 页。

〔4〕《伏尔加河下游地区古迹》，载《苏联考古学资料与研究》1959 年第 60 期。

〔5〕П.Д.里别洛夫：《第聂伯河沿岸斯基泰遗迹年表——斯基泰—萨尔马泰考古问题》，莫斯科，1954 年，第 156 页。

〔6〕П.Д.里别洛夫：《第聂伯河沿岸斯基泰遗迹年表——斯基泰—萨尔马泰考古问题》，莫斯科，1954 年，第 159 - 160 页。

　　将哈萨克斯坦地区出土的青铜镞按其相对年代制成分期图表要得益于近些年来所进行的大规模考古发掘工作,通过这些考古发掘工作积累了大量的材料,其中就包括青铜镞。由于与这些青铜镞伴出的材料中有些也是可以用来断代的,例如青铜短剑、铜镜以及陶器,因此可以帮助我们将各个时期的青铜镞的特点认识得更为精准,而这又对那些偶然发现的青铜镞的断代是非常有益的。

　　这个图表能很好地帮助我们确定哈萨克斯坦地区出土的青铜时代的镞的具体年代。

　　在公元前14世纪至公元前11世纪或者说安德罗诺沃文化的阿拉古里期,哈萨克斯坦地区首先出现了铜镞。这是目前发现最早的铜镞。

　　正如这个图表中所展示的,这一时期最有特点的镞是数量巨大的带有套筒的两棱镞和叶柄状镞两类。

　　正如A.A.伊叶西尼所注意到的,前者个体较大的与矛头的形状基本相同。在这个图表中这类镞共有三种类型:较长的(1号)、较短的(3号)和带隐形套筒的(6号)。而叶柄状的镞也可以分为三种:翼部较长且两翼之间的连线与镞的末端的夹角为直角(2号),翼部较短且宽(5号),翼部较短且镞末端向下低垂(7号、8号)。

　　公元前14世纪至公元前11世纪绝大多数镞发源于哈萨克斯坦的中央和东部地区,更准确地说应该是安德罗诺沃文化的阿塔苏[1]和卡那伊墓地[2]。此外,与这种具有相似特征的镞也曾出土于南阿尔泰地区[3]和奥勒疗养地区[4]。

　　如此我们就弄清了镞的起源问题,同时我们也注意到,在这些墓地中出土的镞,与之共出的还有时代特征明显的阿拉古里式陶器、葬具

---

〔1〕K. A. 阿奇舍夫:《哈萨克斯坦中央地区的青铜时代》,第5-8页、第14页。

〔2〕С. С. 切勒尼科夫:《哈萨克斯坦东部地区考察成果汇编》,载《苏联科学院物质文明史研究所报告及野外研究简报》1956年第64期,第54页,图21,2。

〔3〕Г. Н. 谢勒巴:《哈萨克斯坦地区的采矿业历史》,载《哈萨克斯坦苏维埃共和国科学院通报》1946年第11期。

〔4〕Б. А. 别拉柳多夫、А. Г. 玛克西莫娃:《奥勒疗养地区的古遗址》,载《哈萨克斯坦苏维埃共和国科学院学报》(考古学版)1952年第3期,第127页,图版一,12。

（包括石墙和石室）以及葬仪。

由于发现两棱镞的地区非常辽阔，因此它可以称得上是一种最古老的武器。而且，哈萨克斯坦地区发现的两棱镞可以认为是整个苏联境内时代最早的一种镞。

但就哈萨克斯坦地区而言，这一时期镞的特点是：还出现了带套筒的和叶柄状的镞。这个特点一直保持到公元前4世纪。

在达德巴伊—别卡斯时期，更准确地说是公元前9世纪至公元前8世纪，带有套筒的两棱镞继续存在。但它的个头开始变小，长长的套筒逐渐消失。这一时期还出现了一种新式的镞——在变短的套筒上带有锐利的尖刺的两棱镞。

取代两棱镞的是一种体形较大的三棱镞。这一时期发现的8件三棱镞仅有1件为采集所得，其余均出自一些墓地和遗址，例如：达德巴伊墓地[1]、阿列巴乌勒墓地[2]、别卡斯墓地[3]和克拉斯诺雅勒克遗址[4]。这些遗迹经研究确认其时代为公元前10世纪至公元前8世纪。

在这张按时代顺序排列的镞的图表中，我们认为公元前9世纪至公元前8世纪存在的这些镞有偶然的成分。其中属于东部和中央哈萨克斯坦地区青铜时代晚期的达德巴伊—别卡斯时期存在的时间并不长，大约只有100～150年，最多只有200年。这一时期由于安德罗诺沃文化先民们的经济生活开始向游牧经济转变，因而其经济生活的方方面面都发生了剧烈的变化。从这一时期的考古学文化中很难判断：是传统的东西更多，还是新的文化因素占优势？但有一点毫无疑问，即达德巴伊—别卡斯文化在公元前8世纪左右开始向游牧文明方向发展。这种文化的创造者留下了一种非常有特色的例证：带"胡须"的巨

〔1〕М.П.格里雅斯诺夫：《哈萨克斯坦中央地区卡拉苏克时代的遗迹》，载《苏联考古》1952年第16期，第134页。

〔2〕П.С.勒科夫：《奇卡特集体农庄地区工作概要》，载《国家物质文明史研究院院刊》1935年第110期，第57页，图43。

〔3〕Л.Р.克兹拉索夫、А.Х.马勒古兰：《别卡斯墓地的石板石圈》，第126-136页。

〔4〕С.С.切勒尼科夫：《哈萨克斯坦东部考古调查工作总结》，第51页，图19,2。

冢。我们将这类遗迹与古希腊吟游诗人阿里斯铁阿斯笔下的伊塞顿人联系在了一起。

公元前 7 世纪至公元前 6 世纪是游牧文明产生和发展的时期,这一时期两种古老的镞也继续存在着。但同时还出现一种新式的镞:带有套筒或柄的三棱镞。从造型上来看,这一时期的镞更加完善。此外,从这一时期墓葬中出土的镞的数量来看,镞的数量也大大增加了。这类武器数量的增加说明,这是个军事民主制的时代,当时每个成年男性都是军人,而战争也成为一种"经常性的活动"。

公元前 7 世纪至公元前 6 世纪的那些镞可能在时代上把握得更精准一些。这一时期的镞是由 C.C.切勒尼科夫在斯拉望尼克墓地(10号巨冢)和尤毕杰勒墓地(1 号巨冢)[1]中发现的,还有一些是偶然发现的。

C.C.切勒尼科夫将斯拉望尼克墓地和尤毕杰勒墓地的时代定为公元前 7 世纪至公元前 5 世纪。我们认为起始年代更准确地说是在公元前 7 世纪初或公元前 6 世纪末。其原因是,那种带套筒的月桂叶状的镞开始消失的时代是公元前 6 世纪,可能在公元前 6 世纪下半叶这种镞彻底消失了,最迟到公元前 5 世纪。在我们看来,公元前 7 世纪这个时代与墓葬中同出的其他随葬品的时代是能对应上的。后者包括青铜刀,其刀柄处绘有模仿雪豹或老虎的头像。

这一时期出现了带有套筒的菱形镞,C.C.切勒尼科夫于 1960 年发掘的奇里克奇大墓就出土过这种镞[2]

应当关注一下 M.K.卡德勒巴耶夫考察过的奇伊克苏墓地和卡那塔斯墓地[3] 其中在奇伊克苏墓地的 5 座墓中出土的带套筒的月桂叶状镞的年代上限可以确定,应为公元前 7 世纪至公元前 6 世纪。但

〔1〕C.C.切勒尼科夫:《1955 年哈萨克斯坦东部地区考古调查工作总结》,见《哈萨克斯坦苏维埃共和国科学院历史、考古与民族研究所档案》手稿,915 号。

〔2〕C.C.切勒尼科夫:《1960 年哈萨克斯坦东部地区考古调查工作总结》,见《哈萨克斯坦苏维埃共和国科学院历史、考古与民族研究所档案》手稿。

〔3〕M.K.卡德勒巴耶夫:《中央哈萨克斯坦地区的早期游牧民族遗迹》,载《哈萨克斯坦苏维埃共和国科学院历史、考古与民族研究所所刊》1959 年第 7 期,第 192、203 页,图版二。

与之共出的三棱状镞却使我们否定了奇伊克苏墓地的时代为公元前7世纪的结论,因为这种镞是公元前6世纪才出现的,所以奇伊克苏墓地及出土的镞的时代更有可能是公元前6世纪。而这个时代是属于卡那塔斯墓地出土的那种叶柄状的镞的时代。从形制上来看,这种镞与达德巴伊－别卡斯出土的那种类型有很大的差别。从卡那塔斯墓地出土的镞的特征来看,它与墓地的时代应该是基本相同的。大体上均为公元前6世纪左右。

公元前6世纪末至公元前5世纪前期那种体型较大的三棱镞继续存在,公元前6世纪初又出现了两种新型的镞——带长柄的三棱镞和带楔头的三棱镞。通过对这两种镞年代的判断可以分析出1956年发掘的阿伊达布里2号墓地[1]的时代。在对镞进行分期的基础上,使我们对阿伊达布里墓地的年代发生了调整,这处墓地的年代应为公元前6至公元前5世纪。

公元前5世纪镞的形状开始趋于多样化,同时也显得更加规范。其中有两种类型是早期延续下来的,即带有套筒的和叶柄状的。而那种矛头状的镞则完全消失了。这一时期广泛普及的镞是公元前6世纪开始出现的那种带套筒和叶柄的三棱镞。此外,还出现了两种新的类型:一种是带隐形套筒的四棱镞,其套筒末端还有楔头,另一种是套筒较短的三叶片式镞。值得注意的是,这一时期镞的尺寸急剧变小。那些体型较大且较沉重的镞都消失了,而替代它们的则是体型小、做工精致的镞。后者不仅适于置于箭囊中,而且还可以比其他的镞能更多地携带。镞尺寸急剧变化的原因不仅是浇铸工艺的日臻完善,同时也是这种武器发展的内在要求。具体来说,当时具有更大张力的复合弓已被发明,这样就需要增强镞的射程和杀伤力。而先前使用那种普通的弓进行射击时只能靠增加镞的重量来加强杀伤力,因此早期的镞的尺寸普遍较大,重量也更沉一些。

---

〔1〕K.A.阿奇舍夫:《哈萨克斯坦北部地区的古迹》,载《哈萨克斯坦苏维埃共和国科学院历史、考古与民族研究所所刊》1959年第7期,第19－21、30页,图版六。

属于公元前 5 世纪的镞在别斯沙迪尔的塞人墓地（七河流域）[1] 出土过。此外，C. C. 切勒尼科夫于 1956 年发掘的乌斯季奇布科墓地的 M29（位于哈萨克斯坦东部地区）[2] 和 M. K. 卡德勒巴耶夫调查过的塔斯莫勒墓地也曾发现过这一时期的镞。

在别斯沙迪尔墓地和乌斯季奇布科墓地，与镞共同出土的还有铁短剑。从短剑的形制来看，它也应属于公元前 5 世纪左右。

到公元前 4 世纪至公元前 3 世纪，带套筒的镞在哈萨克斯坦地区一直存在，但叶柄状的镞则完全消失了。这一时期镞的基本形制主要是继续延续了先前出现的镞的类型：如三棱镞、带隐形套筒的四棱镞以及三叶片镞。如此看来，镞在其千年的发展历程中，无论是形制还是尺寸都逐渐变得越来越规范且稳定。在这个镞的分期图表中有的是 B. C. 索洛奇尼在哈萨克斯坦西部地区[3] 发掘所得，有的则是 C. П. 托勒斯托夫在巴毕什－姆拉城址等地调查所得。

这些镞不仅是哈萨克斯坦地区公元前 4 世纪至公元前 3 世纪具有典型意义的镞，同时它们还在以下地区也具有典型意义。这些地区包括：西伯利亚、阿尔泰、高加索、中亚、伏尔加河流域以及黑海沿岸地区。这些地区广泛流行的是斯基泰文化以及一些变体文化。

我们已经注意到，哈萨克斯坦地区古代镞的类型与斯基泰人、萨尔马泰人所使用的镞的特点是有明显差别的，从哈萨克斯坦地区发现的镞可以看出，两叶状的镞使用了很长时间，同时又出现了叶柄状和带套筒的镞。

这个特点不仅是哈萨克斯坦地区古代镞的特点，同时也是与其邻近的一些地区，例如中亚、西伯利亚、图瓦和蒙古地区塞人文化中的一个特点。

---

〔1〕К. И. 阿奇舍夫：《七河流域发现的塞人古迹》，载《哈萨克斯坦苏维埃共和国科学院历史、考古与民族研究所报告》（考古学专号）1959 年第 7 期，第 210 页，图版一。

〔2〕С. С. 切勒尼科夫：《1956 年哈萨克斯坦东部地区考古调查工作总结》，见《哈萨克斯坦苏维埃共和国科学院历史、考古与民族研究所档案》手稿。

〔3〕В. С. 索罗金：《1956 年哈萨克斯坦西部地区工作总结》，见《哈萨克斯坦苏维埃共和国科学院历史、考古与民族研究所档案》手稿。

4.2　七河流域塞人文明及塞人的起源问题

塞人文明的起源是一个非常复杂的问题。时至今日还没有人从学术研究的角度来探讨塞人文明起源的原因在于:广泛研究塞人文明发端的时代很晚,大体上是从 20 世纪 30 年代末期开始的。当时 C. П. 托勒斯托夫和 A. H. 伯恩施坦对塞人的分布地域开始进行研究。其他的原因是:哈萨克斯坦和中亚地区青铜时代农业文明和游牧文明物质材料的缺乏以及相关的历史学研究工作非常薄弱。

随着考古材料的不断积累以及对各国史料研究的逐步深入,这些都有助于我们对塞人及其文明的起源进行探讨。目前已有的观点是:塞人起源于安德罗诺沃文化的假设[1]、将安德罗诺沃文化的居民等同于《阿维斯陀经》中提到的民族[2],还有将塞人文明和安德罗诺沃文化之间的关系做出了解释和说明[3]。

我们注意到,大量俄文和其他语言文字关于塞人的研究成果,包括 B. B. 格里果里耶夫在内,所依据的仅仅是古希腊的、古波斯的以及古代中国的文献资料,这其中又以涉及塞人的政治史和迁徙问题的内容居多。

苏联学者的研究工作开创了塞人历史问题研究的新阶段。他们将历史资料和考古材料结合起来使用,这就使他们能最先阐明有关塞人发源、塞人文明起源等诸问题。

20 世纪 40 年代提出的一个观点是:塞人起源于印欧人种。此观点的一个最重要前提是:C. П. 托勒斯托夫曾指出,塔查巴奇雅波斯卡－安德罗诺沃文化和安诺的彩陶文化之间有交流,同时他还肯定了

---

〔1〕C. П. 托勒斯托夫:《古代花拉子模》,第 67－68 页;C. П. 托勒斯托夫、M. A. 伊季娜:《苏雅勒加文明的若干问题》,载《苏联考古》1960 年第 1 期,第 14－35 页。

〔2〕A. H. 伯恩施坦:《中亚地区突厥语族居民的体格和吉尔吉斯族的起源问题》,载《报告提纲》,伏龙芝,1956 年,第 4 页。

〔3〕A. H. 伯恩施坦:《楚河谷地》,第 145 页;A. H. 伯恩施坦:《天山中部地区与帕米尔—阿尔泰地区历史考古概述》,载《苏联考古资料与研究》1952 年第 26 期,第 210 页。

咸海沿岸地区的重大作用,而这里正是传说中塞人祖先[1]的诞生地。

在稍晚其与 M.A.伊季娜合写的一篇文章中,C.П.托勒斯托夫还证实了自己以前提出的论断,并提出了理论上的依据。[2]

C.П.托勒斯托夫的另一篇文章[3]是研究咸海沿岸塞人文明及塞人在中亚地区古代文明形成过程中所起到的作用等问题的一篇非常重要的文章。对于我们来说,C.П.托勒斯托夫文章中最主要的结论是:咸海沿岸南部地区是多种文明的交汇地(有来自北方的安德罗诺沃文化,有来自南方的安诺文化、还有来自东方的文明),于是最后形成了花拉子模地区的伊朗语族居民。[4]

C.П.托勒斯托夫还认为,中亚河中地区的塞人—马萨格泰人部落是在咸海南部沿岸地区形成的,而且这里所起到的主导作用不仅限于西部塞人的形成。C.П.托勒斯托夫推测,塔查巴奇雅波斯卡文化和苏雅勒加文化的居民后来移居到了中亚绿洲地区形成农业民族的人口数量比原先增加了 2 倍(约在公元前 2000 年中后期至公元前 1000 年初),这表明,移居地居民在其发展过程中的影响是非常显著的。同时还能证实,规模宏大的迁徙浪潮使晚期苏雅勒加文化的居民一直来到印度北部地区,这些人在后哈拉帕时期的德日汉卡勒文化中留下了自己的印迹。[5]

东部塞人物质文明史研究者 A.H.伯恩施坦利用其他方法解决了七河流域和天山地区游牧塞人的起源问题。他认为,塞人是七河流域和天山地区安德罗诺沃文化先民的后裔。同时塞人在形成过程中,还

〔1〕C.П.托勒斯托夫:《古代花拉子模》,第 68 页。

〔2〕C.П.托勒斯托夫、M.A.伊季娜:《苏雅勒加文明的若干问题》,载《苏联考古》1960 年第 1 期,第 27－35 页。

〔3〕C.П.托勒斯托夫:《咸海沿岸的斯基泰人和花拉子模》,载《苏联百科全书》1961 年第 4 期,第 114－146 页。

〔4〕C.П.托勒斯托夫、M.A.伊季娜:《苏雅勒加文明的若干问题》,载《苏联考古》1960 年第 1 期,第 29 页。

〔5〕C.П.托勒斯托夫、M.A.伊季娜:《苏雅勒加文明的若干问题》,载《苏联考古》1960 年第 1 期,第 33、35 页。

受到了来自南西伯利亚地区古代民族的强烈影响。[1] 他还证实：费尔干纳地区的塞人文化是在天山地区游牧塞人文化与当地农业定居文化融合的基础上形成的。[2]

对于上面的各种理论，我们均不完全赞同。

当前我们所做的工作当然还达不到解决塞人及其文明起源的问题。我们假设，如何能用现代考古学的研究方法来更好地对塞人的迁徙进行研究，或许会对解决塞人及其文明的起源问题有所帮助。

而自 A.H. 伯恩施坦所进行的考古工作以后积累的大量新材料，在我们看来，完全可以解决上述问题。

为了回答和解决这些问题就必须分析研究关于乌拉尔地区、南西伯利亚地区和哈萨克斯坦地区安德罗诺沃文化历史方面的一些重要问题。其原因在于，因为塞人文化包含有多种青铜时代文化的元素，其证明就是众多的塞人文化研究者不断证实的塞人文化发展上的连续性及其渊源。

目前，哈萨克斯坦境内所有发现安德罗诺沃文化的草原地带出土的材料已经研究得非常细致透彻了。其证据是近 7 年来出版的一系列对在哈萨克斯坦东部、北部和中部地区发现的遗迹进行分类和特点总结的专题学术论文。其中有：C.C. 切勒尼科夫[3]、A.Г. 玛克西莫娃[4]、A.M. 奥波拉斯巴耶夫[5]和 K.A. 阿奇舍夫[6]。

研究哈萨克斯坦西部地区青铜时代文化的代表性学者有 M.П. 格

---

〔1〕A.H. 伯恩施坦：《天山中部地区与帕米尔—阿尔泰地区历史考古概述》，第 210 页。

〔2〕A.H. 伯恩施坦：《天山中部地区与帕米尔—阿尔泰地区历史考古概述》，第 211 页。

〔3〕C.C. 切勒尼科夫：《哈萨克斯坦东部地区的青铜时代》，载《苏联考古学资料与研究》1961年第 88 期。

〔4〕A.Г. 玛克西莫娃：《哈萨克斯坦东部地区的青铜时代》，载《哈萨克斯坦共和国科学院历史、考古与民族研究所通报》1959 年第 7 期。

〔5〕A.M. 奥波拉斯巴耶夫：《哈萨克斯坦北部地区的青铜时代》，载《哈萨克斯坦共和国科学院历史、考古与民族研究所通报》1958 年第 5 期。

〔6〕K.A. 阿奇舍夫：《哈萨克斯坦中部地区的青铜时代》，内容提要，列宁格勒，1953 年。

里雅斯诺夫[1]和 O.A.克里夫佐娃—格拉科娃[2]。

近年来对阿克秋毕尼斯克地区青铜时代遗迹进行研究的学者是 B.C.索拉奇[3]。

而 A.H.伯恩施坦和 A.Г.玛克西莫娃所发现和调查的青铜时代墓地是哈萨克斯坦南部地区以及七河流域[4]唯一的一处青铜时代墓地。

南西伯利亚地区安德罗诺沃文化遗迹的考察研究工作始于 1914年,当时 П.图加里诺维在阿奇尼斯克城附近的安德罗诺沃村首先发现了一片墓地。而关于米努辛斯克盆地和鄂毕河流域青铜时代考古学文化的总结性成果得看 C.B.吉谢列夫[5]和 M.П.格里雅斯诺夫[6]的相关论著。

K.B.萨里尼科夫在外乌拉尔南部地区发掘并研究了大量安德罗诺沃时期的墓葬和居址。[7] 而中亚地区近年来也已成为著名的安德

〔1〕M.П.格里雅斯诺夫:《哈萨克斯坦西部地区青铜时代的墓地》,见《卡扎克汇编》第11卷,列宁格勒,1927年。

〔2〕O.A.克里夫佐娃—格拉科娃:《阿列克谢夫遗址和墓地》,载《国家历史博物馆馆刊》1947年第17期;O.A.克里夫佐娃—格拉科娃:《萨德奇科遗址》,载《苏联考古学资料与研究》1951年第12期。

〔3〕B.C.索罗金:《阿克秋毕尼斯克州西北部考古遗存》,载《苏联科学院物质文明史研究所报告及野外研究简报》1958年第71期;B.C.索罗金:《塔斯德布达克青铜时代墓地》,载《苏联考古学资料与研究》1962年第120期。

〔4〕A.H.伯恩施坦:《天山中部地区与帕米尔—阿尔泰地区历史考古概述》,载《苏联考古学资料与研究》1952年第26期,A.Г.玛克西莫娃:《卡拉古杜卡地区青铜时代的墓地》,载《哈萨克斯坦共和国科学院历史、考古与民族研究所通报》1961年第12期;A.Г.玛克西莫娃:《陶塔拉青铜时代墓地》,载《哈萨克斯坦共和国科学院历史、考古与民族研究所通报》1962年第14期。

〔5〕C.B.吉谢列夫:《南西伯利亚古代史》,莫斯科,1951年。

〔6〕M.П.格里雅斯诺夫:《鄂毕河上游地区古代民族史》,载《苏联考古学资料与研究》1956年第48期。

〔7〕K.B.萨里尼科夫:《外乌拉尔南部地区的青铜时代》,载《苏联考古学资料与研究》1951年第21期。

罗诺沃文化遗存的分布区。[1]

利用上述这些地区出土的草原类型的青铜文化遗物可以建立一条安德罗诺沃文化起源及发展的链条。（见图1-88）

目前,考古学界存在着这样一种观点:安德罗诺沃文化分布的范围非常大,其中包括整个哈萨克斯坦地区、中亚地区的草原部分、南西伯利亚和南乌拉尔地区。该理论的支持者在谈到文化普及的均衡性时认为,首先安德罗诺沃文化的居民在这些地区分布就具有一定的均衡性。据此,他们又注意到各个地区遗迹数量上的对比关系,同时还准许一些目前发现安德罗诺沃文化遗迹很少的地区再增加一些。这些地区主要有:七河流域、哈萨克斯坦的南部和北部地区、吉尔吉斯斯坦北部地区、中亚地区的草原地带。

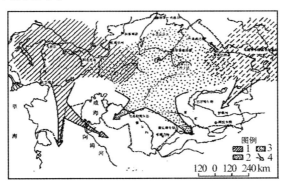

图1-88　安德罗诺沃文化分布范围及其创造者迁徙路线图

但众多研究者还是没有对其予以足够的重视,虽然对上述这些地区的考古学文化之间的关系进行了深入的研究,同时还在这些地区发现了数量众多的安德罗诺沃文化遗迹。而错误和不足之处主要有,对七河流域安德罗诺沃文化遗迹数量少的分析、中亚地区考古研究工作

〔1〕A. H. 伯恩施坦:《有争议的问题汇编》,第19页;M. П. 格里雅斯诺夫:《哈萨克斯坦和南西伯利亚地区青铜时代游牧民族经济发展阶段》,载《苏联科学院民族学研究所简报》1957年第26期,第24页;C. C. 切勒尼科夫:《安德罗诺沃文化在中亚和哈萨克斯坦历史上的作用》,载《苏联科学院民族学研究所简报》1957年第26期,第28页;Б. A. 拉德尼:《关于青铜时代草原文化的南界问题》,载《苏联考古》1958年第3期,第46-53页。

的薄弱,包括从墓葬的外部特征来对这些地区的安德罗诺沃文化进行研究,例如有的地方的墓葬外面有石圈。顺便补充一下的是,在安德罗诺沃文化遗迹分布的广阔区域内,就墓葬而言,其不仅有石圈,还有坟冢。

青铜时代文明多年来的研究成果中,有很大一部分集中在对各个地区发现的安德罗诺沃文化遗迹的研究上。从我们的观点来看,公元前2000年时安德罗诺沃文化发展形成了一个强大的中心,并对很远的地区产生了影响。

安德罗诺沃文化的先民们存在着若干个活动的中心区域,因此这些地区发现了数量众多的遗迹。这些遗迹的外在表现形式,例如建筑技术、物质文明工具的生产水平都体现出安德罗诺沃文化已发展到了很高的阶段,即阶级社会阶段。与此相反,在安德罗诺沃文化分布的边缘区域,例如哈萨克斯坦北部、七河流域、哈萨克斯坦南部和吉尔吉斯斯坦东北部发现的安德罗诺沃文化遗迹却很寥寥。从这些遗迹所表现出的外部特征来看,无论是日常生活用品的制造水平,还是陶器上的装饰纹样,与安德罗诺沃文化遗迹分布的中心地带相比,都很落后。此外,这些位于边缘地带的遗迹具有非常鲜明的地方性特点。

从安德罗诺沃文化遗迹的分布状况来判断,这些先民居住在中心地区的更为稠密一些。而"稀疏区"这个术语也可以用来表示现在这些地区的状况。这些地方直到现在仍然是人迹罕至。

从遗迹(包括墓葬、居址、矿井等)的分布状况和实物资料来看,安德罗诺沃文化的遗迹并不是均匀地分布在范围广阔的草原地带。这里所说的范围,是从阿钦斯克一直延伸到乌拉尔地区,而森林草原地带则一直要延伸到天山和帕米尔—阿尔泰地区。

B.C.萨洛奇尼在对哈萨克斯坦西部青铜时代的遗迹进行研究后也提出了这样的观点。在其最近发表的一部著作中提到,无论是从民族学的角度看,还是经济形态方面,分布在广阔地域的安德罗诺沃文化的先民们都没有表现出单一的面貌来。[1]

从遗迹的集中程度和物质文化的发展水平可以清楚地将安德罗诺沃文化分为三个大的中心。第一个位于东部,这一地区有:包括米努辛斯克盆地在内的西伯利亚地区、阿尔泰和哈萨克斯坦东部地区。这些地区的安德罗诺沃文化是在开采铜和锡矿的基础上发展起来的。其中在卡勒别和纳勒姆地区发现了数量众多的青铜时代的矿井。[2]

经过多年的研究,关于哈萨克斯坦东部地区的居址和墓葬已有总结性的成果问世。[3]

安德罗诺沃文化的第二个中心我们称之为中心区或是哈萨克斯坦区。这一区涵盖了哈萨克斯坦所有的丘陵地带,其北界为斯杰普尼雅克、博罗瓦耶、伊曼尼塔乌、让克斯一线,南抵贝别特帕克达拉,西至图尔盖盆地,东到钦尼奇斯山脉。

这一地区安德罗诺沃文化的先民们以开采加工铜矿为基础产业,其证据是在杰兹卡兹甘地区发现的遗迹。[4] 此外,还在南布拉克塔乌、阿塔苏和阿雅克让勒塔斯等地区发现了锡矿。[5] 而今后,在中央哈萨克斯坦地区必将还会发现新的古代锡矿遗迹。

最后一个中心位于西部,也可以称之为乌拉尔中心。包括的范围有:南乌拉尔地区、托博尔河流域和哈萨克斯坦西部地区。

这些地区的安德罗诺沃文化的发端同样也是以铜矿开采和加工为

〔1〕B.C.萨洛奇尼:《塔斯德布达克地区发掘的青铜时代遗迹》,参见《在乌法举行的第三届乌拉尔地区考古学会议》,乌法,1962 年,第 40 页。

〔2〕C.C.切勒尼科夫:《阿尔泰西部地区古代的冶金业和矿业》,阿拉木图,1949 年。

〔3〕C.C.切勒尼科夫:《哈萨克斯坦东部地区的青铜时代》,载《苏联考古学资料与研究》1961 年第 88 期。

〔4〕К. И.萨特巴耶夫:《卡拉干达地区有色和黑色金属冶炼业发展史》,见《哈萨克斯坦国民经济》第 6、7 集,1929 年;Н. В.瓦鲁金斯基:《杰兹卡兹甘地区古代铜矿的发展史》,载《哈萨克斯坦科学院通报》(考古版)1948 年第 1 期。

〔5〕Г. Б.日林斯基:《哈萨克斯坦中央地带的锡矿》,阿拉木图,1959 年,第 3、38 页。

基础的。[1]

毫无疑问,这三个中心之间无论是在经济发展上,还是文明发展历程中,都存在着密切的交流,而且这种交流还对它们的发展起到了巨大的推动作用。当然,在交流过程中各种青铜制品是大宗的、基本的物品。

如此看来,铜矿和锡矿的存在成为一种地理要素,这种要素促进了半游牧半定居文明经济的发展,并成为这些地区在掌握了人工开采和冶炼金属工艺后文明发展的一个基本要素,而在随后的发展中就形成了这样三个相对独立的文明发展中心。

我们已注意到,公元前 2000 年后半期的哈萨克斯坦南部和北部地区、七河流域、吉尔吉斯斯坦东北部地区都出现了安德罗诺沃文化遗迹,而这些地区都属于安德罗诺沃文化分布的边缘地带。在这些地区发现的遗迹类型比较单一(多为居址和墓葬),但目前还不能证实,当时的安德罗诺沃文化先民们是不是普遍采取分散居住的形式。有一点可以证明,这里仅存在个别的安德罗诺沃文化中心,而这些中心是由居住在上文提到的、大的安德罗诺沃文化中心的先民们徙居到此地形成的。这些遗迹是:А. Н. 伯恩施坦在吉尔吉斯斯坦发现的卡伊达和德让伊勒姆[2],Е. И. 阿格耶娃和 А. Г. 玛克西莫娃在哈萨克斯坦南部发现的塔乌塔拉、在七河流域发现的卡拉古杜克[3],在哈萨克斯坦北部发

〔1〕А. А. 伊耶谢尼:《乌拉尔地区古代冶金业的发源地》,见《首届乌拉尔考古学会议论文集》,彼尔姆,1948 年;К. В. 萨勒尼科夫:《关于外乌拉尔地区古代冶金业的问题》,载《苏联科学院物质文明史研究所报告及野外研究简报》1949 年第 29 期;К. В. 萨勒尼科夫:《斯维尔德洛夫斯克地区古代铜矿开采和加工的遗迹》,见《第二届斯维尔德洛夫斯克历史学术研讨会论文集》,斯维尔德洛夫斯克,1950 年;Ю. С. 格里西尼、Б. Г. 吉霍诺夫:《乌拉尔和南西伯利亚地区青铜时代和早期铁器时代制造业的历史》,载《苏联考古学资料与研究》1960 年第 90 期,第 7 ~ 22 页。

〔2〕参见《苏联考古学资料与研究》,1950 年,第 14 期,附录,图版二九至三二。

〔3〕Е. И. 阿格耶娃、Г. И. 巴切维奇:《哈萨克斯坦南部地区 1953 年考古工作总结》,载《哈萨克斯坦苏维埃共和国科学院历史、考古与民族研究所简报》,1956 年,第 50 ~ 51 页;А. Г. 玛克西莫娃:《哈萨克斯坦东部地区的青铜时代》,载《哈萨克斯坦共和国科学院历史、考古与民族研究所通报》1959 年第 7 期。

现的卡拉塔勒 1 号和 2 号墓地[1]以及彼特洛巴弗洛墓地[2]。

将这些遗迹称之为分布在哈萨克斯坦南部地区和吉尔吉斯斯坦地区的安德罗诺沃文化遗迹能更准确地表明其特点。

安德罗诺沃文化的先民们不仅徙居到了哈萨克斯坦南部、吉尔吉斯斯坦北部这些人烟稀少的地区,而且还在中亚地区彩陶文化分布的农耕文明地带留下了自己的足迹。其根据是,在中亚地区经过考古发掘的一些居址和城址中出土的陶器中发现了安德罗诺沃文化的陶器。

典型的安德罗诺沃文化陶器和分布在土库曼斯坦南部地区的纳马兹加六期文化的彩陶共存。主要遗址有:杰克姆—杰别[3]、达西勒巴伊三期[4]、纳马兹加—杰别[5]和阿乌奇尼—杰别[6]。

安德罗诺沃文化的典型陶器在阿什哈巴德以北地区[7]和塔什干附近地区[8]。也有发现,近些年来在费尔干纳地区还发现了很多居址和墓葬[9]。

在乌拉尔南部地区发现了一系列塔查巴奇亚波文化的墓地和居址[10],在该文化的发展过程中安德罗诺沃文化的先民们也起到了非常重要的作用。其证据是,在这些遗迹中发现的考古材料,特别是卡克奇

---

〔1〕K. A. 阿奇舍夫:《哈萨克斯坦北部地区的古迹》,载《哈萨克斯坦苏维埃共和国科学院历史、考古与民族研究所所刊》1959 年第 7 期,第 22 – 23 页。

〔2〕《考古委员会 1911 年工作总结》,圣彼得堡,1912 年,第 70 页。

〔3〕A. Ф. 冈尼雅林:《杰克姆—杰别》,载《土库曼苏维埃共和国科学院历史、考古与民族研究所简报》1956 年第 2 期,第 85 – 86 页。

〔4〕B. M. 马松:《姆勒加波谷地青铜时代晚期和早期铁器时代的居址》,载《苏联科学院物质文明史研究所报告及野外研究简报》1957 年第 69 期,第 62 页。

〔5〕B. M. 马松:《马尔吉安那地区的古代农耕文明》,第 179 页,图版十一。

〔6〕B. M. 马松:《马尔吉安那地区的古代农耕文明》,第 179 页,图版十一。

〔7〕A. B. 斯布鲁耶娃:《中亚地区和乌拉尔地区在古代文明方面的联系》,载《古代史通报》1946 年第 3 期,第 186 页。

〔8〕T. Г. 奥波鲁耶娃:《塔什干州地区的青铜时代墓葬》,载《苏联科学院物质文明史研究所报告及野外研究简报》1955 年第 59 期,第 145 – 148 页。

〔9〕Б. З. 卡姆布勒克、H. Г. 科勒布诺娃:《费尔干纳谷地青铜时代的墓地》,载《苏联科学院物质文明史研究所报告及野外研究简报》1956 年第 63 期,第 85 – 93 页;Б. A. 里特文斯基:《1955 年在卡伊拉克—库马合发现的青铜时代遗迹》,载《塔吉克斯坦苏维埃共和国科学院历史、考古与民族研究所简报》1956 年第 53 期,第 27 – 36 页。

〔10〕C. Π. 托勒斯托夫:《古代花拉子模》,莫斯科,1948 年。

欧·亚·历·史·文·化·文·库·

101

3 号墓地出土的可以证实与哈萨克斯坦中央地区的安德罗诺沃文化的遗物有诸多共同之处。[1] 有鉴于此,有的研究者就尝试着将中亚地区的草原文化分为两个类型:阿姆河类型和锡尔河类型。其中前者与哈萨克斯坦西部安德罗诺沃文化的地方类型具有密切联系,而后者则与中央哈萨克斯坦地区的安德罗诺沃文化具有联系。[2]

我们认为,近些年来从卡克奇 3 号墓地和塔奇斯格墓地出土的材料来看,可以证实塔查巴奇亚波文化的锡尔河地方类型与中央哈萨克斯坦地区的考古学文化具有密切的联系。

这些遗存应该是公元前 2 千纪后半期伊朗语族的安德罗诺沃文化先民们从北向南或是从西北向东南迁徙过程中留下来的。这一时期安德罗诺沃文化从西部(乌拉尔地区)和中央地区(哈萨克斯坦)扩张到中亚和咸海沿岸地区。而与此同时,七河流域、南哈萨克斯坦、吉尔吉斯斯坦和塔什干绿洲等地区则被来自中央地区(哈萨克斯坦)和东部地区(西伯利亚地区)的安德罗诺沃文化先民们所占据。

关于安德罗诺沃文化的先民们徙居到中亚和哈萨克斯坦南部地区,以及这些地区的安德罗诺沃文化具有外来因素等观点已不止一次地在考古学的论著中得到阐述,但当时还没有足够的论据。这部考古学论著的知名度很高,因此我们认为对其进行详细的描述是多余的。[3]

我们认为,不能将中亚地区所有的安德罗诺沃文化遗迹与塔查巴奇亚波文化及该文化居民从咸海沿岸向印度地区迁徙的历史过程联系

---

〔1〕M. A. 伊季娜:《卡克奇 3 号墓地》,见《苏联科学院花剌子模地区考察资料汇编》第 5 卷,1961 年。

〔2〕参见《苏联科学院考古学研究所简报》1961 年第 84 期,第 139 页。

〔3〕参见 C. B. 吉谢列夫:《苏联成立以来四十年青铜时代方面的研究》,载《苏联考古》1957 年第 4 期,第 40 页;A. H. 伯恩施坦:《天山中部地区与帕米尔—阿尔泰地区历史考古概述》,载《苏联考古学资料与研究》1952 年第 26 期,第 33 页;B. M. 马松:《中亚地区青铜时代和铜石并用时代研究》,载《苏联考古》1957 年第 4 期,第 53 页;Б. З. 卡姆布勒克、Н. Г. 卡勒布诺娃:《费尔干纳盆地青铜时代文化的新材料》,载《苏联考古》1957 年第 3 期。

在一起。C. П. 托勒斯托夫和 M. A. 伊季娜就已明确地指出了这个问题。[1] B. M. 马松的观点是错误的,他认为中亚地区是安德罗诺沃文化先民的发祥地,同时他还认为安德罗诺沃文化的传播方向是由南向北的。虽然这些是错误的观点,但仍在理论界引起了非常广泛的纷争。[2]

由于缺乏论据,当前安德罗诺沃文化遗迹的研究在一些细化的问题上还不够深入。这当然并不是因为安德罗诺沃文化的遗迹首先是在西伯利亚和哈萨克斯坦地区发现的,因此就认为这两个地区是安德罗诺沃文化先民的发祥地。在这个问题上 B. M. 马松的观点是正确的。[3]

研究古代中亚、哈萨克斯坦南部和七河流域的学者都清楚,从考古学上的相互关系来看,这些地区的研究成果要比哈萨克斯坦的北部区域更清楚。因此,假如这些地区积累了大量的安德罗诺沃文化遗迹的材料,例如位于中央区域的安德罗诺沃文化先民的徙居材料,那么很早就应该被发现了。但实际情况是,在中亚和哈萨克斯坦南部地区研究者们找到的此类材料非常少。毫无疑问,随着考古工作的不断深入,这些地区的安德罗诺沃文化的材料定会不断地推陈出新。但其数量永远也不可能达到位于中央区域的安德罗诺沃文化的遗迹的数量。这样看来,就会像在哈萨克斯坦南部地区和吉尔吉斯斯坦北部地区一样,其他地区未来也不会发现更多的青铜时代某个特定的考古学文化遗迹的。

还有一种可能是,公元前 2 千纪后半期在上述这些地区并没有人居住。更准确地说,就是没有与安德罗诺沃文化同时代的青铜文化的创造者居住在这里。

七河流域、哈萨克斯坦南部和吉尔吉斯斯坦北部,将这些地区与中

<hr>

〔1〕C. П. 托勒斯托夫、M. A. 伊季娜:《苏雅勒加文明的若干问题》,载《苏联考古》1960 年第 1 期,第 29 - 35 页。

〔2〕B. M. 马松:《马尔吉安那地区的古代农耕文明》,载《苏联考古学资料与研究》1959 年第 73 期,第 120 - 121 页。

〔3〕B. M. 马松:《马尔吉安那地区的古代农耕文明》,载《苏联考古学资料与研究》1959 年第 73 期,第 120 - 121 页。

亚其他地区古代农业文明或是安德罗诺沃文化的中心分布地进行比较后可以发现,青铜时代这里居住的人确实比较少,特别是与那些文化中心分布区相比。

上述这些地区,包括中亚地区在内,由于自然条件所限导致安德罗诺沃文化的先民们适宜居住及放牧牲畜、经营农业的空间都非常有限。这些经济生活往往是在具有丘陵地貌的草原地带发端的。

这种地区的特点是:气候比较干燥,积雪的范围不大,溪流和河岸均比较平缓。这些特点对人们从事畜牧业和农业都非常适宜。

由此可见,在哈萨克斯坦地区的丘陵地貌下发端的动物驯养业后来逐渐发展成为畜牧业,并成为了一个独立的生产部门。该地区的自然地理和气候条件对于发展动物驯养业和畜牧业非常适宜。但这些地区水源也不是很充足、面积也不大,同时牧草也是季节性的。即便如此,与那些面积广大的半荒漠地带相比,青铜时代及畜牧业发展的早期阶段这里所驯养的牲畜还是能足够养活当地的先民的。

但数量激增的牲畜是畜牧业早期发展阶段过程中的一个特点,这个特点导致需要更多的、新的牧场。因此,寻找适合人类居住和牲畜繁殖的居所就成为分布在安德罗诺沃文化中心地带的人们向哈萨克斯坦南部、吉尔吉斯斯坦以及中亚的草原地带迁徙的基本动因。

目前已经可以证实,正是在这些地区诞生了最原始的农业,而这正是由徙居到此地的安德罗诺沃文化先民带来的。

在开发中亚和哈萨克斯坦地区的大的河谷地带(包括阿姆河、锡尔河、楚河和伊犁河)的过程中需要修建很多大型的水利灌溉工程,而这也正是经济、社会组织和工程技术发展到较高水平的一种表现。因此古代农业一般首先发端于规模较小的河流的两岸。

这样看来,农业文明的早期发展阶段形式应该是一种"小河农业"。在伊朗[1]和中亚地区[2]都发现了这种农业形式。

〔1〕M.M.吉亚科诺夫:《古代伊朗历史概说》,莫斯科,1961年,第32页。
〔2〕B.M.马松:《德日伊杜尼和卡拉—杰别》,载《苏联考古》1957年第1期,第159-160页。

但在这些地区诞生的河谷文明的时代(多为新石器时代和铜石并用时代)要早于安德罗诺沃先民徙居的时代。草原地区的自然地理条件是畜牧业和河漫滩农业这两种经济形态产生和平行发展的最基本的原因,同时由于这两种经济形态的相互交流还使草原地区产生了三个安德罗诺沃文化先民徙居的中心。从这个原因来考虑,安德罗诺沃文化是应该发源于哈萨克斯坦和吉尔吉斯斯坦南部这些地区的。

但这两个地区已知的安德罗诺沃文化的遗迹并不能证实这里是安德罗诺沃文化的发源地,也不能证实这里是安德罗诺沃文化的发展中心,而只能说明这些遗迹是安德罗诺沃文化先民们迁徙途中所留下来的。

安德罗诺沃文化先民们大规模的、持续不断的迁徙活动导致的结果是产生了新的畜牧业和农业区域,并衍生出了两种物质文明类型:游牧文明和定居文明。

因为中亚和哈萨克斯坦南部地区拥有很多水量丰沛的大河和高山牧场,这些自然地理条件对于发展灌溉农业和半游牧的畜牧业经济非常有利。同时安德罗诺沃文化的先民们向南迁徙,他们占据了很多新的土地,这样他们也需要不断增加驯养牲畜的数量。当然,在迁徙的初期也会伴随着小规模的牧业经济向大规模的游牧经济转化。

这些外来的安德罗诺沃文化的先民们首先占据了山脚地区,可能此时牧人要比农人更多一些。这也是Б.А.库费金对一些农业居址(纳马兹加丘、阿尔腾丘)内部非常空旷所作的解释。他认为,为了水源和牧场的斗争不断加强,特别是在克谢洛杰勒米切·马克希姆时代(公元前2千纪末),这种斗争既存在于农业氏族公社之间,也存在于迁徙而来的游牧民之间。[1]

但В.М.马松在使用了一系列论据后,对Б.А.库费金的观点提出异议。而我们则认为,安德罗诺沃文化的先民们及其后代占据了山脚

---

〔1〕Б.А.库费金:《安诺文化1952年考察研究总结》,载《土库曼苏维埃共和国科学院学报》1954年第1期,第29页。

地区是科佩特-达克山脚地区规模巨大的居址发展停顿并在穆尔加布河三角洲地区[1]开始出现外来农业文明的基本原因。

北方民族向南方和东南方迁徙的第二个阶段正如考古材料所证实的那样,发生在公元前 10 世纪至公元前 8 世纪左右。

这一时期在安德罗诺沃文化分布的几个中心地域里经济形态发生了根本的变化,即从畜牧经济向游牧经济转化,这种变化进而也产生了新的物质文明。[2] 总的来看,这些变化是建立在安德罗诺沃文化的基础上,其中在西伯利亚的安德罗诺沃文化分布中心地区产生了卡拉苏克文化[3],而公元前 8 世纪至公元前 7 世纪先后又产生了马伊艾米勒文化[4]和塔加尔文化,以及更晚一些的巴泽雷克文化[5];在哈萨克斯坦的安德罗诺沃文化分布中心区先后发展起来的文化是达尼德巴伊—别卡奇文化[6]、早期游牧人文化[7](我们认为应该称之为伊塞顿人文化);最后,在乌拉尔地区的安德罗诺沃文化分布中心区里先后发展起来的文化是查马拉耶夫文化[8]、萨夫罗马泰和萨尔马泰文化[9](创造这两个文化的同时,安德罗诺沃—查马拉耶夫文化的先民们还创造了木椁墓文化)。

上述这些考古学文化都有一个共同的源头,即安德罗诺沃文化与

〔1〕В. М. 马松:《马尔吉安那地区的古代农耕文明》,载《苏联考古学资料与研究》1959 年第 73 期,第 110 页。

〔2〕М. П. 格里雅斯诺夫:《哈萨克斯坦和南西伯利亚地区青铜时代游牧民族经济发展阶段》,载《苏联科学院民族学研究所简报》1957 年第 26 期,第 24-28 页。

〔3〕С. В. 吉谢列夫:《南西伯利亚古代史》,莫斯科,1951 年。

〔4〕М. П. 格里雅斯诺夫:《阿尔泰地区早期游牧人时代的马伊艾米勒阶段的遗存》,载《苏联科学院物质文明史研究所报告及野外研究简报》1947 年第 18 期。

〔5〕С. И. 鲁金科:《斯基泰时代阿尔泰地区的文明》,莫斯科-列宁格勒,1953 年。

〔6〕С. И. 勒科夫:《奇卡特集体农庄工作概要》,载《国家物质文明史研究院院刊》1935 年第 110 期;К. А. 阿奇舍夫:《中央哈萨克斯坦地区的青铜时代》,内容提要,列宁格勒,1953 年。

〔7〕М. К. 卡德勒巴耶夫:《中亚哈萨克斯坦地区的早期游牧人遗迹》,载《哈萨克斯坦苏维埃共和国科学院历史、考古与民族研究所所刊》1959 年第 7 期。

〔8〕К. В. 萨里尼科夫:《外乌拉尔地区安德罗诺沃文化阶段问题研究》,见《首届乌拉尔地区考古学会议文集》,彼尔姆,1948 年。

〔9〕К. В. 斯米勒诺夫:《苏联考古学界对萨尔马泰人及其文化的研究》,见《斯基泰—萨尔马泰考古学文化的若干问题》,莫斯科,1954 年。

它们有很多相似性,其中包括形制相似的日用品和几乎完全相同的葬仪。此外,从艺术风格上来看,也同属一类,即野兽纹风格。

这些文化相似的原因还有:它们大致处于一个社会经济发展水平上,生活方式基本类似,相互之间及与邻近地区的各种交流非常密切。

如此看来,在安德罗诺沃文化先民迁徙的第二个阶段的初期产生了很多新的文明,至少从民族学的角度来看是如此。同时,经济形态也发生了变化。这些改变都可以从考古材料中反映出来。

在中央哈萨克斯坦地区发现的这些遗迹,例如达尼德巴伊文化和别卡奇文化,出现了很多新的特点,但它们延续的时间都不长。稍晚一些出现了一种很特别的遗迹——带"胡须"的坟冢,这种遗迹应该属于伊塞顿人—塞人所留下的遗迹。这种演变情况在安德罗诺沃文化分布的其他地域里也发生过。

北方游牧民族大规模迁徙的第二个阶段的确切时间目前已得到了比较准确的证实。C. П. 托勒斯托夫和 M. A. 伊季娜[1]在印卡勒河畔的达奇斯坎墓地中发现的陶片是一个古代农业文明中心所烧制的。此外,这处墓地还出土了中央哈萨克斯坦地区典型的达尼德巴伊和别卡奇文化的陶器。这表明北方民族不仅侵入了咸海沿岸地区,而且还能判断出迁徙的第二个阶段开始的时间。[2] 看起来,这些游牧民族还一直向南深入到中亚的农业绿洲地带。这一点是由 A. H. 伯恩施坦在七河流域的卡伊达和德让伊勒玛居址中发掘出土的遗物来证实的。[3]

安德罗诺沃文化先民的迁徙活动一直持续到公元前 7 世纪至公元前 5 世纪。这一时期有些民族并没有迁徙,但大规模的安德罗诺沃文化先民的迁徙使七河流域和哈萨克斯坦南部的塞人文化在人种构成上

---

〔1〕C. П. 托勒斯托夫:《古代的奥克斯河和雅克萨勒特河三角洲地区》,莫斯科,1962 年,第85－87 页。

〔2〕在 C. П. 托勒斯托夫(《苏联考古》1962 年第 4 期,第 134 页)和 M. A. 伊季娜(《苏联民族学》1962 年第 3 期,第 109－120 页)近年来发表的论文中可以看出达奇斯坎文化具有两个基本要素:一方面它具有中央哈萨克斯坦地区达尼德巴伊和别卡奇文化的传统,另一方面它又有古代东方文明的特点。

〔3〕参见《苏联考古学资料与研究》1950 年第 14 期。

发生了很大的变化。

与安德罗诺沃时代居址非常密集的情况相反,中央哈萨克斯坦地区塞人—乌孙时期的遗迹却非常稀少。塞人—乌孙的遗迹以墓地为主,每块墓地约有 5 ~ 15 处坟冢,各个坟冢之间的距离也很远。在冬牧场附近也没有数量巨大的遗迹,这一点与七河流域和哈萨克斯坦南部地区的情况有很大区别。[1]

我们认为,这是中央哈萨克斯坦地区的伊塞顿人迁徙到哈萨克斯坦南部和吉尔吉斯斯坦等地的结果。类似的游牧民族迁徙活动后来也发生过,时间为公元 1 世纪。这些游牧民族的迁徙路线经过了塔拉斯谷地,因为在这一地区发现了很特别的遗迹,即仅仅是在中央哈萨克斯坦地区广泛流行的带"胡须"的坟冢。[2]

迁徙到中亚和哈萨克斯坦南部地区的移民同时也带来了自己的文明特点,即带来了被称为安德罗诺沃类型的青铜工具。这些工具有:鹤嘴斧、锛、刀和月桂叶状的镞。这些遗物最早出现在安德罗诺沃文化遗迹中,主要是在墓葬中发现的,墓葬共有两类:带"胡须"的冢墓和石室墓,墓中尸骨头向均朝西。

如此看来,七河流域和哈萨克斯坦南部地区的物质文明,即众所周知的塞人文明应该就是来自中央哈萨克斯坦和南西伯利亚地区的创造了安德罗诺沃文化的人们的后裔所缔造的。塞人文化脱胎于安德罗诺沃文化,并在新的地方最终形成了具有自己特色的文化。

创造安德罗诺沃文化的先民及其后裔在河中地区乃至整个中亚地区古典时代的文明史中发挥了非常重要的作用。至少人类学资料可以证实,新金属时代的河中地区的居民中有很大一部分是从包括七河流域和哈萨克斯坦在内的中亚北部和东部地区迁徙而来的。[3]

通过对人头骨的材料的分析可以推测,安德罗诺沃文化在河中地

---

〔1〕《哈萨克斯坦考古地图》,阿拉木图,1960 年。

〔2〕M. K. 卡德勒巴耶夫:《江布尔地区发现的带有堆石的坟冢》,载《哈萨克斯坦苏维埃共和国科学院通报》1959 年第 7 期,第 89 – 97 页。

〔3〕B. B. 齐斯布里克:《从居民起源研究看中亚地区古人类学的基本问题》,载《苏联科学院民族学研究所简报》1959 年第 31 期,第 32 页。

区居民类型的发展过程中所起到的作用是最根本的。[1]

　　看来,安德罗诺沃文化的移民及其后裔——塞人与安诺文化及印度北部的后哈拉帕文明遭受到野蛮人的侵袭具有密切的关系。[2] 可能,印度河河谷地区也和中亚地区的彩陶文明创造者一样,遭受到安德罗诺沃文化移民的破坏。有一条证据是,在发掘后哈拉帕文明的遗址昌胡达罗时,在丘卡尔文化层中发现了彩陶。正如 Э.马克谢伊所言,这些彩陶完全代表了一种外来文明。[3]

　　在有关学术理论著作中,北方民族向南迁徙大致可分为几个阶段的观点提出已经很久了。

　　А.Н.伯恩施坦提出了一个假设。他认为,哈萨克斯坦地区的安德罗诺沃文化先民与琐罗亚斯德教的圣书——《阿维斯陀经》中提到的具有传奇色彩的雅利安人应该是同一类人。[4] 而不断出现的新材料也在支持着这个观点。大概分布在中央哈萨克斯坦和阿尔泰地区的塞人就是《阿维斯陀经》中提到的阿里马斯巴人。

　　本书中所涉及的问题还需要学界继续研究,有些问题的解决还需要用新的方法。

---

　　〔1〕В.В.齐斯布里克:《从居民起源研究看中亚地区古人类学的基本问题》,载《苏联科学院民族学研究所简报》1959 年第 31 期,第 33 页。

　　〔2〕Э.马克谢伊:《印度河谷地的古老文明》,莫斯科,1951 年,图版二十。

　　〔3〕Э.马克谢伊:《印度河谷地的古老文明》,莫斯科,1951 年,图版二十,第 106 页。

　　〔4〕А.Н.伯恩施坦,《天山中部地区与帕米尔—阿尔泰地区历史考古概述》,载《苏联考古学资料与研究》1952 年第 26 期,第 19 页。

伊犁河右岸地区的乌孙遗迹（公元前3世纪至公元3世纪）

1　引言

七河流域的乌孙文明,包括其政治史,其与中亚、阿尔泰、蒙古和中国的相互关系等内容近年来研究的并不多,只是在研究哈萨克斯坦古代史时有所涉及。

现在的哈萨克人、伊塞克湖谷地的吉尔吉斯人以及部分乌兹别克人中都保留着"萨勒－乌孙"、"乌顺"等名称。此外,还有其他一些民族[1]的起源也与古代乌孙人具有密切的关系。

深入研究乌孙独具特色的文明以及其政治史对于弄清古代中亚地区游牧和半游牧民族的物质文明、社会特点以及他们与定居的农业民族之间的相互关系都具有非常重要的意义。

在这一部分的内容中我们将对伊犁河右岸地区的乌孙遗迹做一个比较全面的介绍。

在对 5 年(1954、1957—1960)来所收集的考古材料进行分析后,笔者深入考察了乌孙文明发展的历史进程、社会经济的基本走向以及其社会关系和宗教信仰。同时,还将这些遗迹划分为三个历史阶段,即早期为公元前 3 世纪至公元前 2 世纪;中期为公元前 1 世纪至公元 1 世纪;晚期为公元 2 世纪至 3 世纪。这种分期法与学界目前流行的乌孙遗迹分期法[2]并不相悖。

笔者所使用的分期实物资料可分为两大类:第一类为随葬品(包

〔1〕Б. Г. 卡弗洛夫:《塔吉克民族史》,莫斯科,1952 年,第 73 页;H. 阿里斯托夫:《民族成分揭秘》,圣彼得堡,1896 年;B. B. 瓦斯特洛夫:《七河地区哈萨克人的原始民族成分及迁徙活动》,载《哈萨克斯坦苏维埃共和国科学院历史、考古与民族研究所简报》1961 年第 12 期,第 127 页。

〔2〕M. B. 瓦耶沃斯基、M. П. 格里雅诺夫:《吉尔吉斯苏维埃共和国境内的乌孙墓地》,载《古代史通报》,1938 年第 3、4 期合刊,第 162－179 页;A. H. 伯恩施坦:《吉尔吉斯北部考古概述》,伏龙芝,1941 年;A. H. 伯恩施坦:《天山中部与帕米尔—阿尔泰地区历史考古概述》,载《苏联考古学资料与研究》1952 年第 26 期。

·欧·亚·历·史·文·化·文·库·

括陶器、铜镜、刀等),第二类是墓葬材料(包括墓圹、墓向及所附属的石圈等)。从墓葬的平面结构来看,可将所有墓地分为三期;而从墓冢结构和葬具来看,则可以分为两期,即早期和晚期。

公元前后属于过渡阶段,从这时开始,带石圈的墓葬和有墓圹的墓葬这两类墓葬各自独立发展起来。此外,各个时期的随葬品也具有自己的特点。

在分析了墓内出土的陶器和各种劳动工具的形制、尺寸、制作工艺以及动物(绵羊)的骨头后,我们注意到,墓地所处的地理环境可以说非常独特。这种环境主要是指地形地貌和自然气候条件。同时,我们再对中国史料中所提及的有关乌孙的记载进行研究后可以确定其经济形态,随之我们还能深入考察乌孙发展的历史进程。

乌孙的经济在早期阶段为畜牧业,其中又以绵羊养殖业为大宗。到了晚期阶段,则是农牧并举,但畜牧业仍占绝对优势。

乌孙的畜牧业为半游牧状态,即随着季节的变换,在平原地带的牧场和山麓、半山腰的牧场之间来回迁徙。

在分析了墓葬中出土的人骨材料(主要是颅骨)后我们可以判断出乌孙的人种。而将墓圹上的建筑结构、尺寸等进行研究后则可以确认,乌孙的社会形态为阶级社会,但具有父权制社会的某些特征。

古希腊和古波斯的史料中都提到,波斯帝国在被马其顿的亚历山大大帝灭亡之后,中亚地区遭到了希腊人的入侵,因此这里发生了重大的历史变化。后来无论是希腊人以及稍晚的罗马人,还是中国的西汉王朝都在自己的史料中对当时生活在中亚地区的居民留下了大量记载。其中包括:古希腊历史学家希罗多德、斯特拉波、托勒密、阿里斯铁阿斯记载了生活在中亚地区的萨迦—马萨格泰人,中国史料中则用简短的语句记载了生活在中亚地区的月氏和乌孙。这些史料非常精准地为我们展现出了中亚和哈萨克斯坦地区的历史地理以及生活在这里的古代民族的概况。[1]

斯特拉波的著作中对居住在上述地区的绝大多数古代居民称之为斯基泰人。[2] 在《地理学》中对萨迦人的大联盟中的不同人群都有各自的称呼,而其中最著名的是阿西—巴西安人。[3]

阿西—巴西安人应该就是中国史料中提到的乌孙人[4],后来这些人迁徙到了七河流域[5]。

将中国和希腊史料中提到的这两类人看做同一类人的观点存在于当今很多论著中。[6]

我们完全同意 A. H. 伯恩施坦的观点,他认为存在一个塞人—乌孙联盟的文明,这是他在仔细研究了这两个民族的历史后所得出的结论。[7]

我们考古所得的材料仅局限于伊犁河右岸地区(在伊犁河和楚拉克山之间,东西长 100 ~ 125 公里,南北宽 3 ~ 8 公里),这样的话,我们就还不能辨识出所有的乌孙遗迹。

中国史料的年代要晚于古希腊史料的年代。这些史料中不仅有关于历史地理的信息,还有古代居民的社会经济、社会组织形态等内容。

在古代氏族社会时期,部族名称的变化经常是由于其军事力量的衰弱和其他部族的崛起。

---

[1]B. B. 格里果里耶夫:《塞人问题研究》,圣彼得堡,1871 年;И. И. 乌姆尼亚科夫:《吐火罗问题研究》,载《古代史通报》1940 年第 3、4 期合刊。

[2]斯特拉波:《地理学》,载《关于中亚地区的古代记载选集》,塔什干,1940 年,第 20 页。

[3]斯特拉波:《地理学》,载《关于中亚地区的古代记载选集》,塔什干,1940 年,第 20 页。

[4]С. П. 托勒斯托夫:《古代花拉子模》,莫斯科,1948 年,第 245 页;И. И. 阿勒塔莫诺夫:《哈扎尔人历史》,列宁格勒,1962 年,第 407 页。

[5]С. П. 托勒斯托夫:《古代花拉子模》,莫斯科,1948 年,第 246 页。

[6]С. П. 托勒斯托夫:《古代花拉子模》,莫斯科,1948 年,第 241 - 247 页;А. H. 伯恩施坦:《七河流域和天山地区文明史的基本发展阶段》,载《苏联考古》1949 年第 11 期,第 79 - 91 页;А. H. 伯恩施坦:《天山中部地区与帕米尔—阿尔泰地区历史考古概述》,第 200 - 230 页;А. H. 伯恩施坦:《吉尔吉斯北部考古概述》,第 30、33 页。

[7]С. И. 鲁金科:《中央阿尔泰地区斯基泰时代的文化》,莫斯科—列宁格勒,1960 年,第 174 - 188 页;А. H. 伯恩施坦:《匈奴考古概述》,列宁格勒,1951 年,第 83 - 102 页;伯恩施坦:《七河流域和天山地区文明史的基本发展阶段》,载《苏联考古》1949 年第 11 期,第 356 - 360 页。

公元前 3 世纪在七河流域,塞人失去了其在政治军事联盟中的统治地位。代之而起的正是被中国史料称之为乌孙的民族。

乌孙这个民族出现于公元前 3 世纪,乌孙出现以后还在原先塞人的居住区内形成了以乌孙为核心的部族联盟。中国的史料中曾记载,乌孙最初是塞人的一支。[1]

由这些史料可以证实乌孙和塞人有直接的前后继承关系。

同时,中国史料中对乌孙的称呼还体现出一种暗指,即认为这个名称表示了部族联盟首领的总部所在地。

中国史料中还有这样的记载:乌孙,在大宛东北可二千里,行国,随牧。[2] 对乌孙国情方面的记载还有,"(乌孙)户十二万、口六十三万,胜兵十八万八千八百人……地莽平,多雨寒,山多松槿?"[3]

众所周知,乌孙所占据的地域位于今天的七河流域和吉尔吉斯斯坦北部地区。其疆域西起楚河和塔拉斯河流域,东到天山的支脉,北抵巴尔喀什湖,南达伊塞克湖。正如史料中所记载的:"(乌孙)不田作种树,随畜逐水草。"[4]各类畜群是乌孙人的基本财富,也是用来进行战争的工具。乌孙内部存在着贫富不均的现象。中国史料对此的记载是:"(乌孙)国多马,富人至四五千匹。"[5]

能看出乌孙社会开始分化并形成阶级的证据还有其物质文明材料。主要有:随葬品,墓葬的结构、规模和建造工艺等。

尽管中国的史料内容相对丰富,但要彻底解决乌孙历史的很多问题还是必须要依靠考古材料。

还是在 19 世纪中叶,有关乌孙的考古遗迹就已吸引了很多俄罗斯学者的注意。这其中又首推 B. B. 拉德洛夫,他考察了图尔根村附近的

---

〔1〕H. Я. 俾丘林:《古代中亚地区居民资料汇编》,第 2 卷,1950 年,第 190－191 页。
〔2〕H. Я. 俾丘林:《古代中亚地区居民资料汇编》,第 2 卷,1950 年,第 150 页。
〔3〕H. Я. 俾丘林:《古代中亚地区居民资料汇编》,第 2 卷,1950 年,第 190 页。
〔4〕H. Я. 俾丘林:《古代中亚地区居民资料汇编》,第 2 卷,1950 年,第 190 页。
〔5〕H. Я. 俾丘林:《古代中亚地区居民资料汇编》,第 2 卷,1950 年,第 190 页。

一些冢墓。[1] 稍晚一些他又考察了谢米巴拉季尼斯克和巴弗洛达勒地区的冢墓。后来他将这些考察成果汇编成书。[2]

随后进行此类考察工作的是 H.M.雅德林采夫,他撰写了《西伯利亚古墓概述》一文。[3] 在这篇文章中作者认为,这些古墓与七河流域公元前 1000 年左右的冢墓以及库伦达草原发现的墓葬非常相似。这种类比有助于更好地来研究上文提到的这些冢墓。

突厥斯坦考古爱好者组织成立后开始对七河流域的大量考古遗迹展开研究工作。该组织登记造册了很多遗迹,并开展对这些遗迹的保护工作。他们还收集了很多遗物,并对一些墓葬进行了发掘。该组织中有一个积极分子名叫 H.H.巴杜索夫,他收集整理了很多七河流域的墓葬、城址以及其他考古遗迹的材料,这些成果都刊载在突厥斯坦考古爱好者组织自办的论文集上。此外,H.H.巴杜索夫还考察并记录下了位于丘拉克山脉和卡普恰加伊地区的岩画。[4]

由于缺乏受过专业培训的考古人员和沙皇政府支持力度的匮乏,伊犁河流域的考古调查及各项研究工作在十月革命前带有很大的偶然性。当时的研究者以收集遗物为主,几乎没有对这些遗物展开系统的研究。

真正系统地对七河流域的古迹开展研究工作始于苏联时代。

在苏联成立后的头十年中确立了苏联考古学的基本方向,即它成为历史学的一个不可或缺的分支学科。

现在的考古学不仅仅是简单地收集古物,还要进行一整套的科学研究工作。在对各类遗存进行系统分析的基础上可以解决社会生产力发展、社会生产关系的确定等很多重大历史问题。

---

〔1〕考察地区位于七河流域,参见《考古委员会 1869 年工作总结》,圣彼得堡,1871 年,第 17 – 19 页。

〔2〕B.B.拉德洛夫:《西伯利亚古迹》,第 1 卷,1896 年,第 3 分卷(俄罗斯考古材料),第 146 页。

〔3〕H.M.雅德林采夫:《古迹》(莫斯科考古委员会 1883 年工作总结),第 9 卷,第 3 分卷,第 189 页。

〔4〕H.H.巴杜索夫:《塔姆卡勒—塔斯》,单行本,韦尔内,1910 年。

1928—1929 年间考古学界对吉尔吉斯斯坦北部的乌孙墓地进行了发掘。[1] 尽管获得的材料有限,但 M. B. 瓦耶沃斯基与 M. П. 格里雅斯诺夫仍凭借这些材料对七河流域乌孙的物质文明、社会组织和经济等问题提出了新的观点。

在系统分析了布拉尼塔附近的奇里别克与卡拉科里村旁墓地出土的材料后,研究者们认为,它们之间存在着共性,并对墓葬形制进行了分类,同时还确定了其年代。

M. B. 瓦耶沃斯基和 M. П. 格里雅斯诺夫所主持进行的这次考古发掘工作也是考古学界有组织、有计划地研究塞人—乌孙文明的肇始。

20 世纪 30 年代到 40 年代,苏联科学院物质文明史研究所与苏联科学院哈萨克斯坦分院联合,在 A. H. 伯恩施坦的领导下在七河流域进行了多次的考察。[2] 他们发现了很多各个历史时期的遗迹。A. H. 伯恩施坦还对在塔拉斯河、楚河和伊犁河流域发现的青铜时代遗迹、塞人、乌孙和康居遗迹、西突厥汗国的早期农业文明遗址以及中世纪的封建城市进行了相关的研究。

这些考察研究工作一方面为我们提供了大量的有关哈萨克斯坦和吉尔吉斯斯坦北部地区的考古材料,另一方面也是非常必要的,因为考察研究工作还为哈萨克斯坦的考古学的进一步发展打下了坚实的基础。A. H. 伯恩施坦在科尼科里墓地发现了丝绸衣物、武器、装饰品、而头骨变形的葬仪则使我们将匈奴考古研究的相关问题提上了日程。[3]

A. H. 伯恩施坦在别勒卡里墓地发掘所获得的材料足以说明塞人—乌孙文明的独特之处,其文明和与中国、中亚有联系的古代康居

---

〔1〕M. B. 瓦耶沃斯基、M. П. 格里雅斯诺夫:《吉尔吉斯苏维埃共和国境内的乌孙墓地》,载《古代史通报》1938 年第 3、4 期合刊,第 162－179 页。

〔2〕A. H. 伯恩施坦:《阿拉木图州境内的古迹》,载《哈萨克斯坦苏维埃共和国科学院通报》(考古类)1948 年第 1 期,第 79－91 页。

〔3〕A. H. 伯恩施坦:《科尼科里墓地》,列宁格勒,1941 年;A. H. 伯恩施坦:《匈奴历史概述》,莫斯科—列宁格勒,1949 年,第 102－116 页。

文明具有显著的差异。在研究了塔拉斯河流域的遗迹[1]后,我们可以确定该地区在中世纪历史中的地位。同时,还能提出关于当时游牧民族和农耕民族之间的相互关系以及哈萨克斯坦南部的古代城市在哈萨克民族史中的地位等问题的推论。

经过多年的潜心研究,А. Н. 伯恩施坦对七河流域的塞人—乌孙遗迹进行了分期,并以此来说明其墓葬地表建筑的规律性特点。[2] 但他对与这些遗迹具有很大共同性的伊犁河右岸发现的遗迹并没有进行研究。卫国战争期间七河流域的考古工作处于停滞的状态,重新恢复工作始于(20世纪)50年代。自1954年开始进行系统的考古工作,由此也就积累了大量的资料,这就使我们有可能解决七河流域古代史的许多相关问题。

1954年,由于要在伊犁河设计建造卡普恰加伊水电站,为配合基建,故在这里进行了考古调查和发掘工作。历史、考古与民族研究所组织专业人士对水电站建设区域内的文物古迹进行了调查和发掘清理,其中也包括了未来的水库淹没地带的遗迹。[3]

通过这些调查工作,在伊犁河右岸发现了大量的遗迹,其时代在公元前7世纪到公元8世纪之间。[4](见图2-1)

1956年,组建的七河流域考古队考察了阿拉木图自治州境内的18处墓地,并发掘了其中的180座冢墓。由此也就获得了对墓葬进行分

〔1〕А. Н. 伯恩施坦:《塔拉斯河谷地的古迹》,阿拉木图,1941年。

〔2〕А. Н. 伯恩施坦:《天山中部地区与帕米尔—阿尔泰地区历史考古概述》,第26页。

〔3〕伊犁河(自1959年开始在七河流域)流域考古工作的参加者有:К. А. 阿奇舍夫——考古调查、发掘总负责人(1954,1957—1961);Г. А. 库沙耶夫——考古领队(1954,1957—1961);П. В. 阿卡波夫——地形测绘员。除了这些人以外,还有Е. И. 阿格耶娃、Ф. Х. 阿勒斯拉诺娃、Г. И. 巴切维奇、И. И. 科波洛夫、Т. Н. 谢尼科娃、О. М. 格里雅斯诺夫(摄影师)、Г. Б. 杰姆切尼克(绘图员兼地形测绘员)、А. Г. 塔勒德什科夫、М. Г. 乌勒瓦尼切夫,担任过摄影工作的还有О. В. 梅特维耶夫、А. А. 波波夫、М. П. 巴弗洛夫,此外哈萨克斯坦国立大学历史系的部分大学生也参与了发掘工作。

〔4〕К. А. 阿奇舍夫:《苏联科学院人类学、考古学和人种学研究所1954年度工作总结》,载《哈萨克斯坦苏维埃共和国科学院历史、考古与民族研究所简报》1956年第1期,第5—31页。

期的基础性材料。[1]

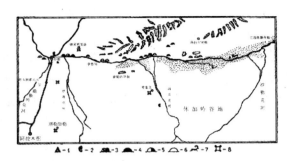

图 2 - 1　伊犁河右岸地区各类遗迹分布图

1956 年,哈萨克苏维埃共和国的大学生们在 И. И. 卡波洛夫的率领下发掘了阿列克谢耶夫克村附近的墓地[2]及卡普恰加伊 3 号墓地。

1957 年,伊犁河流域的各项考古工作继续进行。

看过本书第一编和第二编的读者可以发现,在这两部分中关于材料的介绍有一些差别。这也是我们下面要谈的内容。

第一编是叙述伊犁河流域塞人的古代遗址,同时对伊犁河右岸的遗迹进行分析,并总结出其特点。这些内容都是建立在对包括别斯沙迪尔墓地在内的大批塞人墓地发掘的基础上,这些考古材料很多已为学术界所熟知。而第二编——伊犁河右岸地区的乌孙遗址,其中所使用的考古材料则是首次公之于众。

还有,塞人物质文明的一个重要体现就是墓葬中出土的各类随葬品。其中包括青铜镞、祭坛、劳动工具以及武器。而乌孙的物质文明内

〔1〕E. A. 阿格耶娃:《七河流域发现的考古材料》,载《苏联科学院物质文明史研究所报告及野外研究简报》1961 年第 80 期;E. A. 阿格耶娃:《阿拉木图地区古代墓葬的类型问题》,载《哈萨克苏维埃共和国科学院历史、考古与民族研究所所刊》1961 年第 12 期,第 21 - 40 页;A. Г. 玛克西莫娃:《伊犁河右岸地区发现的乌孙墓葬》,载《哈萨克苏维埃共和国科学院院刊》(历史、考古及民族版)1959 年第 1 期,第 79 - 95 页。

〔2〕И. И. 卡波洛夫:《伊犁河流域新阿列克谢耶夫克墓地的角锥形冢墓》,载《哈萨克教育学院学报》(社会政治版)1958 年第 15 期,第 158 - 175 页。尽管如此,1956 年发掘的墓葬材料至今并没有公布。

涵则较为贫乏,主要表现在乌孙的平民墓葬中出土的随葬品比较单一,此外乌孙的墓葬从形制上来看也是如此。

乌孙的遗迹大致可以分为三个历史时期,依据主要是随葬品、墓内建筑结构、封丘规模以及墓地的平面布局等各项内容的差异。

早期乌孙遗迹的时代为公元前 3 世纪至公元前 2 世纪,这一时期的墓地有:卡普恰加伊 3 号墓地[1]、乌特根 3 号墓地,克孜勒—厄斯帕墓地、克孜劳兹 3 号墓地、汪古尔—科拉 1 号墓地、别斯沙迪尔 2 号墓地。

中期乌孙遗迹的时代为公元 1 世纪前后,属于这一时期的墓地有:乌特根 1 号和 2 号墓地,泰加克 1 号墓地,克孜劳兹 2 号墓地,卡尔干 1 号墓地,阿尔金—厄密尔 1、3、4 号墓地。

晚期乌孙遗迹的时代为公元 2 世纪至 3 世纪,这一时期的墓地有:卡普恰加伊 2 号墓地,丘拉克—积基德 1、2 号墓地,汪古尔—科拉 2 号墓地,卡尔干 4 号墓地,阿拉尔突报 1 号墓地。

在列举材料的基础上,本书力求对有关乌孙历史的若干问题做出合理的解释。而关于乌孙迁徙、农业发展和社会组织结构等问题还有待于学界今后继续进行研究。

---

[1]墓地是依照伊犁河右岸、楚拉克山脉中各个峡谷的名称来命名的。

2 伊犁河右岸乌孙墓葬分期研究[1]

2.1 公元前 3 世纪至公元前 2 世纪的乌孙墓葬

2.1.1 卡普恰加伊 3 号墓地

该墓地于 1954 年被发现,其位于伊犁斯克镇以西 5 公里、伊犁河以南 2 公里处。墓地旁边有一条路直通伊犁谷物国营农场。这处墓地东西长 400 米,南北宽 300 米,共有 52 处墓葬。(见图 2－2)从墓葬形制来看,大致可分为三类:1. 库尔干(冢墓);2. 堆砌成圆形的石圈墓; 3. 用 3～4 排深入地表的石块修建的石圈墓。石圈直径在 5～20 米之间,其高度最高的能达到 2 米左右。1956 年,И. И. 科波洛夫发掘了其中的 10 座(分别是 M7、M10、M14、M15、M23、M28、M29、M30、M32 和 M39),他所采取的方法是正方形竖井发掘法。1958 年,伊犁考古队又发掘了 30 座墓葬,其中包括 1 座冢墓(M19)、10 座带小石圈的墓(M3、M4、M5、M11、M17、M20、M22、M24、M27、M40)和 19 座带石圈的墓 (M1、M2、M6、M8、M9、M12、M13、M16、M18、M21、M25、M26、M33、M34、M35、M38、M41、M42、M43)。分述如下:

M2(属第三类墓葬):坟冢直径 4 米,平面呈圆形。从地表可以看出石圈,石圈宽约 0.45 米。墓圹位于石圈中心,方向为西北—东南向,长 1.85 米,宽 1 米。在距地表深 0.75 米的东北角处发现了铁器残片。距地表深 0.95 米处发现了腿骨和右肩胛骨。由此可以证实,死者的头向为东北向,葬式为仰身直肢葬。此外,墓圹中还发现了青铜耳环的残片。

---

〔1〕这一章中所使用的墓葬的详细情况列在本书最后的附录中。

图 2 - 2 　卡普恰加伊 3 号墓地墓葬分布图

M5(属第二类墓葬)：坟冢直径 6 米，石圈高 0.13 米。墓圹为西北—东南向，长 2.1 米，宽 0.8 米。在深 0.8 米处发现了手制陶器残片、手指骨以及人牙。在深 1.27 米处发现了一具女性骨架，与安德罗诺沃文化的人种类型很接近。仰身直肢葬，头向为西北。在头右侧发现了铁制的圆形发簪。稍微偏右处还发现了球形腹的陶钵(图版四，11)。在盆骨左侧还发现了两件陶器残片。(见图 2 - 3)

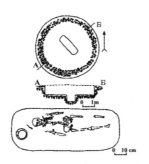

图 2 - 3 　卡普恰加伊 3 号墓地 M5 封丘底部平剖面图及墓圹平面图

M17(属第二类墓葬)：坟冢直径 15 米，高 0.2 米。在地表可以看到宽约 1 米的石圈。墓圹位于石圈中部，长 2.3 米，宽 0.9 米，方向为西北—东南向。在墓坑填土中还发现了木头的残余。在墓圹西北发现了人的下颌骨、颅骨、脊椎骨和绵羊骶骨的残余。在深 1.2 米处还发现了尸骨的其他部分，可以看出为仰身直肢葬。在墓圹西北角出土了 2

块绵羊骶骨和 1 把铁刀,铁刀长 9 厘米,刀柄宽 1 厘米,刃部宽 0.5 厘米。在右臂处发现了 1 件陶器,系用含有大量砂石的陶土制成,烧制不匀,口部微侈。另外在墓底还发现 1 件陶器残片。

M18(属第三类墓葬):外侧石墙直径 7 米,内侧石墙直径 4.9 米,宽 0.8 米。内石墙的中部为墓圹,墓圹长 2.2 米,宽 2 米,周围用石块铺砌。墓圹方向为西北—东南向。在深 1.5 米、靠近北壁处发现了由 5 根直径在 20~25 厘米之间的原木组成的盖板残余。还有 2 块未盗扰的原木盖在墓坑的一端。在距地表 1.65 米的北壁还发现了一具欧罗巴人种类型的妇女遗骨,[1] 尸骨长 1.45 米,仰身直肢葬,头向西北。在颅骨右侧还发现了绵羊骶骨和 1 把锈蚀严重的铁刀,刀长 11 厘米,刃宽 0.7 厘米,刀柄宽 1 厘米。在颅骨西侧发现了铁发簪,其周围还有很多亮绿色的珠子。在墓圹西侧的颅骨旁边还有 2 件陶器:1 件为圆底球形腹的壶,高 29 厘米,最宽处直径为 10 厘米(图版五:2);另 1 件为底部加厚的钵,高 11.5 厘米,最宽处直径为 10.5 厘米(图版四:4)。在遗骨的颈项处还发现了很多形似玻璃的物质制造的亮绿色串珠,串珠表面涂着一层厚厚的釉(彩版壹:1)。(见图 2 - 4)

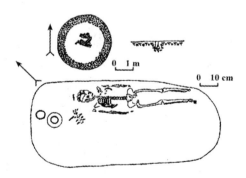

图 2 - 4　卡普恰加伊 3 号墓地 M18 封丘底部平剖面图及墓圹平面图

M21(属第三类墓葬):石墙外径 6 米,平面呈圆形,石墙宽 0.5~1

〔1〕这里(包括 M5 中的人骨材料)以及我们后面提到的人骨材料在人类学方面的鉴定都是由 B. B. 齐斯布里克教授完成的。

米,内径 4.1 米,石圈由卵石组成。在距石墙东部 0.5 米处有石砌的正方体,长 1.2 米,宽 0.8 米,方向为西北—东南向。在正方体的东北部发现了筒状的骨头。在距地表 0.65 米处的墓圹东端发现了摆放杂乱的人肋骨,在其西侧还有残损的铁发簪,长 4 厘米。在墓圹底部、靠近北壁处有一具欧罗巴人种类型的妇女遗骨,仰身直肢葬,头为西北。臂骨仅存肘部以上部分。颅骨旁边有绵羊骶骨和青铜刀,刀长 12.5 厘米,刀柄宽 1 厘米,刃宽 0.7 毫米(图版二:5)。(见图 2-5)

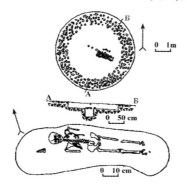

图 2-5　卡普恰加伊 3 号墓地 M21 封丘底部平剖面图及墓圹平面图

M22(属第二类墓葬):坟冢直径 9 米,高 0.18 米,在地表可以看到直径 6 米的石圈。在石圈中心有一个石砌物,长 2 米,宽 0.8 米,东西向。墓圹里充斥着大量石头,深 0.8 米,稍低于黄土层。在墓圹东端发现了人的小腿骨,在墓圹中部则发现了一半盆骨,而在墓坑西端还出土了右肩胛骨。这里还发现了绵羊骶骨、残铁刀(长 8 厘米)和两段残铁发簪(长 5.5 厘米)。发簪周围还有大量的圆形串珠(100 粒以上)。在墓圹北壁还有一个壁龛(高 0.6 米,深 0.45 米)。

M24(属第二类墓葬):坟冢直径 16 米,高约 0.35 米。西侧保存的石圈直径为 8.5 米。墓圹为西北—东南向,长 3.15 米,宽 1.1 米。在墓圹西北角发现有人的小腿骨,而在墓圹南部则发现了两块盆骨残片。在深 0.96 米处发现了一个男性个体遗骨,包括肋骨、脊椎和指骨等等。墓圹东南角还发现了一件青铜垂饰,垂饰分两部分,下部有一个孔;另一端为圆柱形,垂饰长 6.8 厘米,截面直径为 0.7 毫米(图版二:

·欧·亚·历·史·文·化·文·库·

15）。在墓圹西北角还发现了方形青铜扣环（大小为3.7厘米×3.7厘米），带有长1厘米的铁舌（图版二:12）。墓圹西端还有一个欧罗巴人种类型的男性颅骨。

M35（属第三类墓葬）:坟冢直径5米，石墙宽0.4～0.8米。墓圹长2.5米，宽1.1米，西北—东南向。在其东部靠近北壁深约0.6米处发现了4块完全腐烂的原木。尸骨位于靠近北壁处，深约1.15米，仰身直肢，头向西。在下颌骨的位置上发现了7颗光玉髓制造的和45颗玻璃制造的白色和黑蓝色的珠子，这些珠子多呈菱形。颅骨右侧还有一些呈螺旋状的银制和铜制耳环（图版一:7、8），以及铜镜（图版一:15），铜镜直径11.5厘米，手柄宽3.5厘米。在颅骨西侧发现了一把锈蚀严重的铁刀（长20.5厘米，刀柄宽2厘米，刃宽1厘米）、绵羊骶骨、带圆头的铁发簪（图版一:2）和长8厘米的石制品。

M41（属第三类墓葬）:坟冢直径4.5米，石墙直径3.8米，宽0.3米。墓圹为东西向，长2.5米，宽0.8米，墓圹内充斥着石块，深0.6米。穴内还有残木块，墓圹中部保留有数根直径10～12厘米的木棍。在深0.7米处发现了一具妇女尸骨，仰身直肢，头向西，左臂骨保存不完整，尸骨与安德罗诺沃文化的人种类型相似。在颅骨西侧还发现了一把镰状的铁刀（长10.5厘米，宽2厘米）、发簪（长17.5厘米）（图版一:4）以及绵羊骶骨。在下颌骨位置还发现了六颗圆柱形的带绿色颜料痕迹的大珠子。（见图2-6）

2.1.2　乌特根3号墓地

位于伊犁河右岸，距伊犁斯克19公里，处于伊犁河上游地区，即伊犁河北部一条支流的冲积台地上。共有101座墓，可分为三组。

第一组共有68座墓，第二组位于其西北方向，共有25座墓，距第一组东北80米处为第三组，共有8座墓。这处墓地的墓葬多成行排列，每行大约有五六个或更多的墓葬。特别要指出的是北半部的墓葬，那里的墓葬可以看出形状非常清楚。这些墓葬要比南半部的墓葬排列得更密集。其中大多数有很明显的距墓中心位置距离不等的石圈。

南半部的墓葬规模稍小，而且很多塌陷严重。1958年发掘了8

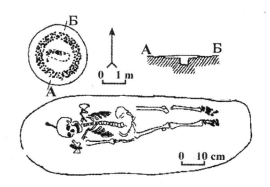

图 2 - 6　卡普恰加伊 3 号墓地 M41 封丘底部平剖面图及墓圹平面图

座,1961 年发掘了 3 座。分述如下:

M16:坟冢直径 6 米,高 14 厘米。墓圹为椭圆形,东西向,长 1.85
米,宽 0.7 米。在深 1.7 米处发现了人骨架,仰身直肢葬,头向西,尸骨
长约 1.7 米。从颅骨来看,属中颅型,与安德罗诺沃文化的人种类型相
似。墓圹西北角发现有半球状的陶器(图版四:7),高 9.5 厘米,直径
13.5 厘米。在后脑勺处发现了青铜耳环,在盆骨处则发现了系在皮带
上的铁环。

M27:坟冢直径 6 米,高 0.1 米。表土下面发现有 2 个墓圹,墓圹方
向均为东西向。南侧的墓圹长 2.25 米,宽 1.3 米,北侧的长 1.7 米,宽
0.7 米。

在南侧的墓圹深约 1.35 米处发现了人骨架。仰身直肢葬,头向西
北,肘部略收,右手指骨平放在盆骨下方的关节上。尸骨人种类型为欧
罗巴人种类型,与安德罗诺沃文化的人种类型相近。颅骨附近发现 2
件陶器,1 件为钵,直径 19.5 厘米,高 10 厘米,里面发现有绵羊骶骨;
另 1 件为圆形罐,高 10 厘米,最宽处直径 10 厘米(图版四:3)。

北侧墓圹在深 1.05 米处发现了 1 具儿童骨架,长约 1 米,仰身直
肢葬,肘部微收。颅骨旁边发现 1 件陶器,为高脚大酒杯,上部直径为
6 厘米,高 5.7 厘米。(见图 2 - 7)

M28:坟冢直径 6 米,高 0.13 米,塌陷严重。墓圹为西北—东南
向,长 2.4 米,宽 1.2 米。在深 1.6 米处发现了 4 根腐烂严重、直径在

欧·亚·历·史·文·化·文·库

10～15 厘米之间的原木。原木上面还有芦苇的残余。死者为仰身直肢葬,头向西,尸骨长 1.65 米。属欧罗巴人种,中颅型。肩左侧还发现了绵羊骶骨,肘部有 1 件半球状陶器,高 11.5 厘米,颈部直径为 10 厘米。(见图 2 - 8)

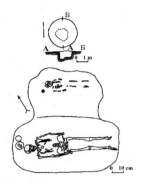

图 2 - 7　乌特根 3 号墓地 M27 封丘底部平剖面图及墓圹平面图

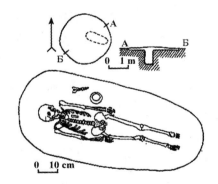

图 2 - 8　乌特根 3 号墓地 M28 封丘底部平剖面图及墓圹平面图

2.1.3　克孜勒—厄斯帕墓地

这处墓地已为人所熟知。[1] 共调查发掘了 8 座墓葬(M50、M51、M65、M72、M77、M89、M97、M102)(见图 2 - 9)。分述如下:

M50:坟冢直径 12 米,高 0.45 米。表土中有大量石块,形成一个

─────────

〔1〕K. A. 阿奇舍夫:《1954 年伊犁河地区考古调查工作成果总结》,载《哈萨克苏维埃共和国科学院历史、考古与民族研究所学报》1956 年第 1 期,第 9 - 10 页。

直径约 7.5 米的石圈。石圈中央有一个长 1.2、宽 0.6 米的石台,为东西向。墓圹在石台下面,为东西向,长 2.7 米,宽 0.7 ~ 0.9 米。在深 2.1 米处发现了尸骨,仰身直肢葬,头向西,尸体长约 1.7 米。在墓圹西北角颅骨附近发现 1 件陶杯,高 11.5 厘米,最宽处直径 12 厘米。器底扁平,直径 7.5 厘米。在墓圹西南角——颅骨以南 20 厘米处还发现了绵羊骶骨以及铁刀(长 13.5 厘米,宽 0.6 ~ 1.2 厘米,刀背厚 0.5 厘米),铁刀还插入绵羊骶骨。

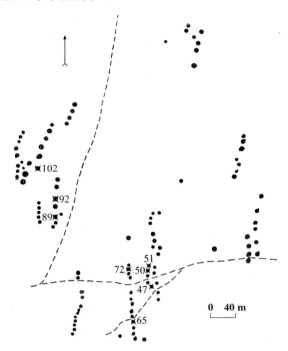

图 2 - 9 克孜勒—厄斯帕墓地南半部的墓葬分布图

　　M89:坟冢直径 14 米,高 0.67 米,墓圹为椭圆形,上面有很多石块,形成一个石圈,石圈直径 6.5、宽 0.8 ~ 1.1 米。石圈中央为墓圹,长 3 米,宽 1.5 米,方向为东西向。坑内堆积的石块厚达 1.7 米。石块下面为原木。骨架位于原木下面的墓圹东部,直肢葬,头向西。肩部右侧有 1 面铜镜(图版一:14),形状为浅圆盘,木质的外壳上还有织物和毛毡。铜镜上还有 2 根削尖的小木棍(长 3 ~ 4 厘米),有可能是蝥螋

·欧·亚·历·史·文·化·文·库·

（图版一：11）。在颅骨西侧还发现了2枚铁发簪,其中1枚很轻巧,已断为两截,总长为7.5厘米;另1枚长10厘米（图版一：3）。发簪附近还发现了一些珠子。在墓圹西端发现1把铁刀,平放在绵羊的尾骶骨上。（见图2-10）

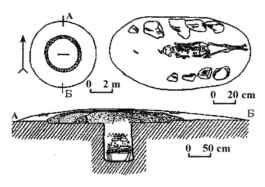

图2-10　克孜勒—厄斯帕墓地M89封丘底部平剖面图及墓圹平面图

M97：坟冢直径12米,高0.4米,坟冢下面的大墓圹为圆形,有直径5.5米的石圈。在墓圹表面东北和东南部可以看到含有木炭的篝火痕迹。放置尸骨的小墓圹近似椭圆形,最长处长2.8米,宽1.6米,为东西向。木盖下面深1.85米处发现尸骨。在小墓圹西端发现1件圆底梨状物的陶器（图版五：7）,陶器附近还发现有绵羊骶骨和1把铁刀（长13.5、宽2厘米）。颅骨附近有1枚长17厘米的铁发簪。尸骨为仰身直肢葬,头向西。颅骨右侧发现1件青铜丝制成的两端没有闭合的耳环和一些圆柱状的串珠。在尸骨右腕处还发现1面铜镜（图版一：17）,形状为浅圆盘状,直径9.5厘米,边缘处有3个孔。铜镜下面是1件圆柱状的石制品（长7.2厘米）,可能是用来染眉毛的物品。（见图2-11）

2.1.4　克孜劳兹3号墓地

这就是发掘简报中的第29Б号墓地。共调查发掘了14座墓葬。（见图2-12）

M9：坟冢直径6米,高0.8米。填土中有很多腐烂严重的木头残片,在大墓葬北部发现一处灰斑,而在墓的东部则发现人骨架的残余

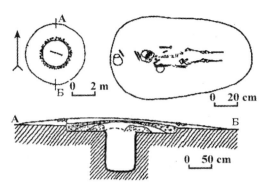

图 2 – 11　克孜勒—厄斯帕墓地 M97 封丘底部平剖面图及墓圹平面图

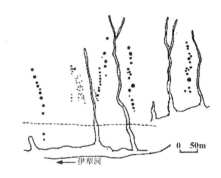

图 2 – 12　克孜劳兹 3 号墓地墓葬分布图

和月牙状的铁刀（长 10.5 厘米,宽 3 厘米）。放置尸体的墓圹有 2 个,均为近似长方形,东西向。其中南墓圹长 2.1 米,宽 0.7 米;北墓圹距南墓圹 1.5 米,长 2 米,宽 0.7 米。

北墓圹:在其西端有堆积的石块,还发现绵羊颌骨的残块。在深 1.2 米处发现了 1 具女性尸骨（长 1.65 米）,仰身直肢葬,头向西,面朝北。在头部附近发现 1 件带把手的陶器,高 10.5 厘米,口径 12 厘米（图版六:4）。尸骨左侧高于肘部处还发现了一些绵羊骶骨,骶骨中还有 1 把铁刀的残件。

南墓圹:在其东端靠近北壁处发现了一些人肋骨和管状手骨的残块,以及腐烂的木块。在深 1 米处的墓圹中央,发现 1 件敞口罐。高 13 厘米,口径 10 厘米,最宽处直径 12.5 厘米,底为圆形（图版九:15）。陶

·欧·亚·历·史·文·化·文·库·

器旁边还有一些颅骨残余。另外,还发现有 1 件残损且表面磨光的骨制品,长 7.8 厘米,直径 0.5 厘米。(见图 2-13)

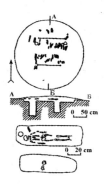

图 2-13 克孜劳兹 3 号墓地 M9 封丘底部平剖面图及墓圹平面图

M11:坟冢直径 7 米,高 0.36 米,从剖面看为球形,塌陷严重。以石圈为基础。墓葬表面可以看到有腐烂的木块。有 2 个墓圹,均为东西向。其中南墓圹长 2.38 米,宽 0.7 米,北墓圹长 2.2 米,宽 1 米。

南墓圹:在深 0.9 米的西端发现了 2 件陶器。1 件为钵,最宽处直径 29 厘米,高 11 厘米,底径 19 厘米,带把手。顶部外侧有垂直凹槽。另 1 件为一个小罐,口径 10 厘米。陶器位于骨架右侧,仰身直肢葬,头向西。颅骨被压得变了形,右臂肘部弯曲,左腿有骨折的痕迹。尸骨为男性。

北墓圹:在墓圹西端发现 2 件陶器。1 件为钵,最宽处直径 21 厘米,已破碎,里面有绵羊骶骨。另 1 件为罐形器,最宽处直径 10 厘米,系用含砂石的松软泥土制造(图版六:2)。2 件陶器均有泥塑的把手。墓坑中的尸骨残缺不全,仅有一些肢骨,且摆放散乱。从肢骨位置来看,头向应是朝西。(见图 2-14)

M23:坟冢直径 16.5 米,高 1.66 米,剖面呈球形。有直径 9 米的石圈。在深 1.5 米处的石圈中部发现有家畜角的残段和方形石堆。墓北侧发现 2 件陶器残片,陶器系用含砂石的粗糙陶土制造,从断口处可以看到陶土带有红色杂质。器形为直壁的高脚大酒杯。在石堆下面发现了腐烂的原木残块,原木从北向南覆盖在墓圹上方。墓圹长 3.3 米,宽

1.5 米,东西向。

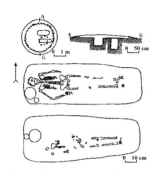

图 2 - 14　克孜劳兹 3 号墓地 M11 封丘底部平剖面图及墓圹平面图

在墓圹的东西两侧插着 2 根原木,直到墓底,在这 2 根原木上面还有几根原木,这几根原木又支撑着一个东西向的覆盖物。在坑西端发现了绵羊骶骨和锈蚀严重的铁刀残块。尸体为一男性,仰身直肢,头向西。

M79:坟冢直径 6 米,高 0.38 米,剖面呈球状。底部为石圈,顶部为石块。墓圹长 1.85 米,宽 0.7 米,方向为东西向。在该墓圹偏北处还有 1 个小墓圹,长 1.6 米,宽 0.6 米,方向亦为东西向。

北墓圹:穴内发现腐烂严重的原木残余。在深 1.3 米处发现了绵羊骶骨,骶骨上有 1 把铁刀,长 10.3 厘米。绵羊骶骨长 16 厘米,尸体为直肢葬,头向西。

南墓圹:墓圹西端发现了腐烂的原木残余。在深 1.3 米处发现绵羊骶骨,上面插有 1 把铁刀,长 10.5 厘米,宽 1.5 厘米。尸体为直肢葬,头向西,右臂肘部微弯,腕骨位于盆骨处。大腿两侧发现一些青铜垂饰,长 6 厘米左右,看来有可能是用来装饰腰带的。

M82:坟冢直径 8 米,高 0.71 米,剖面呈球状。距坟冢南部 2.5 米处有一石块建成的地基,呈半圆形,宽 0.3 米。在深 0.45 米处的东部发现人肋骨、颅骨和颈椎骨的残余,而在西侧则发现了腐烂的原木。在半圆形的中部有 2 个墓圹,呈南北向排列,墓圹方向为东西向。

北墓圹:长 1.5 米,宽 0.6 米。里面发现了 3 块原木制造的棺盖残片。在深 1.1 处的墓圹西端发现了 2 件陶器。1 件为大口钵(图版三：4)，最宽处直径 22.5 厘米，高 8.5 厘米。钵里有绵羊骶骨和 1 件铁刀。另 1 件为细颈壶，高 11.5 厘米，口径 6 厘米，下腹部直径 10 厘米。与陶器一起发现的还有颅骨和躯干的残余。在墓圹东部还发现了部分盆骨及下肢骨。从发现的尸骨来看，头向应朝西。铁刀保存状况很差，刃部非常钝，长 10 厘米。

南墓圹：长 1.6 米，宽 0.6 米，在墓圹西端发现一些肋骨、颅骨残余以及肩骨和锁骨。在深 1.15 米处还发现了一些人骨和 5 块腐烂的原木残余，原木应该是横着覆盖在墓圹上方。在墓圹西端还发现了锥状的青铜制品，最宽处直径 2.7 厘米，最窄处为 1 厘米。从墓圹东端发现的尸体足骨来看，其头向应朝西。

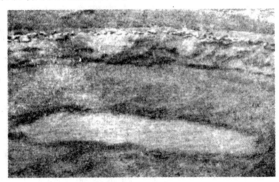

图 2-15　克孜劳兹 3 号墓地 M41 封丘底部的墓圹痕迹和石圈

2.1.5　汪古尔—科拉 1 号墓地

这处墓地位于距伊犁斯克 83 公里处的伊犁河上游右岸的一处台地上。1954 年共发掘了三组独立的墓葬，分别编号为 A、Б、B，这三处墓地之间相距约二三百米，并有宽阔的冲沟将其隔开。其中 A 组位于中心地带。

A 组共有 32 座墓葬，这片墓葬区南北长 350 米，东西宽 100~120米。墓葬排列得很密集。每一排大约有 3~4 座墓葬。其中南北两侧墓葬较小，中部的墓葬则较大。墓葬坟冢的直径从 2~12 米不等，高度在 0.05~1 米之间。表土为夹杂有碎石子的黄土。大多数墓葬有石圈。1957年发掘了位于北部的9座墓葬。

Б组位于A组以东250米,由3排墓葬组成,其中每排约有5~6座墓葬。这片墓葬分布的地区南北长700米;东西宽200米。墓葬均呈南北向排列。经统计共有21座墓葬,墓葬坟冢的直径从3~14米不等,高度在0.1~1米之间。其中西南和南部的墓葬较小,而北部的墓葬较大,高1米,直径14米。墓葬表土为黄土和碎石子。1957年发掘了其中的3座。(见图2-16)

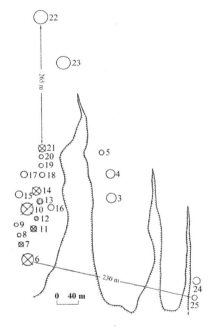

图2-16 汪古尔—科拉1号墓地"Б"组墓葬分布图

Б组位于A组以西500米,由22座墓葬组成。这片墓葬分布的地区南北长300米,东西宽150米。在西南部发现了16座排列紧密的墓上建筑,其余的墓葬可按每组2~3个分类。1957年发掘了其中的4座。这片墓葬中部共有两排,每排有4座墓葬,其余各排约有8座墓葬或更少。这样汪古尔—科拉1号墓地总共发掘的墓葬为16座。(见图17)

M21:坟冢东西长10米,南北宽8米,高0.63米,平面呈环状,剖面

·欧·亚·历·史·文·化·文·库·

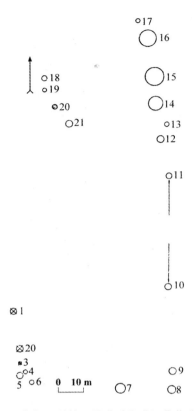

图 2 - 17　汪古尔—科拉 1 号墓地 "B" 组墓葬分布图

呈球状。在其顶部有很多石块。在表土中还可隐约看出有一个东西长
6 米,南北宽 4.3 米,高 1.1 米的石圈。墓圹长 2.4 米,宽 1 米,基本上
呈长方形,方向为东西向。在深 0.9 米处发现了 7 块腐烂的原木残余,
原木长 2.2 米,直径 10 ~ 15 厘米。原木下面又是一排横向的原木(指
棺盖,译者注),长 1 米,直径 10 厘米,原木之间靠得非常紧密。棺盖下
面有 1 具男性尸骨,仰身直肢葬,头向西。靠近南壁处发现 1 件陶壶,
壶口微侈,底部有突起(图版五:6)。在壶和颅骨之间还发现了绵羊的
尾骶骨,骶骨上插着 1 把铁刀。尸骨和随葬品均放在原木制造的棺里。
(见图 2 - 18)

　　M22:坟冢直径 7 米,高 0.53 米,形状为圆形,略有塌陷。在深 0.2
米的填土中发现了 3 片带有烟熏痕迹的陶器残片。从陶片的断口处可

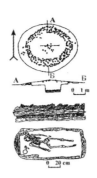

图 2 - 18　汪古尔—科拉 1 号墓地 M21 封丘底部平剖面图及墓圹平面图

以看出陶土为红色,且夹杂有小的砂石。墓的基础为石块筑成的石圈,宽 0.3 米,其中部可以看到有腐烂的原木残块,从北向南排列。原木从东向西遮盖着墓圹。

墓圹长 2.9 米,宽 0.9 米。穴内有原木残块、人的指骨和趾骨,另外还有 1 件小的陶器残片。在深 1.6 米处发现 1 具女性尸骨,仰身直肢葬,头向西。颅骨偏西处还发现了 1 件方形的白垩石(可能是用来梳妆打扮的,图版一:16)。与之共出的还有 2 件陶器,一件为钵(图版三:1),另一件为大口壶(图版五:8)。大口壶烧制得并不均匀,其所用的陶土里含有大量砂粒。这件器物高 15 厘米,下腹部直径 13 厘米,口径 10 厘米。钵为夹砂陶质,最宽处直径 24 厘米,高 9 厘米。在钵里发现了绵羊骶骨和 1 把铁刀,铁刀长 9 厘米,宽 1.3 厘米。颅骨右侧还发现了圆头的铁发簪残件。(见图 2 - 19)

M23:坟冢直径 7.5 米,高 0.5 米。其基础为小石块筑成的石圈。墓圹为东西向,环形,长 3 米,宽 0.85 米。在深 0.56 米处发现了 4 根并排的原木残块。在其下面还有 2 根原木,4 根原木的分布为:西面 1根,其余的均在墓圹东端。墓圹西端还发现了 1 件陶壶,高 14.5 厘米,口径 8.5 厘米,下腹部直径 12 厘米(图版五:3)。在深 1.1 米处发现 1具男性尸骨,仰身直肢葬,头向西。

M28:坟冢直径 7 米,高 0.4 米。其基础为石圈。墓圹为东西向,长 2.2 米,宽 0.8 米。在深 1.36 米处发现了 2 根原木,长 2.2 米,直径

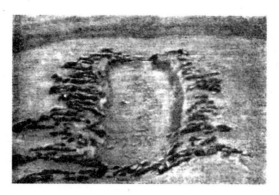

图 2-19   汪古尔—科拉 1 号墓地 M22 墓圹上的覆盖物

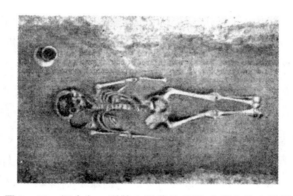

图 2-20   汪古尔—科拉 1 号墓地 M13 中出土的人骨架

15～20 厘米。在深 2 米处发现 1 具妇女尸骨,仰身葬,头向西,颅骨损坏严重。在其右侧还有 1 具儿童尸骨。妇女颅骨左侧还发现了 1 把铁刀和绵羊骶骨,以及 1 件破损的陶壶,陶壶上面饰有水波纹(图版五:1),其下部还有一层黑彩(直到底部)。在陶器和颅骨之间还有铁发簪、铁环和螺旋状的青铜耳环。在左肩和颅骨之间还有 1 面铜镜,铜镜为圆盘状,带柄,上面还有方形的孔(图版一:13)。颅骨右侧还发现了 1 件可能是用来放颜料的小陶罐(图版一:12),在其右侧太阳穴处发现了另 1 枚青铜耳环(图版一:6)。在颈项处还发现了很多串珠(彩版壹:3、6):其中包括小花玻璃珠(112 颗),中等大小的珠子(13 颗),小的光玉髓的珠子(18 颗),带釉的珠子,筒形的光玉髓珠子(2 颗),以及圆柱形的光玉髓珠子(6 颗)。(见图 2-21)

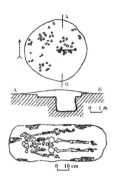

图 2 - 21　汪古尔一科拉 1 号墓地 M28 封丘底部平剖面图及墓圹平面图

M33:坟冢直径 6 米,高 0.35 米。墓内填土中发现有打碎的陶器残片。墓圹长 2.1 米,宽 0.8 米,方向为东西向。在深 0.8 米处发现 1 具妇女尸骨,仰身葬,头向西。颅骨左侧有 2 件陶器:一件为高脚大酒杯,高 9 厘米,最宽处直径为 15 厘米,底为圆形;另一件为敞口钵(图版三:2),高 9 厘米,口径为 24 厘米。钵内有绵羊骶骨,骶骨上插有 1 把铁刀。颅骨下面还发现 1 件残耳环。

2.1.6　别斯沙迪尔 2 号墓地

墓地于 1954 年被发现,位于伊犁河上游的一处台地上,在其东南还有大别斯沙迪尔墓地。墓地由三组独立的墓葬组成,分别编号为 A、Б、B,三组墓葬之间相距 150 ~ 300 米不等,这里到处都是冰雪融水冲积形成的沟壑。所有的坟冢均呈球形,系用黄土和碎石构建。

A 组位于墓地最西端,由 14 座由北向南排列的一串墓葬组成。这组墓地南北长 200 米,东西宽 100 米。每座墓葬的坟冢直径在 6 ~ 12 米之间,高 0.3 ~ 0.7 米。1957 年共发掘了这组中的 4 座墓葬,2 座位于北端,2 座位于中部,其中 2 座有石圈基础。

Б 组位于 A 组以东 150 米,墓葬分布区南北长 400 米,东西最宽处达 80 米。共有 20 座墓葬。每座墓葬的坟冢直径在 7 ~ 20 米之间,高 0.3 ~ 1 米。每座墓葬均有石圈。1957 年在中心地带发掘了 4 座墓葬。(见图 2 - 22)

M3:坟冢直径 8 米,高 0.5 米。发现有很多直径在 6 ~ 12 厘米的腐

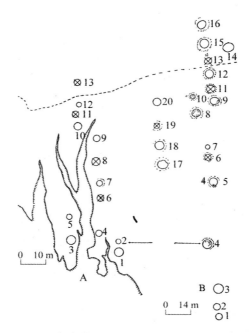

图 2 - 22　别斯沙迪尔 2 号墓地"A"组、"Б"组墓葬分布图

烂木杆残余。墓圹为椭圆形,东西向,长 2.5 米,宽 0.5 米。在深 0.7 米的西端发现 1 件带把手的陶罐,高 10 厘米,口径 10 厘米,下腹部直径 12.5 厘米。颅骨被打碎,在墓圹东端还发现了足骨。而在西端则出土了 2 根青铜针的残余。

M6:坟冢直径 9 米,高 0.72 米。表土中有一排石块。墓圹为环形,里面发现了厚壁陶器的残片。在深 1.55 米处发现了摆放凌乱的人骨,可以分辨出有脊椎骨和颅骨。在墓圹中央也发现了脊椎骨和被打碎的盆骨,墓圹东端则仅有足骨。在墓圹西端的人骨里还有很多残损的青铜饰牌,这些饰牌可能是衣服或腰带上的饰物。

M11:坟冢直径 7 米,高 0.55 米。墓圹为椭圆形,长 2.45 米,宽 1 米,东西向。在深 0.9 米的墓圹东端发现了 2 块人股骨残块和 1 块动物的角。另外,还发现了 1 件陶钵(口径 22 厘米,图版三:3)。陶钵里还有 1 把保存状况很差的铁刀,长 14.5 厘米。尸骨放置得很零乱,仰身直肢葬,头向西。在颅骨两侧及胸部还有光玉髓和玛瑙珠子(共 17

颗),形状各异,形成一个独特的项链(彩版壹:5)。其中有 8 个玛瑙珠和 9 个光玉髓珠:形状有方形、圆柱形、三棱柱状。另有 8 颗圆形的珠子。这 8 颗珠子看来是带在右手腕部的饰物。

上述这些墓葬在很多方面都是相似的,其中包括随葬品、葬具和葬式的特点和类型、墓上建筑的结构特点以及成串排列的坟冢等等。

例如卡普恰加伊 3 号墓地的 9 座墓葬就在下列这些方面很相似:所有墓葬都有石圈;所有墓圹的方向均为西北—东南向,葬式均为仰身直肢葬,头向均为西北向。

在随葬品方面,与南西伯利亚、阿尔泰和哈萨克斯坦等地的墓葬相比较,它们之间也具有相似性。其中 M18 中发现的细高颈球状腹陶壶与在阿尔泰地区阿拉克河口处发现的 M2 中出土的陶壶几乎一模一样,后者的年代鲁金科定为公元前 3 世纪至公元前 1 世纪。[1]

M21 石圈墓中出土的青铜刀的刀背不同于卡普恰加伊 3 号墓地出土的铁刀,但刀柄的形状却几乎相同。这个特点在更早的青铜刀上已体现出来,最早的大约为公元前 4 世纪末。[2]

M2、M24 和 M35 中出土的螺旋状青铜耳环与南西伯利亚、阿尔泰和其他地区发现的耳环也很相似。这种螺旋状的青铜耳环在公元前 1000 年末期是非常流行的随葬品。这类耳环看来与青铜时代的一种垂在鬓角的饰物很相似,并有可能起源于此物。

这种耳环最早的原型是金耳环,后者曾在切巴奇湖附近的墓葬[3]中出土过,时代为公元前 4 世纪。与伊犁河流域发现的这些耳环最相似的是在杜埃克塔村的卡拉克里墓葬中出土的青铜耳环,两者无论是在制造工艺还是大小都很相似,后者的时代为公元前 3 世纪至公元前

〔1〕C. И. 鲁金科:《斯基泰时代中央阿尔泰地区的文明》,莫斯科—列宁格勒,1962 年,第 15 页,图版十七,图 1。

〔2〕C. B. 吉谢列夫:《南西伯利亚古代史》,载《苏联考古学资料与研究》1949 年第 9 期,第 175 页,图 12。

〔3〕M. П. 格里雅斯诺夫:《早期游牧人时代的哈萨克斯坦北部地区》,载《苏联科学院物质文明史研究所报告及野外研究简报》1956 年第 61 期,第 10 页。

2 世纪。[1] 这种耳环以及各种垂饰在公元 1 世纪的很多遗迹中出土过。[2]

把这种金质和铜质耳环与相邻地区发现的同类耳环进行比较后可以看出,伊犁河流域出土的螺旋状耳环的时代为公元前 1000 年后半叶。

卡普恰加伊 1 号墓地出土的铁发簪形状各异,尽管如此,我们还是能从更早的材料中找到与这些发簪相类似的同类物品。与这些铁发簪相类似的出土物是阿伊塔布勒 2 号墓地 M2 中发现的骨制发簪,后者的时代为公元前 1000 年中叶。[3] 另外,卡普恰加伊 1 号墓地的铁发簪与 29Б 号墓地的 M12 出土的青铜发簪也很相似,后者的时代为公元前 4 世纪。[4]

M24 中出土的带铁舌的青铜扣环与阿尔泰地区的杜埃克塔村 M6 中发现的带扣也很相似,只是后者没有舌头。

M35 中出土的铜镜也曾在很多遗迹中出土过(带长柄的圆盘状的铜镜)。其中时代最早的 1 件出土于苏古鲁克,其时代为公元前 2000 年中叶。[5] 另外,科克切达夫[6]和巴泽雷克 M2[7]也曾出土过类似的铜镜,其时代为公元前 5 世纪。而与 M35 中出土的铜镜最接近的是库拉如勒克 M18 出土的铜镜,后者的时代为公元前 3 世纪至公元前 2

〔1〕С. В. 吉谢列夫:《南西伯利亚古代史》,载《苏联考古学资料与研究》1949 年第 9 期,第 191 页,图版三二,图 9。

〔2〕Л. 玛洛维茨卡娅:《塔母基的冢墓》,载《哈萨克苏维埃共和国科学院通报》(考古卷)1950 年第 2 期,第 120 页;Г. Г. 巴巴尼斯卡娅:《别勒卡里墓地》,载《哈萨克苏维埃共和国科学院历史、考古与民族研究所简报》1956 年第 1 期,第 203 页。

〔3〕К. А. 阿奇舍夫:《哈萨克斯坦北部的古迹》,载《哈萨克苏维埃共和国科学院历史、考古与民族研究所简报》(考古卷)1959 年第 7 期,第 21 页。

〔4〕《哈萨克斯坦考古地图》,阿拉木图,1960 年,图版三,图 66;К. А. 阿奇舍夫:《七河流域发现的塞人古迹》,载《哈萨克苏维埃共和国科学院历史、考古与民族研究所简报》(考古卷)1959 年第 7 期,图版四。

〔5〕А. Н. 伯恩施坦:《吉尔吉斯北部地区考古概述》,伏龙芝,1941 年,图版一。

〔6〕М. П. 格里雅斯诺夫:《早期游牧人时代的哈萨克斯坦北部地区》,载《苏联科学院物质文明史研究所报告及野外研究简报》1956 年第 61 期,第 10 页,第 9 页,图 1(3、8)。

〔7〕С. И. 鲁金科:《斯基泰时代阿尔泰山区的文化》,莫斯科,1953 年,图版二九,图 4。

世纪[1],以及卡拉石瓦克 M7 出土的铜镜(其时代为公元前 5 世纪至公元前 3 世纪)[2]。

M5 中出土的半球状碗以及 M20 中发现的骨制箭头均与公元前 1000 年末期的考古遗迹中发现的同类物品相似。[3]

将卡普恰加伊 3 号墓地出土的这些随葬品与该地区早期及邻近地区出土的同类物品进行对比后我们可以断定,卡普恰加伊 3 号墓地的年代为公元前 3 世纪初,且不晚于公元前 2 世纪。按照我们的观点,塞人和乌孙的文化是有继承性的。有关这方面的内容我们将会在第二编的第二章中涉及,二者之间的主要相似点是墓葬建筑和葬仪。

对乌特根 3 号墓地的 8 座墓葬进行研究后我们可以发现它们具有很多共同点,主要有:土坑墓占绝大多数、墓圹和尸骨的方向均为东西向,以及用原木来覆盖墓圹(例如 M28),最后,库尔干的形状也都基本相似。乌特根 3 号墓地的这些特点同样在卡普恰加伊 3 号墓地中也存在。

另外,在乌特根 3 号墓地中的 4 座墓圹中发现了 5 件陶器、螺旋状的青铜耳环、青铜带扣以及绵羊尾骶骨。其中 4 件陶器,即不包括儿童墓中出土的那件,均为半球状,并有凸出的底部以及圆形的腹部与凹陷的口部交替出现。其中 3 件陶器为碗,1 件为敞口钵。每件陶器均有泥塑的把手,其中一件还放在模子里。M16 和 M27 里均出土了半球状的碗,大费尔干纳运河 24 号地区也出土了此类器物,其时代为公元前一千年后半叶[4]。与另外两件乌孙时代的碗相同的陶器也曾在别勒卡林墓地出土过[5]。这样,这些半球状的碗的时代就可以确定为公

〔1〕C. C. 切勒尼科夫:《哈萨克斯坦东部地区 1948 年考古调查工作总结》,载《哈萨克苏维埃共和国科学院通报》(考古卷)1951 年第 3 期,图版八,图 5 - 6。

〔2〕Ю. А. 让德涅波洛弗斯基:《奥什州南部的考古遗迹》,伏龙芝,1960 年,图 42。

〔3〕С. И. 鲁金科:《斯基泰时代中央阿尔泰地区的文明》,莫斯科—列宁格勒,1962 年,第 15 页,图版三五,图 2。

〔4〕В. Д. 茹科夫:《开凿大费尔干纳运河过程中第二考古队的工作总结》,载《乌兹别克苏维埃共和国科学院历史与考古研究所通报》1951 年第 4 期,图版二。

〔5〕Г. Г. 巴巴尼斯卡娅:《别勒卡里墓地》,载《哈萨克苏维埃共和国科学院历史、考古与民族研究所简报》1956 年第 1 期,第 200 页,图版六。

元前 3 世纪至公元前 2 世纪。唯一与此年代相矛盾的出土物是 M16 中发现的螺旋状青铜耳环的残片,正如我们上面所提到的,这种耳环存在于公元前 4 世纪至公元前 3 世纪。

M27 中出土的敞口钵的边缘断面和其所用的陶土,以及 M28 中出土的半球状碗的凹陷的口部在更早的考古发掘品中都有所体现。M27 中出土的钵可与费尔干纳盆地古尼卡伊墓地 M17 的一号墓圹中出土的陶器相比较。[1] 在中亚地区公元 1 世纪初的遗迹中还没有发现过这类陶器,七河流域这个时代的墓葬中也几乎没有这类器物。通常这种陶器出现在较早的遗迹中。这样,M28 中出土的用含有细砂的陶土制成的圆底、口部内敛的碗与别斯沙迪尔墓地[2] M6 中出土的残陶器非常相似。

这类以半球状的碗为代表的陶器也曾在阿克塔姆斯[3]和古尼岗[4]墓地发现过。例如,古尼岗墓地的 M7 中发现的带垂直把手的陶罐就与伊犁河流域发现的半球状陶碗完全相同,只是后者没有把手而已。因此,伊犁河流域发现的这类陶器在时代时应属于公元前 1000 年中后期。上文提到的 M6 中出土的铁刀也与更早的青铜刀形状相似。具体说,前者刀柄末端加长且有环首,与南西伯利亚和阿尔泰地区[5]发现的早期青铜刀几乎相同。如果注意到铁刀与公元前 1000 年中叶的环首青铜刀的形状完全相同的情况,而更晚的墓葬中出土的刀并没有这个特点,那么我们就可以确定伊犁河流域发现的青铜刀的时代为公元前 3 世纪初。

---

〔1〕Н. Г. 伽勒布诺娃:《古尼卡伊墓地》,载《考古资料汇编》1961 年第 3 期,列宁格勒,图 5 (7)。

〔2〕К. А. 阿奇舍夫:《苏联考古调查田野日记》,载《哈萨克苏维埃共和国科学院历史、考古与民族研究所 1959 年档案》。

〔3〕Б. 3. 伽姆勒克、Н. Г. 伽勒布诺娃:《阿克塔姆墓地》,载《苏联科学院物质文明史研究所报告及野外研究简报》1957 年第 69 期,第 78—90 页。

〔4〕Н. Г. 伽勒布诺娃:《古尼卡伊墓地》,载《考古资料汇编》1961 年第 3 期,列宁格勒,177 页,图 5(7),第 184 页。

〔5〕С. И. 鲁金科:《斯基泰时代中央阿尔泰地区的文明》,莫斯科—列宁格勒,1962 年,第 15 页,图版二三,图 56。

这样,将陶器、耳环和铁刀进行分析后我们可以断定乌特根 3 号墓地的时代为公元前 3 世纪初至公元前 2 世纪。

克孜勒—厄斯帕墓地的墓葬从随葬品来看,具有斯基泰－萨尔马泰时代的特点,另外,与前面提到的 2 座墓葬在坟冢结构上也具有相似性。因此,克孜勒—厄斯帕墓地出土的随葬品具有很强的典型性。

其中在 M72 和 M97 中发现了相同的梨状壶,这种壶的底部为圆形,颈部较长。另外,它们均为手制,这类陶器曾广泛流行于公元前 1000 年后半期的墓葬中,特别是在七河流域和吉尔吉斯斯坦北部很常见。

与上述器物形状相似且用料相同的陶器在卡拉克里墓葬群中的 M1 的 2 号墓圹中也曾发现过,后者的年代为公元前 3 世纪至公元前 1 世纪。得出这个年代的证据还有那里发现的其他随葬品:如铁镞,这种镞与斯基泰时代的青铜镞很相似,而斯基泰的镞众所周知其时代为公元前 4 世纪初。[1] 我们同样也可以用陶器和葬具等来确定墓葬的年代为公元前 3 世纪至公元前 2 世纪。这与 A. H. 伯恩施坦用丘亚盆地发现的类似陶器所做的年代分析并不矛盾,那些陶器 A. H. 伯恩施坦也认为其属于公元前 3 世纪至公元前 2 世纪。[2]

M89 和 M97 中出土的青铜镜均为扁平的圆盘状。其中 M89 中出土的铜镜的柄是直角突出状的,另外在其中部还有圆角和半环形的孔,而 M97 中发现的铜镜则没有这些特点,但其边缘有 3 个孔,毫无疑问,这 3 个孔是用来固定木柄的。与 M97 中发现的铜镜最相近的铜镜发现于哈萨克斯坦西部的喀拉奥比墓地的 M13 中,这是 1 件带柄的铜镜,其时代为斯基泰－萨尔马泰时代。[3]

喀拉奥比墓地的 M4 和 M9 中也发现了与克孜勒—厄斯帕墓地

〔1〕M. B. 瓦耶沃斯基、M. П. 格里雅斯诺夫:《吉尔吉斯苏维埃共和国境内的乌孙墓葬》,载《古代史通报》1938 年第 3、4 期合刊,第 174 页,图 41。

〔2〕A. H. 伯恩施坦:《丘亚谷地》,载《苏联考古学资料与研究》1950 年第 14 期,图版十二,图 8。

〔3〕И. В. 西尼奇:《哈萨克斯坦西部地区考古调查》,载《哈萨克苏维埃共和国科学院历史、考古与民族研究所简报》(考古卷)1956 年第 1 期,第 138 页,图 13。

M97 中出土铜镜相似的铜镜。

而 M97 中出土的螺旋状的青铜耳环在公元前 1000 年中叶的遗迹中也很常见。这里补充一下,卡拉－奥伯墓地的 M9 中在尸体颅骨旁边也发现了这种耳环[1],因此我们可以确定伊犁河流域发现的这类青铜耳环其时代应为公元前 1000 年中叶。

带圆形刀背的铁刀与那些青铜刀的相似性也可以证明我们断代的正确性。另外,还有铁发簪、串珠、蟹螯以及用于染眉的小木棍这些随葬品也可以大体确定那些墓葬的年代。

对克孜劳兹 3 号墓地进行研究后可以发现,它们的年代并没有超出我们前面提到的 3 座墓葬的年代范围之外。克孜劳兹 3 号墓地中绝大多数是带石圈的墓葬,而且墓圹类型、尸骨头向以及随葬品特征都与这 3 座墓非常相近。

克孜劳兹 3 号墓地的 M6 中发现的陶器都具有一些共同的特征,如陶器边缘的断面和突出的底部。这些陶器的质地均为夹砂陶,另外烧制得也不均匀,在其断面上可以看到淡红色,在陶器的外壁还可以看到烟熏的痕迹。这些陶器与邻近地区发现的同类物品很相似。其中 M9 北墓圹中出土的底部明显简化的罐式陶器与大费尔干纳运河地区的卡什杰比墓地[2]出土的陶器很相似,后者的年代为公元前 3 世纪至公元前 2 世纪。而 M9(南墓圹)和 M7(北墓圹)中出土的 2 件腹部带钩形柄的陶钵则与 29Б 号墓中出土的陶钵无论是形状还是制造所用的材料都很相似,后者的年代为公元前 4 世纪。[3]

另外,M11 南墓圹中出土的半球状、边缘微折的陶器,与时代为公元前 3 世纪至公元前 2 世纪的哈勒古石墓地 M1 中出土的陶钵无论是制造工艺还是所使用的陶土均很相似。

---

〔1〕И. В. 西尼奇:《哈萨克斯坦西部地区考古调查》,载《哈萨克苏维埃共和国科学院历史、考古与民族研究所简报》(考古卷)1956 年第 1 期,第 125 页,图版十;第 129 页,图版十二。

〔2〕В. Д. 茹科夫:《开凿大费尔干纳运河过程中第二考古队的工作总结》,载《乌兹别克苏维埃共和国科学院历史与考古研究所通报》1951 年第 4 期,图版八。

〔3〕К. А. 阿奇舍夫:《七河流域发现的塞人古迹》,载《哈萨克苏维埃共和国科学院历史、考古与民族研究所报告》(考古学专号)1959 年第 7 期,第 214 页,图版五,图 5。

M82(北墓圹)中出土的陶器有球形底的敞口钵、细颈、圆底、口部微侈的梨形壶,这些器物与在花拉子模发现的早期康居时代的陶器基本没有差别。这种敞口钵也曾在卡拉雷－科勒[1]古城遗址发现过,其他形状相似的红釉钵在安岗－卡勒[2]的古典时代的遗址中也有发现。

这样,根据这些类型相似的陶器我们可以确定克孜劳兹3号墓地的年代为公元前3世纪至公元前2世纪。

对汪古尔—科拉1号墓地进行研究后可以发现,从墓上建筑的类型、墓圹的结构、墓葬的平面分布以及随葬品来看,均属于上文叙述的乌孙时代的特征。其中M21、M22和M23中出土的圆底、窄颈壶在七河流域和丘亚盆地的墓葬中也曾发现过。而丘亚盆地发现的壶按A.H.伯恩施坦的观点,其时代为公元前3世纪至公元前2世纪。[3]

而在M28中发现的第四件陶壶与前三件的差别是:前者从壶的口部经过颈部直到腹部有一些黑彩的弯曲线条。与其最相似的陶器在吉尔吉斯北部出土的布拉尼陶器群中也曾发现过,布拉尼陶器群的年代为公元前3世纪至公元前2世纪。[4] 这个年代与从M28中发现的带梯形柄的浅圆盘状青铜镜所推断出的年代并不矛盾。这种铜镜,正像我们所了解的,在七河流域存在的年代为公元前3世纪至公元前2世纪。敞口钵、半球腹的碗这些物品都证明了上述年代的正确性。这样我们就可以推断M28和M33中出土的青铜螺旋状耳环、铁刀和铁发簪的年代均为公元前3世纪初至公元前2世纪。

别斯沙迪尔2号墓地与上述几处墓地相比,其随葬品数量较少,因此我们判断其年代只能从墓葬结构、墓上建筑等方面来考虑。

这处墓地有4座墓能看出有圈形建筑。通常是使用普通的土坑,

〔1〕M.Г.瓦洛毕耶娃:《古典时代花拉子模的陶器》,载《花拉子模考古与民族调查成果集》,莫斯科,1959年,第4卷,第92页,图9(14)。

〔2〕M.Г.瓦洛毕耶娃:《古典时代花拉子模的陶器》,载《花拉子模考古与民族调查成果集》,莫斯科,1959年,第4卷,第108页,图17(26)。

〔3〕A.H.伯恩施坦:《丘亚谷地》,载《苏联考古学资料与研究》1950年第14期,图版十,图1,2。

〔4〕M.B.瓦耶沃斯基、M.П.格里雅斯诺夫:《吉尔吉斯苏维埃共和国境内的乌孙墓葬》,载《古代史通报》1938年第3、4期合刊,第179页,图41。

上面覆盖有原木。共发现 6 件陶器,还有绵羊骶骨、1 把铁刀和 1 件独特的饰物——各色串珠组成的项链。

陶器中有半球状的敞口钵,其外壁有垂直凹槽的装饰,形体较小的半球状碗,以及带钩形柄的高脚大酒杯,这些陶器与乌特根 3 号墓地、克孜劳兹 3 号墓地和汪古尔—科拉 1 号墓地出土的陶器非常相似。

由此就可以确定别斯沙迪尔 2 号墓地的年代为公元前 3 世纪至公元前 2 世纪。

从上文介绍的墓葬情况可以看出,这一时期的乌孙墓葬具有以下特点:

(1)墓冢五六成群,自北而南排成链状;

(2)墓冢四周和顶部均围以石圈;

(3)墓圹东西向,墓圹上架设圆木,且有在圆木之上再铺石者;

(4)陶器多为圆底,所用陶土多为夹砂陶,且制作较为粗糙;

(5)器形主要有窄颈壶、敞口钵、侈口半球状碗和带柄罐,使用布制的带状模板工艺,偶见有纹饰的带钩形柄的陶器;

(6)与塞人时期墓葬相比,已用铁器随葬,但数量仍少于青铜器,墓中多见绵羊骨(84% 的墓葬中出土了绵羊骨)。

2.2　公元前 1 世纪至公元 1 世纪的乌孙墓葬

2.2.1　乌特根 1 号和 2 号墓地

这就是简报[1]中著名的 2 号墓区,这两处墓地共发掘了 20 座墓葬,其中的一些墓葬可由发现的随葬品来确定其年代。(见图 2 - 23)1954 年发掘了 1 座巨大的墓葬,但由于其曾遭受过严重的破坏,因此很快就完成了清理工作。墓中发现了残铁镞和一段铁质的双锋剑。这两处墓地共有 5 座墓葬发现了随葬品。分述如下:

M3:坟冢直径 12 米,高 0.2 米,石圈宽 1.8 米。墓圹为西北—东南

---

〔1〕K. 阿奇舍夫:《伊犁河流域的考古工作总结》,1954 年,第 8 页。

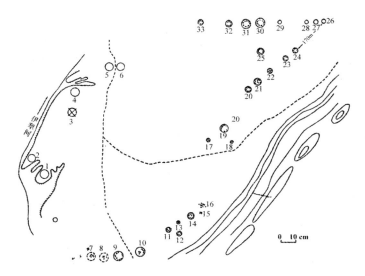

图 2 - 23 乌特根 1 号墓地墓葬分布图

向,长 2.4 米。墓圹中堆满高 1.55 米的石头,石头下面有芦苇覆盖物的残余。在靠近北壁处发现了 1 具男性尸骨,从其颅骨来看,与安德罗诺沃文化的人种类型比较相似。尸体为仰身直肢葬,头向西北,颅骨曾遭受过破坏。尸骨左侧发现了 4 块绵羊矩骨和骶骨,还有 1 把青铜刀(图版二:3)。尸骨右侧发现 1 件带乳头状把手的陶器,这件器物为平底,高 8.5 厘米,最宽处直径 11 厘米。青铜刀为单面刃,长 18 厘米,宽 1~1.3 厘米。棺在靠近北壁处,距地表深度为 1.4 米,其高度和宽度均为 0.5 米。(见图 2 - 24)

M4:坟冢直径 12 米,高 0.18 米。填土下面为石堆。墓圹长 2.95 米,宽 1.3 米,方向为西北—东南向。在深 1.2 米处发现了木棺,里面有 1 具具有安德罗诺沃文化人种特征的男性尸骨。尸体为仰身直肢葬,头向西北,尸体长 1.7 米。颅骨左侧发现 1 件平底陶壶(图版五:10),高 15 厘米,颈部直径 7.5 厘米,底径 7 厘米。与陶壶一起发现的还有绵羊骶骨,骶骨上插有 1 把铁刀(图版二:2),长 14.5 厘米,宽 1.5 厘米。另外还发现了 6 块矩骨。(见图 2 - 25)

M5:坟冢直径 10.5 米,高 0.15 米。在其表面可以看到有石堆,方

欧·亚·历·史·文·化·文·库·

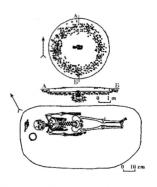

图 2 - 24   乌特根 1 号墓地 M3 封丘底部平剖面图及墓圹平面图

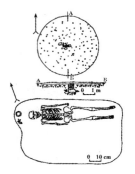

图 2 - 25   乌特根 1 号墓地 M4 封丘底部平剖面图及墓圹平面图

向为东西向。石堆下面为方形墓圹,长 2.4 米,宽 1 米。在深 1.88 米处发现 1 具男性尸骨,仰身直肢葬,头向西。面朝南,右臂微屈,手置于大腿处,尸体长 1.7 米。在其西侧发现 1 块绵羊骶骨,上面插有 1 把铁刀。(见图 2 - 26)

M67:坟冢直径 8 米,高 0.27 米。墓圹表面有石圈。墓圹长 2.15 米,宽 0.65 米,方向为西北—东南向。在深 1.25 米处发现了很多大石块。在墓圹西端发现 1 件陶制的平底高脚大酒杯,在其上腹处还有乳头状的把手(图版六:11)。这件器物高 9 厘米,口径 12.5 厘米,腹径 15 厘米,底径 8 厘米。棺中发现 1 具经过扰动的女性尸体,从其颅骨来看,与安德罗诺沃文化的人种类型相似:仰身直肢葬,头向西北。尸体脸部略朝北,长 1.4 米。颅骨西侧发现了绵羊骶骨,上面插有铁刀。

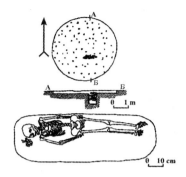

图 2 - 26　乌特根 1 号墓地 M5 封丘底部平剖面图及墓圹平面图

在颅骨旁边还发现了 18 颗圆柱状的光玉髓珠子和三棱柱状的黑黄色串珠,长约 0.5 厘米。颅骨下面还发现 1 件铁发簪,长 10.4 厘米。(见图 2 - 27)

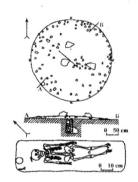

图 2 - 27　乌特根 2 号墓地 M67 封丘底部平剖面图及墓圹平面图

2.2.2　泰加克 1 号墓地

这就是简报中的 25 号墓区[1],1954 年发现,距伊犁斯克镇 64 公里,位于伊犁河的上游地区的一片河滩地上。墓地西北到东南长 2.5公里,西南到东北宽 1 公里。墓地是由 25 个带石堆的冢墓组成的。各墓的墓上建筑大小不一,直径在 6 ~ 30 米之间,高度在 0.2 ~ 3.5 米之间。

─────────────

〔1〕K. 阿奇舍夫:《伊犁河流域的考古工作总结》,1954 年,第 17 - 19 页。

·欧·亚·历·史·文·化·文·库·

坟冢分球形和梯形两种,呈链状分布。墓地西北部有呈链状分布的 5 座墓,自北向南排列,总长度为 900 米,每座墓的间距为 150～300 米之间。墓地东南部也有呈链状分布的 5 座墓,各墓的间距为 70～150 米之间。其他的墓则排列得比较紧密。在那些巨大坟冢的东南部还有稍小一点的坟冢,但这些小坟冢排列得比较杂乱。在这些小坟冢下面的墓圹中还发现了石块。墓圹中的石圈部分宽 0.3～2 米。

1954 年,在墓地的东南部发掘了 4 座墓。1958 年,继续清理,又发掘了 12 座墓。1959 年,发掘了 1 座大墓——M12,其坟冢直径 30 米,高 3.5 米。为了加快发掘工作的速度,在坟冢里打了一条东西向的探沟,长 10 米。其余的墓葬(1A、2Б、4A、15Б、16Б、1、3、4、5、6、4Б、7、6A、17、19)则采用了揭顶的方法进行发掘。分述如下:

M1A:坟冢直径 6 米,高 0.5 米。填土中有一些厚壁陶器的残片。墓圹为东西向,长 2.8 米,宽 0.75 米。墓圹中发现了 2 件陶器残片和一些腐烂的木头。在深 0.9 米处发现了 1 具尸骨,仰身葬,头向西。

颅骨左侧有一陶罐,高 9 厘米,口径 9.3 厘米,腹径 12.5 厘米,底为圆形。颅骨西侧还发现了绵羊骶骨,骶骨上插有 1 把铁刀,长 11 厘米。颅骨下面还发现了 2 枚铁质发簪,长 5.5 厘米,铜丝长 1.4 厘米,直径 0.15 厘米。尸骨的颈部还发现了 2 枚螺旋状的青铜耳环。颅骨左侧 15 厘米处,有 1 件形状不规则的铁器。在盆骨和肋骨之间还发现了一些铁片,长 4.2 厘米,厚 0.5 厘米。

M15:坟冢直径 8 米,高 0.35 米。填土中发现了有壶嘴的陶器残片,陶质疏松,含有大量砂石杂质。墓圹位于石圈中部,在墓圹边缘还发现了腐烂的原木。墓圹长 2 米,宽 0.6 米,为西北—东南向。墓圹中还发现了腐烂的直径约 10 厘米的木杆残余,墓圹中部则出土了陶器残片和 2 颗圆柱状的绿松石珠饰。

靠近北壁的棺板深入地下 20 厘米,而靠近南部则保留的比较完整,与棺底相连,棺突出部的宽和高均为 15 厘米。棺中有 1 具女尸,从颅骨类型来看,属中亚河中地区的人种类型。仰身直肢葬,头向西北。颅骨略偏北。颅骨右侧发现 1 件被打碎的陶器,陶器有把手,还有贴塑的乳突(图版六:9)。颅骨西侧还有绵羊的尾骶骨和1把铁刀,铁刀长7厘米,刀柄宽1.2厘米,刃部宽0.5厘米。铁刀有明显的曾装过截面为方形的刀柄的痕迹。在颈椎骨下面还发现了4颗珠饰,其中1颗为椭圆形。(见图2-28)

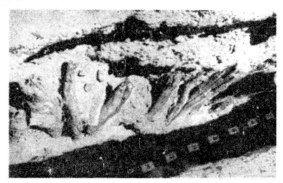

图2-28　泰加克1号墓地M15中的侧穴

M2Б:坟冢直径9米,高0.6米,塌陷严重。墓圹长2.6米,宽0.9米,平面呈方形,东西向。圹内堆积着大量砾石。墓圹内靠近北壁处还发现了斜向排列的腐烂原木。砾石下面有1具具有中亚河中地区人种类型特征的妇女尸骨,仰身直肢葬,头向西。颅骨右侧有1件带流的陶器。陶器内有绵羊的骶骨和铁刀。与陶器并排的还有1件木钵,直径18~20厘米,高7~9厘米。另外颅骨旁边还发现了3颗珠饰,呈球形,蓝白色。颅骨左侧有1枚铁发簪和2个螺旋状的青铜耳环。(见图2-29)

M4:坟冢直径6米,高0.12米。在填土内发现了3块陶器残片。共有南北2个墓圹。

南墓圹长2.6米,宽0.65米,东西向。在深0.76米处发现了尸骨和2件陶器。尸骨为男性,有扰乱痕迹。属长颅型,仰身直肢葬,头向西。1件陶器放在颅骨和北壁之间,陶器里有绵羊的尾椎骨(图版三:7)。另1件陶器较小(图版四:14),与前者并排放置。

北墓圹长1.8米,宽0.6米,东西向。在深0.93米处发现尸骨和2件陶器。尸骨为男性,属欧罗巴人种类型,与安德罗诺沃文化的人种类

·欧·亚·历·史·文·化·文·库·

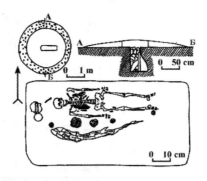

图 2-29　泰加克 1 号墓地 M2Б 封丘底部平剖面图及墓圹平面图

型比较接近。仰身直肢葬,头向西。2 件陶器(图版四:17)均位于颅骨左侧,其中 1 件里面还有 1 个浅腹钵(图版三:8),钵里有绵羊的椎骨和骶骨。(见图 2-30)

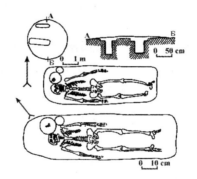

图 2-30　泰加克 1 号墓地 M4 封丘底部平剖面图及墓圹平面图

M3A:坟冢直径 10 米,高 0.4 米。墓道从西侧伸入石圈。墓圹为东西向,长 2 米,宽 1.1 米。墓圹周围有篝火的痕迹。尸骨放在靠近北壁处,仅腿骨比较完整,其他的骨头已被盗墓者所扰乱。尸骨为一女性,属中亚河中地区的人种类型。

在散乱的尸骨中发现了 3 件铁发簪的残段和 1 件被打碎的陶器,这件陶器为带乳突状把手的深腹罐(图版六:5)。在墓圹底部还发现了 1 颗光玉髓的圆形串珠。

M17:坟冢直径 12 米,高 0.55 米,有直径 8 米的石圈建筑。在墓葬表面有腐烂的原木,原木下面为墓圹,长 2.7 米,宽 1 米,西北—东南向。在墓圹边缘还发现了腐烂的木头。在墓圹中部是已被盗扰过的尸骨,保留下来的有大腿骨、上臂骨、肩胛骨和脊椎骨。

在墓圹西南角还发现了 1 件金饰牌。墓圹内共发现了 171 颗珠饰,大多为石质(彩版壹:2)。

2.2.3 克孜劳兹 2 号墓地

这就是简报中的 29 号墓区,共发掘了 4 座墓葬。[1] (见图 2-31)

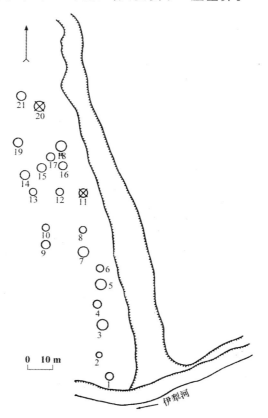

图 2-31 克孜劳兹 2 号墓地墓葬分布图

M15:坟冢直径 8 米,高 0.63 米。填土里发现了腐烂的原木,原木

〔1〕K.阿奇舍夫:《伊犁河流域的考古工作总结》,1954 年,第 21 页。

原先是覆盖在墓圹上的。墓圹长 2.1 米,宽 0.7 米,东西向。在深 1.25 米处的墓圹西端有 2 件破损的陶器,与其共出的还有人的颅骨和肋骨;在墓圹东端则发现了肩骨的残余,上面有工具的撞击痕迹。

被打碎的陶器是 1 件带把手的深腹罐,罐身上有为了起固定作用而钻孔的痕迹(图版七:6)。这件陶器高 15.5 厘米,口径 8.5 厘米,腹径 15.5 厘米,平底,腹部有一乳突状的把手。另 1 件陶器为圆底,边缘线很清楚,口径 9.5 厘米。

M20:坟冢直径 8 米,高 0.48 米。在墓葬表面有腐烂的原木,原木呈方形覆盖在墓圹表面,墓圹长 2.27 米,宽 0.7 米,东西向。原木每根直径为 10~16 厘米,呈南北向盖在墓圹表面。在深 0.58 米的墓圹西端,发现了 1 件短颈壶,口径 10 厘米,高 16 厘米;腹径 16 厘米,平底,直径 8 厘米(图版七:5)。壶的肩部有一钩形的小把手。陶器附近还发现了青铜耳环。墓中的人骨曾被盗扰过,摆放散乱。

2.2.4 卡尔干 1 号墓地

墓地发现于 1954 年,位于伊犁河右岸的一处台地上,其东南 2 公里处有一沙丘,也就是大小卡尔干山之间的一处峡谷里。墓地分布的面积约为 2 平方公里,南北长 600 米,东西宽 400 米。墓地从河岸向北方的宽广地带延伸。墓地由 118 个类型不同的墓葬组成。墓上建筑的基本形式为带石堆的坟冢,这些石堆成行排列,每行约有 3~4 个,从南向北形成了很多行。墓地南部的墓葬数量较少,坟冢由小石块和黄土组成,直径为 5~15 米,高 0.1~0.4 米,分布的比较零散,与墓地总体平面布局相比,显得不够协调。(见图 2-32)

墓地南部的坟冢周围有很多小石圈,距墓中心的石堆约 3~4 米。墓地北部墓葬的坟冢直径为 4~16 米或更大一些,高 0.2~1 米,另外在石堆的西侧还有环状的石堆。石堆位于一个用很多石块堆积形成的独特出口里,出口通常建在石圈的西部。个别墓葬则建在东部。

石堆的规格在 3 米×4.5 米之间,一般呈南北长、东西宽的形状,距中心石堆 4~7 米。墓地北部有一组由 5 个带环状石堆的坟冢组成的墓葬群,其中 1 个石堆周围有方形的石圈。略向北,在道路旁边,还

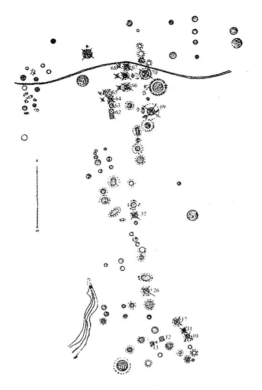

图 2 - 32　卡尔干 1 号墓地墓葬分布图

　　有一些带石堆的坟冢,这些石堆是由各种碎石堆成的。在它们的西侧距石堆基础 4 ~ 5 米处,分布着一些环形的石堆,这些石堆为东西长、南北宽的结构。

　　墓葬的平面分布和结构,说明了这处墓地存在着一个埋葬早晚的事实,早期的墓葬多位于南部,晚期的则多位于北部。1958—1959 年间共发掘了 14 座墓葬和 8 座环状的石堆。分述如下:

　　M17:坟冢直径 11 米,高 0.4 米。在石堆西部深 0.1 米处发现了 1 件平底陶器的残余,制造陶器的陶土中含有大量颗粒状的砂石等杂质,另外还发现了 1 件圆底陶器的残片。墓圹长 2.3 米,宽 0.7 米,东西向。在深 0.6 米处发现了尸骨,头向西。墓坑中还发现了肋骨、盆骨和右股骨。尸骨为一女性,属中亚河中地区的人种类型。颅骨左侧还发现了1件带把手的陶罐,颅骨右侧则发现了1把青铜锥,长21厘米(图版二:10、11)。

M37:坟冢直径11米,高0.6米。在墓葬表面有用大石块建造的方形石堆,石堆东西长3.2米,南北宽2.8米,高0.6米。墓圹长1.9米,西端宽0.45米,东端宽0.8米。在墓圹靠近北壁处发现了棺的痕迹,棺宽0.45米,高0.4米。在墓圹西端,颅骨左侧有1件侈口高领罐(图版五:11)。罐底微凸,内壁上有织物的痕迹。

尸骨为一女性,属中亚河中地区的人种类型,仰身直肢葬,头向西。颅骨西侧还发现了1把残铁刀,长7厘米,宽2厘米,与其并排的还有2件圆形金饰牌。饰牌上刻着一对螺旋线的纹饰,系用压模法制成。在膝关节处还有1颗圆形的光玉髓珠子和1块中部有透孔的锥体白垩石。(见图2-33)

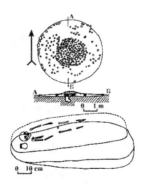

图2-33 卡尔干1号墓地M37封丘底部平剖面图及墓圹平面图

M60:坟冢直径11米,高0.5米。距墓中心7米有一石头制造的正方形石圈,边长为16.7米。

石圈东西两侧各有一个高0.4米的入口。在距石圈4米处还有一个环状石堆,高3米,宽2米,为南北长、东西宽的结构。墓表还有一个石圈,直径6米,宽1.7米,高0.5米。墓圹长2.5米,最宽处为0.55米。有棺,棺中的人骨摆放散乱。墓圹东端发现了1颗镟状的光玉髓珠子和1颗带穿孔的四棱状珠子。除此之外,墓坑内还发现了一些铁器的残片和绵羊的尾骶骨,以及青铜耳环残余。

清理完出口后,在其下面 0.2 米处———一块大圆石的东南部,发现了一个直径 0.3 米的灰色块斑。

在环形石堆的东南角发现了 1 件直领凸底的陶器。陶器高 28 厘米,腹径 30 厘米,直口微侈。(见图 2-34)

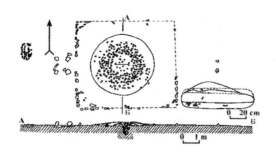

图 2-34　卡尔干 1 号墓地 M60 封丘底部平剖面图及墓圹平面图

M61:坟冢直径 5 米,高 0.15 米。墓圹形状为圆角长方形,东西向,长 2 米,宽 0.5 米。在深 0.6 米处发现了一些小石块和砂石,再往下发现了 1 具女性尸骨,仰身直肢葬。

颅骨右侧有 1 件直口低领平底罐(图版九:5),罐高 12.5 厘米,口径 2.5 厘米,腹径 13.5 厘米。在尸骨的左膝关节处还发现了 1 块直径 3.5 厘米的白垩石。

M62:坟冢直径 9 米,高 0.3 米。有石圈,直径 4.8 米,在其中心位置有 4 堆篝火的痕迹。墓圹为长环状,东西向,长 2 米,宽 0.5 米。在深 1.75 米的西端发现了陶器。墓主为一女性,仰身直肢葬。颅骨左侧发现 1 件梨状陶器,平底、带钩形的把手、直口。器高 11.5 厘米,口径 10.9 厘米,腹径 15 厘米。颅骨右侧发现 1 把锈蚀严重的铁刀,长 11 厘米,宽 2 厘米。在右腕部还发现 1 件青铜手镯(图版一:10),左手上还发现了 1 块白垩石。

M63:坟冢直径 5 米,高 0.2 米,有石圈,石圈直径 4.3 米,宽 0.35 米。墓圹长 1.75 米,宽 0.4 米,东西向。里面有砂石和小石块。在深 1.55 米处发现了尸骨,仰身直肢葬,头向西。在颅骨右侧,即靠近南壁的突出部分处发现了1件平底陶器(图版九:7)。另外,在颅骨的两侧还发现了2枚用铜丝编成的螺旋状耳环。

此外还发现了一个石堆,规格为3米×2米,在其东南角处发现了1件陶壶,陶壶的腹部较长,呈梨状,颈部较宽,口部微侈(图版五:9)。

M67:坟冢直径6米,高0.25米。有两个石圈,二者之间相距3米,另外还有一个环形的石堆,南北长2米,东西宽1米。墓圹长2米,宽0.55米,东西向。在深1.25米处发现了1具男性尸骨,仰身葬,头向西。颅骨右侧有一陶器,高16厘米,口径8~9厘米,颈部直径6~7厘米,腹径13~14厘米(图版六:8)。在陶器和颅骨之间还发现了绵羊骶骨和1把铁刀,铁刀长11厘米,宽2厘米。在环形石堆深0.3米的东南角处还发现了1件破损的陶器(图版九:8),腹径24厘米,长颈、鼓腹、平底。

M70:坟冢直径12米,高0.8米。顶部有很多石块,有石圈,直径21米,宽1.2米。在石圈西部有一入口,高0.4米。入口对面是由5个大石堆组成的石圈,规格为3米×3米。距此以西4米处还有1个4米×2米的方形石堆,南北长,东西宽。墓道下面还有1个石圈,直径8.5米,宽1米。在其中心位置有1个石堆,东西向,长3米,宽1.9米。墓圹长2.8米,在深0.8米处有一石堆,石堆中发现有少量的木炭。墓主的颅骨缺少下颌骨,发现了臂骨、脊椎骨和一些小骨头。另外,还出土了3块铜镜的残片和一些绵羊尾骶骨。在墓圹的东端,即靠近北壁处还发现了小腿骨。

在清理这5个大石堆组成的石圈时发现,在深0.1米处的北半部有7处篝火痕迹,这7处篝火痕迹分2排,呈南北向排列。

在石堆东南角深5厘米处还发现了1件直口凸底陶器,陶器残高20厘米,腹径22~23厘米。经初步推测,这件陶器原高约35~40厘米。(见图2-35)

2.2.5 阿尔金—厄密尔1、3、4号墓地

1957年在伊犁河流域的考古调查中被发现。位于莫伊尼塔山脚的一处台地上,距萨勒-澳采克车站67公里,巴尼菲勒城以北。墓地

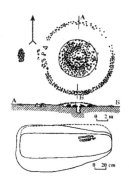

图 2 - 35 卡尔干 1 号墓地 M70 封丘底部平剖面图及墓圹平面图

可分为东西两部分,有一列坟冢呈链状分布,其余的则分布的比较散乱。

墓地东西长 300 米,南北宽 250 米。统计共有 36 座墓葬,可以分成 4 组。坟冢内含有很多碎石块,其直径在 6 ~ 8 米之间,不算太高。有些坟冢周围还有石圈环绕,并有不大的环型石堆,与卡尔干 1 号墓地很相似。墓地中还可以看到圆形的石墙,石墙建在表土层之上。

与这些墓葬并排的还有被我们称为"克斯勒 - 萨伊"的墓地。这处墓地与阿尔金—厄密尔墓地相邻。1959 年共发掘了 19 座墓葬及石墙和石堆。其中 9 座(包括石墙)早年曾被盗掘过,里面只发现了少量的人骨。

剩下的墓葬中,又有 5 座墓的人骨曾被盗扰过,而且没有随葬品。仅有 3 座墓葬的人骨没有被盗扰,其中 2 座还发现了陶器和绵羊的尾骶骨,另 1 座则发现了铁刀。最后剩下的 2 座墓中则什么也没有发现。下面通过说明阿尔金—厄密尔墓地和"克斯勒 - 萨伊"的 2 座墓葬以及出土的随葬品来对其时代做出判定。

M2(阿尔金—厄密尔 4 号墓地):坟冢直径 6 米,高 0.2 米。在表土中有石圈,直径 6 米,在其中心位置有一个墓上石堆,其方向为东北—西南向。墓圹长 1.9 米,宽 0.9 米,里面堆满了石头。在墓圹内靠近北壁处发现了棺,棺上覆盖有很多木杆。墓主为一女性,属中亚河中地区的人种类型,仰身直肢葬,头向西南。颅骨右侧发现了 1 件梨形陶器,高 17 厘米,腹径 13 厘米(图版九:1)。器底微凸,表面涂有红釉,器身上还有把手,薄壁,所用陶土较为致密,烧造得很精致。

M2(克斯勒 - 萨伊墓地):坟冢直径 8 米,高 0.4 米。在距基础 4.5 米处有一石圈,直径 14 米。在表土西侧石圈旁边还有一石堆,直径 3.2 米,方向为东北—西南向。

墓圹为环形,长 3 米,宽 1 米,东北—西南向。里面有很多大石头,深达 0.4 米。石头下面有一石棺,石棺由一些小石板拼成,石棺长 2.7 米,宽 0.8 米。

墓主躺在石棺里,仰身直肢葬,头向西。颅骨旁边发现 1 把铁刀,在棺的南壁和西壁的交接处还有 2 件圆底钵,其中 1 件高 6 厘米,底径 10 厘米。另 1 件高 7 厘米,底径 13 厘米。它们均由较为致密的陶土制成,烧造得很好,薄壁,器表上绘有红彩。位于坟冢西南的石堆里则没有发现任何随葬品。

上述 2 座墓葬在随葬品、墓上建筑以及葬式类型等方面与其他墓葬具有很多共同点。

乌特根 1 号和 2 号墓地中共发现了 4 件陶器、4 把铁刀(1 件青铜制,其余均为铁制),还有铁发簪、光玉髓的珠子和绵羊骨头。其中 3 件陶器为敞口钵,平底,有乳突状的把手;另 1 件为带底板的壶,这些都不是前一阶段乌孙陶器的特点。所有陶器的把手都是贴塑而成的,且把手都有模子。陶壶的底板和陶钵上的乳突状把手都与前一时期乌孙的陶器表现出了明显的不同。

A. H. 伯恩施坦在分析了吉尔吉斯斯坦北部发现的材料后指出,陶器上带凸出的把手最早出现于公元 1 世纪。这种陶器在突厥时代非常流行。将表土的结构、葬仪以及陶器类型等情况综合起来考察,我们认为上述这些墓葬的年代与德日勒格斯墓地[1] M1 的年代基本相当,后者的年代为公元前 1 世纪至公元 1 世纪。德日勒格斯墓地发现的陶器

---

〔1〕A. H. 伯恩施坦:《丘亚谷地》,载《苏联考古学资料与研究》1950 年第 14 期,第 55 - 56 页,图 27(4)。

把手与上述墓葬发现的把手在制造工艺上完全相同,区别只是大小不同而已。而在 M4 中发现的带底板的陶壶无论是在制造工艺、陶土结构方面还是器形方面与萨卡罗夫卡墓地[1] M5 出土的陶壶都很类似。毫无疑问,底板是起支撑较大的陶器的作用的。按照我们的观点,这是受中亚陶器支架制造工艺影响的。M3 出土的青铜刀的年代也与我们所确定的年代不矛盾。这件青铜刀有明显的刀柄,这种刀柄在突厥时代的铁刀上被改造成为木柄[2],因此并不是乌孙时代刀的特点。

因为与乌特根 1 号和 2 号墓地出土的随葬品基本相似,所以我们可以将阿尔金—厄密尔 1、3、4 号墓地的年代定为公元前 1 世纪至公元1 世纪。

同样的随葬品也曾在泰加克 1 号墓地发现过。另外,从表土的结构、葬仪等方面来看,泰加克 1 号墓地也与上面提到的墓地基本相似。泰加克 1 号墓地已发掘的 16 座墓葬中有 10 座有石圈,其中 4 座位于表土中心位置,另外 6 座则位于坟冢旁边。16 座墓葬中又有 8 座坟冢下面有带木板的墓圹,6 座为土圹,1 座墓圹上还覆盖着木头。通过对照可以看出,这些墓葬主要有两个特征:墓上的石圈和使用带木板的墓圹。

泰加克 1 号墓地出土的随葬品并不多,仅有 9 件陶器,3 把铁刀和几个螺旋状的青铜耳环、光玉髓的珠子、铁器的残片等。其中用来断代的主要材料是陶器。陶器中有 4 件是低矮的大酒杯,平底,口部微侈,有的在腹部有贴塑的把手;3 件为浅腹钵,平底,其中 1 件为木制,剩下2 件为壶状,均带有流。

其中 M1 出土的低矮大酒杯无论是器形还是所使用的陶土都与阿拉姆西克墓地 M104 中出土的陶器相同,后者的年代为公元前 2 世纪

〔1〕A. H. 伯恩施坦:《丘亚谷地》,载《苏联考古学资料与研究》1950 年第 14 期,第 50 页,图23(10)。

〔2〕Л. П. 雅波利:《伊塞克湖的考古收获》,载《苏联科学院物质文明史研究所报告及野外研究简报》1957 年第 69 期,图 4。

至公元 2 世纪。[1] A. H. 伯恩施坦为这类陶器确定了一个大的年代范围。在七河流域早期的墓葬(公元前 3 世纪至公元前 2 世纪)中,正像我们所看到的,这类陶器非常少见,因此我们可以将这类陶器的年代定为公元 1 世纪。这个年代是根据 M4 发现的平底钵得出的,这种钵在德日勒格斯墓地 M2 中也曾发现过,A. H. 伯恩施坦确定的年代为公元 1 世纪。[2]

得出这个年代的证据还有泰加克 1 号墓地 M15 和 M2Б 出土的陶器,它们的共同点是都有流,另外均为平底。

这些特点均与七河流域[3]早期墓葬出土的茶壶式陶器具有密切的联系。二者的差别仅仅在于流的位置和器底的形状。将 M15 和 M2Б 出土的陶器在形状和风格方面进行比较后可以看出,它们并不具有早期陶器的特点,而是受塔什干绿洲地区陶器的影响。在此我们完全同意 A. И. 杰列诺日奇的观点,他认为,布勒古留克墓地[4]出土的晚期陶器在陶器口部边缘出现了流。由此出发,我们认为包括 M15 在内的所有泰加克 1 号墓地的墓葬的年代为公元前 1 世纪至公元 1 世纪。

另外 M1A 出土的青铜耳环也是我们所熟知的螺旋形状。这种耳环上面还有垂饰,而这种垂饰在公元 1 世纪[5]时曾广泛流行过。有这么多的证据使我们可以确信泰加克 1 号墓地的年代为公元前 1 世纪至公元 1 世纪。

克孜劳兹 2 号墓地从其出土的随葬品来看,时代也可定为公元前 1 世纪至公元 1 世纪。该墓地总共出土了 9 件陶器,其中 4 件为平底,5

〔1〕A. H. 伯恩施坦:《丘亚谷地》,载《苏联考古学资料与研究》1950 年第 14 期,第 53 页,图 26(11,12)。

〔2〕A. H. 伯恩施坦:《丘亚谷地》,载《苏联考古学资料与研究》1950 年第 14 期,第 58 - 60 页,图 27(6)。

〔3〕K. A. 阿奇舍夫:《七河流域发现的塞人古迹》,第 212 页,图版三;第 214 页,图版五(1,2)。

〔4〕A. И. 杰列诺日金:《塔什干运河中发现的古代遗迹》,载《苏联科学院乌兹别克斯坦分院通报》1940 年第 9 期,第 33 页。

〔5〕Г. Г. 巴巴尼斯卡娅:《别勒卡里墓地》,载《哈萨克苏维埃共和国科学院历史、考古与民族研究所简报》1956 年第 1 期,第 203 页。

件有钩形的把手。它们与邻近地区出土的陶器很相近,例如,M15 出土的陶器在形状、陶土的质地、把手以及制造工艺等方面都与伊塞克湖[1]地区的萨卡罗夫卡墓地的 M5 中出土的陶器相似。

再将这个墓地出土的其他陶器与那些有确定年代的同类物品相对照看,同时把墓葬建筑的类型、坟冢的形状以及葬仪等方面的因素考虑进去,我们就可以确定克孜劳兹 2 号墓地的年代为公元前 1 世纪至公元 1 世纪。

再看卡尔干 1 号墓地出土的随葬品,将其与邻近地区发现的材料相对照看,我们可以看出它们之间具有很多共同之处。卡尔干 1 号墓地的大多数墓葬表土上没有石圈,石圈通常是在表土下面和墓圹内填土的上面。葬仪中多数墓圹南壁上有龛。很多坟冢旁边还有用于祭祀的石堆,石堆的东南角还有陶器。所有这些都可以使我们将卡尔干 1 号墓地的年代确定下来。

M17、M61、M67 和 M68 出土的陶器口部均微侈,另外陶器的边缘部分形状也非常类似。M63 和 M67 的石堆中出土的陶壶与七河流域发现的早期(公元前 3 世纪至公元前 2 世纪)陶壶很相似,区别在于前者的底部较平、陶土纯度高以及口部略向外折。这些特征使我们将卡尔干 1 号墓地的年代可以定为不早于公元前 1 世纪。

这处墓地的 M37 中出土的陶器也对判定其时代具有特殊的意义。这件陶器的腹部为长圆柱状,从其腹部的中部开始变宽,直到口沿。这种陶器在乌孙早期的遗迹中没有发现过。

德日勒格斯墓地的 M2 中也曾发现过这种陶器。A. H. 伯恩施坦将德日勒格斯墓地的年代定为不早于公元前 1 世纪。[2] 这种陶器与伊塞克湖地区发现的陶器也很类似,区别在于前者的腹部中部没有把手。M17 和 M67 中出土的陶器与德日勒格斯墓地的 M104 等墓葬中出

[1]A. H. 伯恩施坦:《丘亚谷地》,载《苏联考古学资料与研究》1950 年第 14 期,第 50-52 页,图 23(8)。

[2]A. H. 伯恩施坦:《丘亚谷地》,载《苏联考古学资料与研究》1950 年第 14 期,第 58-60 页,图 28。

土的陶器也基本相同,德日勒格斯墓地的年代为公元前 1 世纪至公元 2 世纪。[1]

M61 出土的陶器有贴塑的把手,平底,因此基本上可以与萨卡罗夫卡墓地 M5 中出土的陶壶相比较,后者的底部较小,且口部略向外折。

这样我们可以看出,卡尔干 1 号墓地的陶器与伊塞克湖盆地发现的公元 1 世纪的陶器基本相同。

这个年代也可以证实 M62 中发现的手镯的年代,这件手镯是用青铜制成的,圆形,两端没有闭合。这种手镯也曾在 29Б 号墓地[2]的 M12 和 M14 中发现过,只是这件手镯上没有猛兽的形象。所以这件手镯的年代应为公元前 1 世纪至公元 1 世纪。这件手镯的年代(公元 1 世纪初)也可由纳曼干州[3]发掘的墓葬中出土的相似青铜手镯来证实。

所有这些允许我们将卡尔干 1 号墓地的年代定为公元前 1 世纪至公元 1 世纪。

从以上分析也可以看出,阿尔金—厄密尔墓地也基本上属于这个年代范围。阿尔金—厄密尔墓地的墓葬普遍都有石堆和围绕坟冢的石圈,另外其葬式、葬仪以及随葬品等方面也表现出了相当大的共性。这些特点都与邻近地区公元前 1 世纪至公元 1 世纪的墓葬的特点基本相同。

对上述这些墓葬进行分析后,我们可以总结出它们之间的一些共同点:

(1)墓葬排列有的很无序,有的则三四成群排成链状;

---

[1]A. H. 伯恩施坦:《丘亚谷地》,载《苏联考古学资料与研究》1950 年第 14 期,图 23(2);图 26(12)。

[2]K. A. 阿奇舍夫:《七河流域发现的塞人古迹》,第 212 页,图版三;第 213 页,图版 4;Г. 库沙耶夫:《伊犁河右岸的两种墓葬类型》,载《哈萨克斯坦科学院历史、考古与民族研究所通报》1956 年第 1 期,第 209 页,图版一,图 4。

[3]М. Э. 沃洛涅茨:《1950—1951 年乌兹别克苏维埃共和国科学院历史博物馆和历史考古分院在费尔干纳盆地所做的考古调查》,载《乌兹别克苏维埃共和国历史博物馆馆刊》1954 年第 2 期,第 63 页,图 13。

（2）大多数墓葬的石圈不在填土上,偶见位于填土中部或下面的石圈里;

（3）多数墓圹的南壁上有龛,个别土坑墓的墓圹上还架设原木;

（4）陶器绝大多数为平底,口沿多向一侧倾斜。出现了贴塑的把手,陶土较为致密,多薄壁,烧制精良。这说明当时的陶器制造业已经达到相当高的水平,虽然贴塑工艺在更早的时代就已存在;

（5）随葬品中铁器要多于青铜器;

（6）很少见到绵羊骨。

这些鲜明的特点使我们将这些墓葬的年代定为公元前1世纪—公元1世纪。这些材料也说明了乌孙社会的经济较其早期有了一定的发展。

2.3　公元2世纪至3世纪的乌孙墓葬

2.3.1　卡普恰加伊2号墓地

这就是简报[1]中的2号墓地,共发掘了3座墓葬。

M2:坟冢直径8米,高0.4米。填土下有一石堆,石堆下为墓圹,长1.7米,宽0.8米,东西向。在墓圹深0.1米处发现了散乱的人骨,可以辨认出的有下颌骨、股骨以及指骨等。墓葬早年被盗,没有随葬品。

M3:坟冢直径7.5米,高0.4米。在坟冢下面的填土中发现了4件陶器的碎片。填土下面有2个墓圹,均为东西向,长2米,宽0.9米。

南墓圹里堆积着大量石块,深达0.7米。发现一男性尸骨,仰身葬,头向西,颅骨已被压坏,左臂弯向身体,右臂肘部弯曲。

在股骨上还 某种编织物的残余。尸骨右肩处发现了1件已腐烂的木质器皿,与其并排的还有绵羊骶骨。

北墓圹,堆积的石块深0.2米,墓坑西端发现了一些陶器残片。

---

〔1〕K. A. 阿奇舍夫《1954年伊犁河地区考古调查工作成果总结》,载《哈萨克苏维埃共和国科学院历史、考古与民族研究所学报》1956年第1期,第7页。

在深 0.85 米处发现了 1 具女性尸骨,仰身直肢葬,头向西。右腿膝盖处略有弯曲。左手处还发现了 1 颗亮绿色的串珠和 4 块颈椎骨。左侧的鬓角处发现了 1 只螺旋状的青铜耳环。左肩部发现了铁器残片,颅骨下面还发现了 9 颗珠饰。(见图 2 – 36、2 – 37)

图 2 – 36　经过清理后的卡普恰加伊 2 号墓地 M3 墓圹里的人骨架

图 2 – 37　卡普恰加伊 2 号墓地 M3 出土的木器

M4:坟冢直径 6 米,高 0.33 米。墓圹为环形,东西向。其边缘发现了用来覆盖墓圹的腐烂树枝。在深 0.6 米处发现了零星的人骨。墓葬早年被盗,没有发现随葬品。

2.3.2 丘拉克-积基德1号墓地

这就是简报中[1]提到的17号墓地,共发掘了7座墓葬。

M31:坟冢直径10米,高0.48米。墓圹为东西向,长2.35米,宽0.6米。在深0.4米处发现了排列紧密且已经腐烂的木杆,木杆直径为4~7厘米。在墓圹西北角还发现了某种猛兽的獠牙,在墓圹东部发现了一件末端已折断的青铜发簪,发簪直径0.4厘米,末端为圆形。

在深1.35米处出土了尸骨,头向西,仰身葬,面朝北。颅骨左侧有一圆底陶钵(图版四:15),器高9厘米,口径10厘米。与其并排的还有1把铁刀,刀上还带有丝织物的残余。颅骨右侧有2把青铜锥,一端非常尖,另一端较粗。1把长4.5厘米,另1把长3.7厘米,直径均为0.4厘米。尸骨肩部发现1块白垩石,右膝处发现了1件椭圆形的磨谷石,磨谷石为灰色花岗岩质,长20厘米,宽13厘米,高4厘米。(见图2-38)

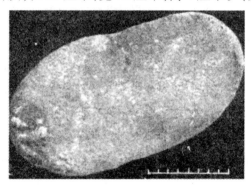

图2-38 丘拉克—积基德1号墓地 M31 出土的石磨盘

M40:坟冢直径12米,高0.41米。墓圹为东西向,长2.6米,宽0.7米。在墓圹东端深0.1米处发现了1把残铁刀。在墓圹西端深1.35米处发现了1件圆底陶钵(图版四:18),钵的外壁上有烟熏的痕迹。器高13厘米,口径11.5厘米,腹径14厘米,器壁厚7毫米。陶器旁边还有1件铁发簪,长13.5厘米,顶端直径2.5厘米。墓主为一女性,属

---

〔1〕K. A. 阿奇舍夫:《七河流域发现的塞人古迹》,载《哈萨克斯坦苏维埃共和国科学院历史、考古与民族研究所报告》(考古学专号)1959年第7期,第11页。

·欧·亚·历·史·文·化·文·库·

169

中亚河中地区人种类型。仰身直肢葬,头向西,面朝北。尸骨左侧的羊椎骨上还插有 1 把铁刀,长 12.2 厘米,刀柄宽 2.5 厘米。(见图 2 - 39)

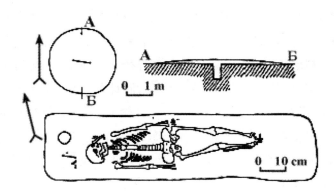

图 2 - 39　丘拉克—积基德 1 号墓地 M40 封丘底部平剖面图及墓圹平面图

M45:坟冢直径 6 米,高 0.18 米。墓圹为东西向,长 2.7 米,宽 0.7 米。在墓圹西端深 1.1 米处发现了 1 件球形腹的陶壶(图版五:14)。在其颈部有两条平行线的装饰图案,平行线之间有高 4.5 厘米的三角形。这件陶壶高 15 厘米,口径 7.2 厘米,颈部直径 5.8 厘米,腹径 11 厘米。

墓主为一欧罗巴人种的男性,仰身直肢葬,头西脚东,面朝北,尸骨长 1.5 米。肘关节处有 1 把铁刀,长 16 厘米,与其并排的还有绵羊骶骨,在墓主右腿旁边还发现了 1 具尸骨。尸骨为女性,应是墓主的配偶,仰身直肢葬,属中亚河中地区的人种类型。在女性尸骨的右肩处还发现了 1 件陶器,陶器为敞口,口部外折,球形腹,器壁上有烟熏的痕迹。器高 9 厘米,口径 12 厘米。另外在女性颅骨左侧还发现了散乱的绵羊骶骨。(见图 2 - 40)

M55:坟冢直径 10 米,高 0.6 米,从剖面看为球形。填土中有陶器残片。填土下共有 2 个墓圹,均为东西向。大墓圹长 2 米,宽 0.65 米,小墓圹里葬的是一个儿童,墓圹长 1.35 米,宽 0.45 米。

小墓圹:在深 0.4 米处发现了一些腐烂的木杆残余,木杆直径为 5

图 2 – 40　丘拉克—积基德 1 号墓地 M45 的墓圹中发现的两具人骨

厘米。在深 1.05 米处发现 1 具儿童尸骨,仰身直肢葬,头向西北。

颅骨右侧发现 1 件带把手的残陶罐,口径 9 厘米,腹径 10 厘米,高 9 厘米,底径 6 厘米,平底(图版六:13)。

大墓圹:墓圹底部有木头的残余。这些木头支撑着南侧板。在深 1.3 米处发现 1 具男性尸骨,为欧罗巴人种,与安德罗诺沃文化的人种类型相近。仰身直肢葬,头向西。颅骨右侧有 1 件深腹钵,口径 13.5 厘米,高 10.5 厘米,平底,底部直径 8.5 厘米(图版四:16)。在陶器上腹部有手制的垂直凹槽。陶器南侧还发现了 2 块绵羊骶骨。(见图 2 – 41)

2.3.3　丘拉克—积基德 2 号墓地

这就是简报[1]中的 19 号墓地,共发掘了 2 座墓葬——M42 和 M46。

M42:坟冢直径 6 米,高 0.18 米。墓圹为西北—东南向,长 2.15 米,宽 0.52 米。在靠近北壁处发现了棺,墓主为一女性,属欧罗巴人种,仰身直肢葬,颅骨有破损。在墓圹西端深 1.1 米处有 1 件破损的带钩形把手的陶杯,陶杯为圆底,口径 12 厘米,腹径 15 厘米,高 11.5 厘米(图版六:12)。陶器旁边还有绵羊的尾骶骨。颅骨下面还发现了 1 件带圆头的铁发簪,长 15 厘米。右腓骨旁边还发现 1 件用河卵石制成

〔1〕K. A. 阿奇舍夫:《1954 年伊犁河地区考古调查工作成果总结》,载《哈萨克苏维埃共和国科学院历史、考古与民族研究所学报》1956 年第 1 期,第 15 页。

的纺轮。

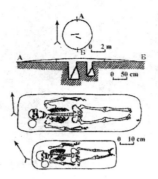

图 2 - 41　丘拉克—积基德 1 号墓地 M55 封丘底部平剖面图及墓圹平面图

2.3.4　汪古尔—科拉 2 号墓地

1954 年发现。距伊犁斯科 85 公里,位于伊犁河上游右岸。共有 39 座墓葬,分布得很零乱。只有东边的 6 座墓从南向北呈链状分布。墓地东西长 200 米,南北宽 150 米,坟冢直径为 8 ~ 12 米,高为 0.3 ~ 1.3 米。绝大多数坟冢为球形,仅有少量的为平底。填土为带碎石的黄土。(见图 2 - 42)

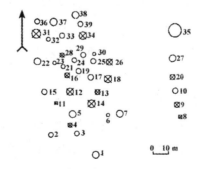

图 2 - 42　汪古尔—科拉 2 号墓地墓葬分布图

墓葬前面一般都有巨大的坟冢:伊犁河在这一段对河岸冲刷得很厉害,因此很多墓葬遭到了破坏。1957 年共发掘了 14 座墓葬。分述如下:

M4：坟冢直径6米，高0.2米。墓圹为圆角长方形，长2米，宽0.75米，东西向。

墓圹中有腐烂的木头，在深0.7米的西端发现了1件陶罐：平底，球形腹，下部收缩，粗颈，侈口（图版五：15）。在深1.05米处发现了尸骨，仰身直肢葬，头向西北，面朝北。右臂靠近肩部，其中指骨位于腰部，左肘置于胸部。（见图2－43）

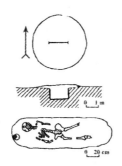

图2－43　汪古尔—科拉2号墓地M4封丘底部平剖面图及墓圹平面图

M10：坟冢直径8米，高0.35米。墓圹为东西向，长2.4米，宽0.8米。在深0.55米处发现了尸骨，仰身直肢葬，头向西。颅骨西侧发现了1件残陶杯：高21厘米，上腹部有一钩形的把手（图版七：4）。陶器北侧还发现了1件石杵，石杵是用圆形的河卵石制成的，长12厘米，宽5.5厘米。另外陶器下面还有2块绵羊的尾椎骨。

M13：坟冢直径6米，高0.4米。剖面呈球形。填土下面共有2个墓圹，均为东西向。

南墓圹长2.2米，宽0.7米。在深0.72米处的西南角发现了梨状的陶壶，陶壶上腹部还残留有把手，底部微凸，口径10厘米（图版九：6）。与其并排的还有1个陶钵（图版三：12），口径20厘米，高10厘米，底部有突起。钵里有绵羊的尾椎骨。另外还发现1件陶器的底部（图版九：16）。墓主为一欧罗巴人种的男性，属长颅型，头向西。

北墓圹：在深0.68米处发现了1具尸骨，头向西，尸骨曾被扰乱过，没有发现随葬品。

M28:坟冢直径 5 米,高 0.16 米。墓圹长 1.4 米,宽 0.5 米,东西向。在深 0.6 米处发现了 1 具儿童尸骨,仰身直肢葬,头向西。颅骨左侧发现 1 块石灰石和 1 件纺轮(图版二:7)。颅骨下面还发现了 1 对用青铜丝编成的耳环,耳环为螺旋状。

M31:坟冢直径 8 米,高 0.85 米。有石圈建筑,直径 5.2 米,墓圹为圆角方形,长 2.2 米,宽 0.9 米,东西向。墓主为一女性,属中亚河中地区人种类型,属长颅型,仰身直肢葬,头向西。与这具尸骨并排、在墓圹北壁附近还发现了 1 具尸骨。这具尸骨的 5 块骨头在墓圹东端,胸骨和脊椎骨则在墓圹西端,其余的骨头散乱的堆放着。

在墓圹西北角深 0.95 米处发现 1 件陶钵(图版三:11),口径 23 厘米,高 8.5 厘米,底部突起。在墓圹东南角还发现了 1 件陶罐:侈口,鼓腹,器身上有把手的痕迹,平底,高 11 厘米,口径 9.5 厘米。另外,还发现了 1 件陶杯,腹部有钩形的把手,器高 17 厘米,最宽处直径 10.5 厘米,平底。

女尸颅骨右侧有一些绵羊的尾椎骨和 1 个陶纺轮,纺轮直径 3 厘米,厚 0.5 厘米(图版二:a,6,в)。另 1 具尸骨的颅骨下面还有 1 个圆形的青铜耳环。(见图 2 - 45)

2.3.5 卡尔干 4 号墓地

1954 年发现。距伊犁斯克 142 公里,位于伊犁河上游右岸的一处台地上,以西 3 公里为卡尔干 1 号墓地。墓地占地约 1000 平方米,东西最长处为 200 米,南北最宽处为 47 米。共有 14 座墓葬,从南到东北呈链状分布。墓圹内用石块来砌筑,有 7 座大墓位于墓地中心及北部,在距这 7 座墓 4 ~ 5 米处有石圈环绕,其中 M10 周围还有一道方形的石圈。按照大多数石圈东西向的轴线可以很明显地标出由高约 0.5 米的石柱组成的入口。在这些墓葬以西 3 ~ 4 米处还有一些带环型石堆的墓葬,这些石堆呈东西长、南北窄的形状。1958—1959 年在此共发掘了 6 座墓葬和 3 个石堆。(见图 2 - 46)

M4:坟冢直径 9 米,高 0.5 米。石圈直径 3.5 米,墓圹位于中心,长 2.2 米,宽 0.5 米,东西向。在靠近北壁处发现了 1 具具有安德罗诺沃

图 2 - 44　汪古尔—科拉 2 号墓地 M26 的墓圹

图 2 - 45　汪古尔—科拉 2 号墓地 M31 的墓圹

文化人种类型特点的男性尸骨,仰身直肢葬,头向西。颅骨右侧有 1 件陶罐(图版九:2),与其并排的还有 1 把铁刀和绵羊骶骨。另外,尸骨右侧沿墓圹南壁还发现了 3 根木杆,木杆长 1.4 米,直径 10 厘米。

M10:墓葬平面呈方形,东西长 6 米,南北宽 5 米,高 0.57 米。其周围有方形的石圈,面积为 12 米 × 12 米,所用石块直径在 0.1 ~ 0.3 米之间。石圈的转角处构筑成圆形,在石圈西面有一条用 2 块端面长 0.4 米的石头建造的入口。在入口以西 4.5 米处有方形石堆,石堆由石板横砌而成,在其中部有 2 道用石头修筑的砌体,砌体东西长 2.5 米,宽 1.5 米。墓圹为椭圆形,长 2.8 米,宽 0.65 米,东西向。在墓圹东端深 1.2 米处发现了一些肋骨、脊椎骨、盆骨和股骨,放置散乱。

在石砌体西南角深 0.1 米处发现了 1 件陶器,腹径 26.5 厘米,残

·欧·亚·历·史·文·化·文·库·

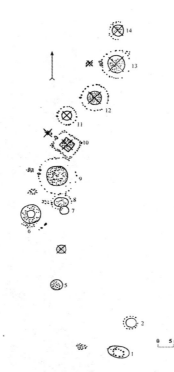

图 2 - 46　卡尔干 4 号墓地墓葬分布图

高 10 厘米。

　　M11:坟冢直径 7.5 米,高 0.55 米。墓圹长 2.5 米,宽 0.9 米,东西向。坑内堆积了大量石块,深达 0.9 米。墓主为一男性,仰身直肢葬,头向西。颅骨右侧有 1 件圆柱状的陶器,平底,高 16 厘米,口径 8.6 厘米,腹径 9.5 厘米。颅骨左侧还有 1 把残铁刀,长 5 厘米,宽 1.6 厘米。

2.3.6　阿拉尔—突报 1 号墓地

　　1954 年发现。位于伊犁河右岸,大卡尔干山上。坟冢是由小石块和黄土构筑的。墓葬分布散乱,墓地南北长 300 米,东西宽 250 米。共有 27 座墓葬。它们大多成组排列,每组约有 2～3 个墓葬,墓葬位于河岸上或稍远的地方。坟冢直径 4～14 米,高 0.2～1.2 米。(见图 2 - 47)

　　1958 年调查发掘了 7 座,其中墓地南部 4 座,东部 2 座,北部 1 座。

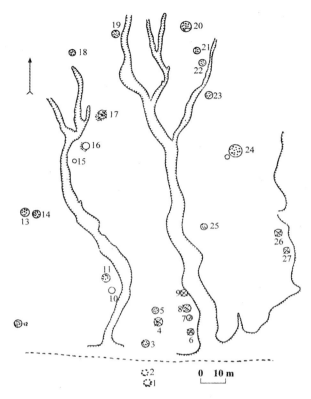

图 2-47　阿拉尔—突报 1 号墓地墓葬分布图

　　这 7 座墓葬的墓圹规格基本相当,墓圹里有填石。从发掘的情况来看,这些墓葬在古代就已经被盗掘过。由于缺乏随葬品,所以只能根据其平面布局、墓上建筑的特点以及葬仪等来推断其年代。

　　从这些方面来看,阿拉尔—突报 1 号墓地与塔伊冈墓地基本类似,因此前者的年代为公元 2 世纪左右。

　　与前两个时期相比,这一时期的乌孙墓葬具有自己鲜明的特点。例如,卡普恰加伊 2 号墓地发掘的 3 座墓葬在墓圹的特点和葬仪等方面就非常相似。随葬品很少,仅发现了 1 件木器、1 把铁刀、1 个青铜耳环和 1 颗亮绿色的珠饰。M3 的北墓圹中发现的陶器仅剩一些碎片,因此不可能就此来判断其年代。

　　推断这些墓葬的年代得靠出土的带圆形垂饰的螺旋状青铜耳环。

我们已经在哈萨克斯坦南部的古迹中发现了类似的青铜耳环,这些古迹的年代为不早于公元 2 世纪。

丘拉克－积基德 1 号和 2 号墓地的年代我们认为是公元 2 世纪至 3 世纪,这些墓葬有一些共同特点:所有已发掘过的墓葬均没有石圈,其墓圹也均为一个类型——带垫板和侧板,另外其随葬品也非常类似。这些随葬品包括 10 件陶器、2 把铁刀、碾谷器和 1 块白垩石。此外,在 5 座墓中还发现了绵羊骶骨。M6、M31、M42 和 M55 中发现的陶器均为平底,其他如所用陶土的质地、陶器上涂的红彩也均与邻近地区古迹中发现的陶器相同。

M6 中发现的陶器为浅腹罐、敞口、平底,且器表涂有红彩。这些特征与库尤－马扎勒墓地 M2 中发现的陶器相近,而后者的年代为公元 2 世纪至 4 世纪。[1] 我们所发现的这些陶器在色彩上又重现了公元 2 世纪至 4 世纪康居晚期—贵霜时期陶器的特点,后者的陶器主要是红色和褐色的磨光陶器。[2]

M45(第二具尸骨旁边)和 M55(大墓圹)中发现的陶罐都显示了这一时期陶器的特点:敞口、平底,内壁上有刻画的痕迹。其中 M55 中出土的陶器口部较低,并带有明显的垂直凹槽,这种陶器在贵霜时代的中亚地区非常流行。[3] 再从 M42 中发现的中心带有透孔的方形石制品来看,也与这个年代相符,因为格尼克里墓地[4]也发现过这类物品,而格尼克里墓地的年代为公元 2 世纪至 4 世纪(按 C. C. 萨洛奇尼的观点[5])。

M45 出土了一种梨状陶壶,陶壶的内壁上绘有两条平行线,在两

---

〔1〕O. B. 奥别里琴科:《库尤－马扎勒墓地发现的墓碑和公元 1 世纪的墓葬》,载《中亚国立列宁大学论文集》(第 4 卷,中亚考古),1957 年,第 109－131 页,图 2。

〔2〕M. Г. 瓦洛毕耶娃:《古典时代花拉子模的陶器》,载《花拉子模考古与民族调查成果集》,莫斯科,1959 年,第 4 卷,第 149－150 页。

〔3〕M. Г. 瓦洛毕耶娃:《古典时代花拉子模的陶器》,载《花拉子模考古与民族调查成果集》,莫斯科,1959 年,第 4 卷,第 150－151 页。

〔4〕A. H. 伯恩施坦:《格尼克里墓地》,第 7 页,图版三五。

〔5〕C. C. 萨洛奇尼:《格尼克里墓地的年代及说明》,载《苏联科学院物质文明史研究所报告及野外研究简报》1956 年第 64 期,第 14 页。

条平行线之间有很多等腰三角形的图案。这类图案也曾见于费尔干纳地区早期遗迹中发现的陶器上,例如阿克－塔姆墓地[1]就曾出土过。如果说费尔干纳的陶器上这种纹饰是在陶器上占有相当大的面积,那么我们所发现的陶器上的这种纹饰仅仅是在腹部绘有很窄的一条。另外,二者的区别是所使用陶器的形状,费尔干纳地区的此类陶器是半球状的大杯,而我们所发现的则是壶。这类陶器曾在康居晚期[2]的花拉子模地区广泛流行过(公元前 1 世纪至公元 1 世纪)。通过对中亚定居农业地区和与其相邻的哈萨克斯坦南部地区发现的陶器对比,我们可以发现这一时期中亚地区的陶器制造业比较落后,同时还具有保守性。

就汪古尔—科拉 2 号墓地而言,正如我们上文所描述的那样,在墓葬结构、缺少石圈和墓圹中的各种葬仪等方面都与其他几个墓地相近。汪古尔—科拉 2 号墓地共发现了 7 件陶器、2 个青铜耳环、1 辆纺车、1 块石杵和 1 块碾谷石。

尽管所发现的随葬品甚少,但从这些陶器所表现出的特点来看,它们应属于乌孙考古学文化。但 M4 中出土的陶壶却很特别,这件陶器具有平底、球状腹、器表绘有多条平行线组成的波纹纹饰、侈口等特点。另外,其外壁上还饰有红褐色的颜料。陶器为手制,所用陶土纯度高,很致密,烧造火候也很高。器高 15.7 厘米,口径 9 厘米,颈部直径 7 厘米,腹径 14.5 厘米,底径 8 厘米。无论是从风格还是制造工艺来看,它都不同于已知的乌孙文化,大概是受了西方影响的结果。从图案和所用的红褐彩以及支架工艺等方面来看,这些均受到花拉子模地区早期贵霜陶器的强烈影响。有这类特点的陶器在花拉子模公元 1 世纪至 2 世纪[3]的古迹中发现了很多。的确,花拉子模所发现的陶器在大小、功能方面都不同于 M4 出土的陶壶,前者的主要器形是大陶罐和敞口

〔1〕Б.З.加姆布勒克、Н.Г.科勒布诺娃:《阿克—塔姆墓地》,第 78－90 页。

〔2〕М.Г.瓦洛毕耶娃:《古典时代花拉子模的陶器》,载《花拉子模考古与民族调查成果集》,莫斯科,1959 年,第 4 卷,第 140－141 页,图 42。

〔3〕М.Г.瓦洛毕耶娃:《古典时代花拉子模的陶器》,载《花拉子模考古与民族调查成果集》,莫斯科,1959 年,第 4 卷,第 162 页,图 35(5),图 37(9)。

浅腹钵。

　　还有一些陶器也可以证明其所受到的西方影响。例如 M31 中出土的陶罐,这件陶器为手制,形状独特,器表饰有灰彩。所用陶土具有独特的成分——可能属于乌孙的地方风格。它不是典型的乌孙陶器,或许是来自花拉子模地区并属于贵霜晚期的亮彩陶罐。[1]

　　M12 出土的敞口浅腹钵为平底且带支架,其内侧的边缘部分涂有亮色的颜料、手制。它与花拉子模的大盘子很相似,这种大盘子的时代为贵霜早期,即公元 1 世纪至 2 世纪。[2] 而 M12 出土的这件敞口浅腹钵和花拉子模的陶器在大小和功用上都有区别。与这件钵相似的器物也曾在茹阿尼多波 2 号墓地的 M16 中出土过,后者为手制,年代为公元 1 世纪。[3] 与这件钵一起出土的还有 1 件有底座的陶器残片,有人认为这是茹阿尼多波 2 号墓地晚期的器物。

　　将伊犁河右岸其他墓葬出土的陶器进行分析后可以发现,口沿外折有明显底座的陶器在我们所发掘的墓葬中并没有发现。这种陶器并不是乌孙陶器的特点。出敞口钵和带底座的陶器的墓葬其时代应不早于公元 2 世纪,之所以这样说,是因为 M13 和 M31 出土的钵均与花拉子模地区发现的贵霜早期红彩陶钵相似,而后者的年代为公元 2 世纪。[4]

　　花拉子模地区发现的陶器普遍器身较高,圆柱状,平底,口部较窄,鼓腹。在腹中部还有钩形的把手。陶器均为手制,薄壁,陶土较为致密,烧制得不均匀,从断面上看为白红色。器表在进行轻微磨光前就已做过精心的熨平工序,同时还绘以白红彩。这类陶器也不是典型的七河流域的乌孙陶器,而是出现于较晚的时期。我们所发现的大酒杯与

　　〔1〕M. Г. 瓦洛毕耶娃:《古典时代花拉子模的陶器》,载《花拉子模考古与民族调查成果集》,莫斯科,1959 年,第 4 卷,第 161 页,图 35(31)。

　　〔2〕M. Г. 瓦洛毕耶娃:《古典时代花拉子模的陶器》,载《花拉子模考古与民族调查成果集》,莫斯科,1959 年,第 4 卷,第 149 页,图 32(32)。

　　〔3〕A. Г. 玛克西莫娃:《伊犁河左岸的乌孙墓葬》,第 81 – 83 页,图版一,图 20。

　　〔4〕M. Г. 瓦洛毕耶娃:《古典时代花拉子模的陶器》,载《花拉子模考古与民族调查成果集》,莫斯科,1959 年,第 4 卷,第 151 页,图 34(8、11)。

奇查克墓地 M10 发现的陶器很相似,A. H. 伯恩施坦认为后者的年代为匈奴时代[1](公元 1 世纪至 4 世纪)。两者之间的区别仅仅是把手的位置:我们所发现的陶器的把手位于腹部,而 M10 发现的陶器则位于口沿部。这些陶器均与花拉子模地区发现的贵霜晚期陶器有密切的关系。[2]

通过以上分析可以使我们对这些墓葬的年代有一个基本的判断,即它们不会早于公元 2 世纪至 3 世纪。这个年代与从 M28 和 M31 中发现的带垂饰的青铜耳环得出的年代也是相符的,因为这种青铜耳环也曾在伊犁河流域更晚的墓葬中出土过。

卡尔干 4 号墓地在墓葬结构、石圈位置、墓圹类型以及随葬品等方面都与上述墓地很接近,陶器也与卡尔干 1 号墓地出土的陶器相同,这样就可以证明两者在时代上应该很接近,特别是卡尔干 4 号墓地 M4 和 M11 中出土的陶器,这样就可以推断出卡尔干 4 号墓地的时代应不早于公元 2 世纪。

总的来看,这些晚期墓葬所具有的特征还是相当显著的。主要有:

(1)所有墓葬都分布得很零乱和无序,没有呈链状分布的墓葬。

(2)所有墓葬在葬仪、墓葬建筑的类型以及规模上都很相近,坟冢上没有石圈,填土下面也很少有石圈。基本上都为土坑墓,墓圹上不架设原木。

(3)随葬品也基本类似。铁器占绝大多数,而且还出现了碾谷石,陶器多为平底,多薄壁,制造水平较高,有的陶器还带有圆形的把手。所用陶土较为致密,所含杂质较少。器表多绘以红彩和褐彩。

上面所列举的这些特点使我们可以确定晚期乌孙墓葬的年代为公元 2 世纪至 3 世纪。

在分析了伊犁河右岸发现的所有乌孙墓葬后可以看出,这些墓葬

〔1〕A. H. 伯恩施坦:《天山中部地区与帕米尔—阿尔泰地区历史考古概述》,载《苏联考古学资料与研究》1952 年第 26 期,第 63 - 67 页,图 36(6)。

〔2〕M. Г. 瓦洛毕耶娃:《古典时代花拉子模的陶器》,载《花拉子模考古与民族调查成果集》,莫斯科,1959 年,第 4 卷,第 195 - 197 页。

分属于我们上面所划分的三个时代,每个时代均有各自的特点。正如我们所指出的,这些特点包括墓葬的平面布局、墓葬结构、有无石圈、主要的墓圹类型、各种类型随葬品(这里主要指青铜、铁和石制品)以及各种独特的陶器。

通过分析这些墓葬中的出土材料,可以看出伊犁河右岸乌孙物质文明史的三个不同阶段,由此我们就能说明它的经济形态、社会关系和宗教信仰等内容。这些内容我们将在下一部分来详述之。

3 乌孙遗迹的历史考古学研究

3.1 墓葬所处的地理环境

从哈萨克斯坦[1]东南部的考古地图中可以看出,这里的墓葬主要是早期游牧民族留下的,而其中绝大多数又分布在伊犁河流域的南部,即外伊犁和德儒尼卡勒阿尔泰山麓。

考古学者曾不止一次提出这样一种观点:这些地方墓葬如此密集是因为这里是游牧民族越冬的地方[2],游牧民族在这里度过一年中那些较为寒冷的季节,而此时也正是他们死亡的高峰期,于是他们在这里埋葬自己部族里不断死亡的族人。这个观点是 A. H. 伯恩施坦首先提出的,他曾写道:"墓葬在这里分布得很密集是因为此处距游牧民族的居住点(越冬的地方)很近。"[3]

后来的研究者们得出了这样的一个重要结论:古代部族的经济形态和其所处地区的墓葬饱和程度的关系。这样可以看出墓葬的历史地理学的重大意义,我们也正是从此处开始进行探讨的。

从该观点出发,A. H. 伯恩施坦在比较了外伊犁阿尔泰山麓和同期天山地区的墓葬数量后指出,在距外伊犁阿尔泰山麓 55 公里处有 11个大的墓地,即乌楚纳卡契、卡勒卡里尼 1 号和 2 号、切莫勒卡尼、卡斯戈列尼 1 号和 2 号、马拉阿勒马吉尼 1 号和 2 号,这里并不包括那些墓

---

〔1〕《哈萨克斯坦考古地图》,阿拉木图,1960 年,第 280 – 344 页。

〔2〕M. B. 瓦耶沃斯基、M. Π. 格里雅斯诺夫:《吉尔吉斯苏维埃共和国境内的乌孙墓葬》,第 177 页;《哈萨克苏维埃共和国历史》(第 1 卷),第 3 版,1957 年,第 43 页、189 页。

〔3〕A. H. 伯恩施坦:《天山中部地区帕米尔—阿尔泰地区历史考古概述》,载《苏联考古学资料与研究》1952 年第 26 期,第 24 – 26 页。

·欧·亚·历·史·文·化·文·库·

葬数量较少的墓地。所有这些墓地通常都有 100 座以上的墓葬。[1]由此 A.H.伯恩施坦得出一个结论:七河流域那些墓葬数量大的墓地在当时是人口密度较大的地区。

E.И.阿格耶娃[2]在研究了 1956 年伊犁河谷东半部的出土材料后得出了一个观点,同 A.H.伯恩施坦一样,她也注意到了塔勒卡勒河谷、伊塞克湖、杜勒格尼、奇里科、察勒以及格格尼河等地区乌孙时代的墓葬比较多的情况。她将墓地的地形地貌进行分类后指出,这些墓地就像连接季节牧场(主要指夏季)的通道,位于春秋季牧场上。这里草木繁盛,也是通往山泉的地方。大多数是抵御冬季暴风雪的天然界线。[3] 事实上,墓地附近的大小河流都是发源于山间峡谷的,而这些峡谷往往是非常优良的牧场;这样就可以证明这些墓地是游牧民族的。在这种情况下,我们不能仅仅确定其游牧民族的性质,还要确认墓地所在地区从自身特点来看,从事畜牧业要比从事农业更合适。墓地所在地区的自然条件不仅仅决定了墓主人生前的经济形态,同时也由发现的大量墓葬证明这里人口数量众多。

A.H.伯恩施坦和 E.И.阿格耶娃都认为,最初的部族墓地都是建在过冬的地方的。不知事实是否真的如此?

如果从这个观点出发来看外伊犁阿尔泰山麓的墓葬,那不禁会产生一个问题:为什么这里会有这么多的墓地?

伊犁河右岸和外伊犁阿尔泰山麓地区的自然地理条件在近 3000年来并没有太大的改变。通过近十年来的地貌学研究可以证明,伊犁河流域是在距今 15000 年前最后形成的。[4]

A.H.伯恩施坦不仅十分了解乌孙墓葬的情况,而且也很熟悉七河

---

〔1〕A.H.伯恩施坦:《天山中部地区帕米尔—阿尔泰地区历史考古概述》,载《苏联考古学资料与研究》1952 年第 26 期,第 26 页。

〔2〕E.И.阿格耶娃:《七河流域发现的考古新材料》,第 66 页;A.Г.玛克西莫娃:《伊犁河右岸的乌孙墓葬》。

〔3〕E.И.阿格耶娃:《七河流域发现的考古新材料》,第 66 页。

〔4〕Л.И.普拉多诺娃:《伊犁河流域西部的地貌学结构和第四纪沉积层》,阿拉木图,1962年,地理矿物学科副博士学位论文,第 158 页。

流域的自然条件以及自然历史特点,他曾写道:"七河流域的自然条件至少在距今 2500 年以来都是比较稳定的。"[1]

由此可见,七河流域和伊犁河流域现代的自然条件与古代基本上是类似的。因而在某种程度上保留了那些存在了数个世纪的管理畜牧经济的独特方式。这可以由哈萨克苏维埃共和国科学院民族学研究所的专家们于 1959—1960 年在阿拉木图州所收集的资料来证实。

这些考察所得来的资料证明了以前的哈萨克人仅仅是在夏季才利用那些山麓和山间峡谷地带,也就是夏季高山牧场,而到冬季他们就来到平原和沙地,那里有用于过冬的游牧点。[2]

在高度发展的农业技术下,现代伊犁河流域和外伊犁阿尔泰山地区的集体农庄大规模地割草和贮备饲料工作通常是在每年的 10 月末至 11 月份进行的。此时会把大量牲畜赶到平原地带——塔乌库姆沙地,伊犁河、卡拉达勒河流域生长着大量的梭梭树林和芦苇,因而那里是冬季牧场。[3] 这样在伊犁河左岸地区,即从库利奇里科河到奇里科地区大约有 50 公里的区域里共有 3 个集体农庄,这 3 个农庄可以容纳3 万到 6 万头牲畜过冬,主要是绵羊和马,此外也包括一些大的有角牲畜。而在伊犁河右岸地区,即卡图和阿克塔乌山脚下的沙地每年也会有 5 万到 6 万头绵羊(大约占该地区绵羊总数的 75% ~ 80%)来此过冬,牲畜们会从 11 月份一直待到第二年的 3、4 月份。[4]

伊犁河地区的河滩地被利用为越冬的地方其证据是,很多哈萨克人现在仍在此处过冬,且这里还有大量的现代新建的越冬集体农庄,而外伊犁阿尔泰山的山麓地区则没有。需要补充说明的是,甚至是野生的山羊、绵羊以及其他动物也要伴随着外伊犁阿尔泰山山麓地区第一场雪的降临,而自北向南迁徙。相反,从南向北则是从山区迁到平原地带。如果人能自觉地赶着牲畜到沙地和生长着梭梭树林的地带来

〔1〕A. H. 伯恩施坦:《天山中部地区与帕米尔—阿尔泰地区历史考古概述》,第 26 页。
〔2〕B. B. 瓦斯特洛夫:《七河地区的原始部落和哈萨克人的迁徙》,第 124 页。
〔3〕K. Б. 阿和美多娃:《阿拉木图州的畜牧地理学》,阿拉木图,1962 年,第 92 页。
〔4〕这些材料是本文作者向在伊犁河地区过冬的一些集体农庄的社员们询问后所得知的。

越冬,那么这些野生动物则是在不自觉地适应自然条件。这些事实说明,外伊犁阿尔泰山山麓地区冬季由于覆盖着很厚的雪是不适于放牧的,因此人类和牲畜不可能在这里过冬。

从档案资料以及俄罗斯学者的研究成果中可以发现,七河流域的植被基本上是老的茹斯。居住在七河流域的哈萨克人基本上是同一个部族的组织,它们包括:在伊犁河流域南部游牧的杜拉达维人、稍稍偏北的德让拉伊勒人以及居住在谷地东部的阿特巴诺维人。[1] H. A. 阿波拉莫夫在介绍了19世纪初生活在不同地区的哈萨克人后指出:"游牧在阿勒马特边缘地带的一个大的吉尔吉斯部族人群是由杜拉达维人组成的。所有杜拉达维人部族总共有6672顶帐篷(也就是说有2.5万~3万人)。他们都有冬季和夏季牧场,分布于阿拉塔乌山(伊犁盆地的南部)的杜勒格尼河谷、伊塞克、塔勒卡勒、古杜勒布拉克、阿勒马特、卡斯戈列尼、卡勒嘎勒、切马勒干、乌楚-阿嘎奇、卡拉-卡斯捷克等地。"[2]

H. A. 阿波拉莫夫没有将冬季和夏季牧场的具体地点区分出来,而只是从整体上介绍了游牧的地区。然而在描述其他部族的游牧点时,他曾指出,游牧于卡拉塔勒河流域包括吉尔吉斯人在内的各个民族的活动范围非常大,冬天他们在阿勒卡勒克等地区生活,夏天则来到那些山麓地带的高山牧场放牧,那里生长着大量青草。8月份以后他们开始陆续回到河谷地带,这里有他们的耕地。这些人总数约为25000多,官方统计他们约有8410顶帐篷,并分属于40个不同的部落。[3]

在 H. A. 阿波拉莫夫的这项调查成果中还有很多有关迁入这一地区的哈萨克人的资料,并且作者还注意了他们冬夏季牧场的差别。

从 H. A. 阿波拉莫夫的研究成果中可以看出,夏季哈萨克人离开

---

〔1〕П. 比丘林:《1860年卡坎德人对阿拉泰地区的军事入侵》,载《军事资料汇编》,1874年,第5期,第6页。

〔2〕H. A. 阿波拉莫夫:《阿勒马特人和他们修建的坚固堡垒》,载《俄罗斯地理学会笔记》1867年第1期,第267-268页。

〔3〕H. A. 阿波拉莫夫:《阿勒马特人和他们修建的坚固堡垒》,载《俄罗斯地理学会笔记》1867年第1期,第272-273页。

山麓地带来到高山牧场,而秋天则回到生长着芦苇和梭梭树林的平原和河谷地带。

哈萨克族著名的民族学和历史学家 Ч. Ч. 瓦里哈诺夫在其著作《游牧的吉尔吉斯人》中描述道:"对于冬季牧场来说,那里必须有茂密的树林或是丛林密布的山区,总之这些地方要能保护牲畜免受冬季恶劣天气的侵袭。对于夏季牧场来讲,则恰恰相反,必须是一片开阔地,而且还要水草丰美。"[1]

在这部著作中,Ч. Ч. 瓦里哈诺夫还谈到了阿克莫里州畜牧业的基本方向,他注意到,达布诺沃斯特沃已经不从事养羊业了,而是开始大规模地养殖骆驼。因为盐碱地的砂岩平原生长的植物是不能饲养绵羊的。夏季游牧的路线是沿着努拉河和巴卡那斯河,而越冬时则来到山林茂密和芦苇丛生的巴勒哈什地区。[2]

马可·波罗在考察了蒙古大汗的临时指挥中心后,指出作为游牧民族的蒙古人具有这样的特点:冬季他们居住在相对温暖的平原地带,那里有牲畜需要的草料;而夏天他们则迁到凉爽的山间谷地,那里有水源、树林以及牧场。[3]

通过这些对游牧民族居住环境的描写可以看出,从 13 世纪以后的6 个多世纪里,游牧民族的牧场系统基本没有发生大的变化。

这样我们就可以此为基础对更早的游牧民族——乌孙的游牧地进行分析和推测。外伊犁地区的阿拉塔乌山的山麓地带应是乌孙的夏牧场,而那里的墓葬就是乌孙放牧遗留下来的。

游牧民族埋葬自己的族人并没有特别的仪式,他们通常是在夏天或是冬天的居住地来埋葬死者。民族学有这方面的资料。有关游牧民族葬仪方面的最早介绍当属波拉诺·卡勒宾写的有关蒙古人这方面的记载,其中着重指出:"蒙古人死了以后,如果他出身于贵族,那就把

---

〔1〕Ч. Ч. 瓦里哈诺夫:《资料汇编》(第 1 卷),阿拉木图,1961 年,第 531 – 532 页。

〔2〕Ч. Ч. 瓦里哈诺夫:《资料汇编》(第 1 卷),阿拉木图,1961 年,第 533 页。

〔3〕《马可·波罗游记》,莫斯科,1956 年,第 88 页。

其秘密地埋在死者生前选定的荒郊野地。"[1]他还继续写道:"蒙古人的墓地可以分成两块,一块墓地埋葬皇帝、诸侯和王公大臣,这些人无论死在何处,都要把他们埋在他们认为舒适的地方,另外他们还随葬大量金银。而另一处墓地则埋葬那些战死在匈牙利的士兵,当时有很多人在匈牙利阵亡。"[2]

哈萨克学者 И.阿勒德尼萨里在研究了哈萨克人的婚丧习俗后注意到:哈萨克人的墓地都选在他们居住地区的最高处,之所以选择这样的地区,目的是想让墓地靠近水源。[3] 其他的研究者也提到:吉尔吉斯人死了以后,人们把死者尽量埋在靠近其祖先的高处,古代则还在墓上竖立像吉尔吉斯式的帐篷一样的标志。[4]

但这条资料中并没有指出吉尔吉斯人祖先埋葬的具体地方。"如果有人在路上突然死去,同时他本人也表示愿意回到故乡安葬,那么就要把他的尸体放到骆驼上,而且常常要经过很多天才能回到目的地。否则,就把尸体安葬在随便什么地方,并建造一处墓地。"P.卡鲁特茨这样写道。[5]

还有些材料中也提到了游牧民族夏季游牧点的意义。具体内容如下:七河流域的德让伊良乌有丰富的马奶酒和牛奶,但缺乏肉类。在那里的山里你能看到篝火燃烧形成的烟雾,这就是游牧民族举行的节日庆祝会。而筹备这种节日庆祝会一般都需要好几天,同时还会有大量亲属赶来参加,他们赴宴的时间会持续差不多一周左右。总之,德让伊良乌的节日庆祝会总是和婚丧活动安排在一起。[6]

这样看来,民族学的材料并没有把游牧民族的墓葬地点提供给我

〔1〕波拉诺·卡尔皮尼:《蒙古人的历史》,莫斯科,1957 年,第 31 页。

〔2〕波拉诺·卡尔皮尼:《蒙古人的历史》,莫斯科,1957 年,第 33 页。

〔3〕И.阿勒德尼萨里:《著作选集》,阿拉木图,1957 年,第 300 页。

〔4〕И.伊波拉奇莫夫:《吉尔吉斯人民族学论文集》,载《俄罗斯的突厥斯坦》1872 年第 2 期,第 150－152 页。

〔5〕P.卡鲁特茨:《在曼格施拉克的吉尔吉斯人和土耳其人中》,圣彼得堡,1910 年,第 119页。

〔6〕《有关七河地区俄罗斯原住农业居民和土著居民土地使用制度的调查材料》,圣彼得堡,1911 年,第 335 页。

们,究竟是在冬牧场,还是在夏牧场?

正如众所周知的一些材料中记述的,墓葬的选址一般都是在靠近村落的高地上。如果注意到哈萨克的游牧民族无论是在越冬的住地,还是在夏天的住地都有村落这一情况,那么就意味着,其有关丧葬的所有特征都消失了。更晚时代有关这方面的内容,以及高度发展的阶级关系这一切都证明,此时的巴依已经成为封建主了。他们在致力于寻求财富的同时,通常都会留下遗嘱,要求把自己埋葬在越冬的住地,但这并不是古代哈萨克族社会的情景再现。

将民族学的材料总结一下,同时还要考虑到七河流域游牧经济的主要特点,这样就可以发现,外伊犁地区和德如尼加－阿拉塔乌地区山麓地带的墓地应该就是古代游牧民族的墓地,这里是他们游牧的夏牧场。

那伊犁河右岸地区的地理条件又是怎样的呢?

伊犁河右岸的地理和自然气候条件与德如尼加与外伊犁地区的阿拉塔乌山麓地区并没有很大的差别。不同之处在于阿拉塔乌地区的山间平原和牧场要比伊犁河右岸地区的更加宽广。此外,伊犁河右岸地区沟壑纵横,地面还充斥着很多石块。这块狭长的山间平原的植被是沙漠地区特有的,这些植物只是在早春和晚秋时节才会生长得比较茂盛。伊犁河右岸的墓地照例也是位于距峡谷不远的地方,这里与河滩地相邻,取水非常方便,同时这里还盛产芦苇等植物。这里冬季降水量很少,地表几乎没有积雪覆盖,强劲的北风被称之为"奇里克",此时的植被也很贫乏。伊犁河右岸地区还生长着芦苇和少量的梭梭树林,这些植物是牲畜的食物。因此这里的河滩地以及中下游的部分地区直到现在还有很多农业互助组就并不是偶然的现象。

从墓地所处的位置我们可以推测,伊犁河右岸的这些墓地是位于牧人的冬牧场范围之内的。

我们所搜集到的材料以及对当地游牧生活方式的了解可以提出这样的观点:外伊犁地区的阿拉塔乌山麓和伊犁河中游发现的这些时代基本相同的遗迹就是古代乌孙人留下来的。

3.2 伊犁河右岸乌孙墓葬的类型及葬仪

在对乌孙时代的墓地进行研究后发现,它们具有一些共同的特征(主要包括墓地平面布局、葬仪、墓葬地面建筑的结构和椁以及随葬品等)。乌孙时代的遗迹广泛分布于外伊犁地区的阿拉塔乌山麓一带。近 8 年来七河流域的考古发掘成果表明,A. H. 伯恩施坦的一些观点是正确的。例如,他对 M. B. 瓦耶沃斯基和 M. П. 格里雅斯诺夫于 1929 年发掘的伊塞克湖盆地的墓地[1]进行了分期研究。A. H. 伯恩施坦提出的见解是:伊塞克湖盆地的墓地为我们提供了几种不同类型的随葬品,同时墓地里还存在着其他的布局方式[2]。在其后来的论著中他又对天山中部和帕米尔地区的遗迹进行了系统的分期研究。[3]

近年来,随着对哈萨克斯坦东部和东南部地区的别斯沙迪尔墓地[4]、如昂多比墓地[5]和奇里克奇墓地[6]的发掘,我们将七河流域的游牧文化分为两个阶段:塞人时代和乌孙时代,这两个时代都有特点鲜明的遗迹。其中塞人时代的特点是:墓葬中的随葬品以青铜器(主要有镞、灯、刀和镞)、金饰物为主,特别是被称之为"西伯利亚野兽纹"风格的技法在日用品中应用非常广泛。此外较为有代表性的物品是武器。就墓葬形制而言,有些墓葬结构较为复杂:在封土周围有石圈和巨石阵。[7] 上述这些情况在乌孙时代的遗迹中大都没有,虽然从墓葬外形来看,这两个时代的差别并不大。此外,乌孙时代的墓葬中随葬品较少,绝大多数为铁制品,几乎没有出土武器。

---

〔1〕M. B. 瓦耶沃斯基、M. П. 格里雅斯诺夫:《吉尔吉斯苏维埃共和国境内的乌孙墓葬》,第177 页;《哈萨克苏维埃共和国历史》(第 1 卷),第 3 版,1957 年,第 43 页、189 页。

〔2〕A. H. 伯恩施坦:《吉尔吉斯北部地区考古发掘概述》,第 39 - 40 页。

〔3〕A. H. 伯恩施坦:《天山中部地区与帕米尔—阿尔泰地区历史考古概述》,第 22 - 27 页。

〔4〕K. A. 阿奇舍夫:《七河流域发现的塞人古迹》,第 205 - 210 页。

〔5〕A. Г. 玛克西莫娃:《德如昂多别墓地——塞人时代的巨冢》,载《苏联科学院物质文明史研究所报告及野外研究简报》1960 年第 80 期,第 60 - 64 页。

〔6〕C. C. 切勒尼科夫:《ВКАЭ 工作总结》,载《哈萨克苏维埃共和国科学院历史、考古与民族研究所 1960 年档案》。

〔7〕K. A. 阿奇舍夫:《七河流域发现的塞人古迹》,第 205 页。

伊犁河岸边的这些墓地呈南北向排列,这种排列方法在七河流域出现并不是偶然的。之所以如此,是因为生活在这里的古代民族在选择墓地时要考虑地形地貌。不仅七河流域的墓葬是如此排列,就是与其毗邻的一些地区的同时期墓地也是这样排列的。对于吉尔吉斯斯坦北部地区发现的成行排列的乌孙墓葬[1],研究者们指出,这里埋葬的都是乌孙的显贵。但伊犁河右岸的乌孙墓葬中出土的材料并不能证实这个结论。

因此,我们并不认同这样排列墓葬的方式是一种用来预先确定下葬顺序的做法,或是标志着死者的社会等级。

在系统研究了伊犁河右岸乌孙墓葬出土的随葬品、墓葬的结构特点以及平面布局后可以将这些墓葬分为三种类型,分别代表了乌孙历史发展的三个阶段。

第一种类型墓葬的时代为公元前3世纪至公元前2世纪。这一类墓葬多为墓冢五六成群,自北而南排成链状。(见图2-48)封土大小不一,差别很大。四周和顶部均围以石圈。这一类墓葬有:[2]

图2-48　汪古尔—科拉1号墓地上的封丘链

乌特根3号墓地:101/7;克孜劳兹3号墓地:54/15—13;卡普恰加

---

〔1〕M. B. 瓦耶沃斯基、M. Π. 格里雅斯诺夫:《吉尔吉斯苏维埃共和国境内的乌孙墓葬》,第177页;《哈萨克苏维埃共和国历史》(第1卷),第3版,1957年,第43页、189页、177-178页。

〔2〕各个墓地后面的分数意思是:分子表示墓地中的坟冢数量,分母则表示发掘的坟冢数量,而横线之后的数字表示发掘的石圈数量。

伊 3 号墓地:53/30—28;汪古尔—科拉 1 号墓地:78/17—4;克孜勒—厄斯帕墓地:153/8—8;别斯沙迪尔 2 号墓地:32/10—11。

第二种类型墓葬的时代为公元前 1 世纪至公元 1 世纪。这一时期的墓葬特点是:土冢三四成群排成链状,墓葬布局无序。这一类墓葬有:

乌特根 1 号墓地:33;卡尔干 1 号墓地:130/14—12;乌特根 2 号墓地:103/11—5;泰加克 1 号墓地:50/16—10;克孜劳兹 2 号墓地:21/4;阿尔金—厄密尔 1、3、4 号墓地:36/13—17。

这一类墓葬只有 4 处墓地中发现了石圈。

第三种类型墓葬的时代为公元 2 世纪至 3 世纪。此时严格的墓葬平面布局已不复存在。绝大多数墓葬的尺寸规格整齐划一,石圈墓已很少见。各个墓地自南向北延伸得很宽。这一类墓葬有:

卡普恰加伊 2 号墓地:5/3;泰加克 2 号墓地:11/6—5;丘拉克—积基德 1 号墓地:60/7;汪古尔—科拉 2 号墓地:39/14—2;丘拉克—积基德 2 号墓地:80/2;阿拉尔—突报 1 号墓地:27/6—4;卡尔干 4 号墓地:14/6—8。

从上面的数字来看,每处墓地的坟冢数量在 10 ~ 100 之间,有的甚至更多。封土多呈球状,系由黄土和碎石块组成。其周围还环绕着石圈。根据坟冢的规格可将其分为大、中、小三类。

小型坟冢:直径在 4 ~ 7 米之间,高度在 0.2 ~ 0.4 米之间。这类墓多位于整个墓地的最外侧。

中型坟冢:直径在 10 ~ 15 米之间,高度在 0.4 ~ 0.8 米之间。从数量上来看,这类坟冢最多。这类墓多位于墓地的中央。

大型坟冢:直径在 18 ~ 35 米之间,高度在 1 ~ 3.5 米之间。这类墓主要集中分布在泰加克 1 号墓地,其他墓地很少见(见图 2 - 49、2 - 50、2 - 51)。经统计,大、中、小三类坟冢共发掘了 195 处。

图 2-49　泰加克 1 号墓地 M12 发掘前的情况

图 2-50　发掘时使用的传输设备

图 2-51　封丘底部(东西向)

А.Н.伯恩施坦对天山、帕米尔和阿尔泰地区的古迹进行了多年的考察研究,他在系统分析了这些古迹的外部特征后提出的见解是:各个墓葬中用石块堆积形成的同心圆是塞人—乌孙时代墓葬一个首要的而且是非常重要的特点。[1] 但从本世纪(指 20 世纪,译者注)发现的材料来看,他还不能说明石圈在延续千年的塞人—乌孙时代中不同阶段的具体特点。其中在伊犁河右岸发现的乌孙墓葬中的石圈只能作为其文化属性和归属年代的标志。

对这些巨冢的研究结果表明,环绕在封土底部的石圈可谓多种多样。其中有 18 座巨冢的石圈距封土底部在 3 ~ 4 米之间。这些石圈的直径在 6 ~ 8 米之间。带有这类石圈的墓葬主要位于克孜劳兹 3 号墓地,卡尔干 1 号墓地、2 号墓地和 4 号墓地。其中后 3 处墓地的石圈还带有独具特色的通道,这表明在封土底部的西端填入了大量的长条形石块。

石圈埋在封土内部的巨冢可以分为两种类型:第一种石圈经过仔细辨认可以看到,而第二种石圈则必须要对巨冢进行发掘后才能看到。具体来说,第一种石圈还可细分为两个亚型:1. 石圈直径基本上与封土底部直径相当,这类墓葬共有 41 座(见图 2 - 52);2. 石圈直径要比封土底部直径短 3 ~ 4 米左右,这类墓葬共有 18 座(见图 2 - 53、2 - 54)。

第二种石圈同样可以分为两个亚型(见图 2 - 55、2 - 56、2 - 57):1. 石圈位于封土底部中心位置,距地表深 20 ~ 30 厘米,这类墓葬共有 14 座;2. 石圈完全位于封土下面,必须要将封土全部清除掉以后才能看到。这类墓葬共有 35 座。石圈直径通常要比封土底部短 3 ~ 4 米左右。

所有石圈通常都是由一到两排或是三到四排不大的石块构成的,石圈的宽度似乎与封土底部直径有一定的关系,通常在 0.5 ~ 2 米之间。

---

〔1〕参见《苏联考古学资料与研究》1952 年第 26 期,第 25 页。

图 2 - 52　克孜劳兹 3 号墓地 M36 封丘底部环绕的石圈

图 2 - 53　汪古尔—科拉 1 号墓地 M16 封丘底部的石圈

图 2 - 54　克孜劳兹 3 号墓地 M43 封丘底部环绕的石圈

195

·欧·亚·历·史·文·化·文·库·

图 2 – 55　卡尔干 1 号墓地 M62 封丘下面的石圈

图 2 – 56　卡尔干 1 号墓地 M63 封丘下面的石堆

图 2 – 57　卡尔干 1 号墓地 M70 封丘下面的两个石圈

在泰加克1号墓地中有3座墓葬的石圈呈半月状,石圈最宽处位于西部,而最窄处则位于东部。其中的一处石圈可以看出共有两层,而且处在外侧的石块要比内侧的石块高一些。

在卡尔干1号墓地和4号墓地中各有1座墓葬,其封土周围的石圈为正方形,距封土底部约3~4米(见图2-58、2-59)。在石圈西部可以很明显地看出有一个入口,入口是由垂直插入地面的石块构成的,石块的高度为60厘米。

图2-58　卡尔干1号墓地M70的封丘

图2-59　卡尔干4号墓地M10的封丘及方形石圈

在我们已发掘的伊犁河右岸的乌孙墓葬中,共有126座带有石圈。这就使我们可以得出一个结论:不同时期石圈与坟冢相对位置的差异变化表明了一个事实,乌孙人的宗教观和宇宙观发生了变化。而发生这些变化的诱因是其社会经济形态发生了重大改变,这种改变可以从墓葬中得到反映。

上文列举的第一种石圈在乌孙早期墓地中占绝大多数,而第二种则主要出现在公元 1 世纪前后的乌孙墓葬中。我们认为,早期的石圈环绕在封土底部,后来由于某种原因石圈到了封土的下方,而到了公元 1 世纪时,石圈又到了封土的内部下方,距地表 25 ~ 30 厘米。

从 A. A. 马鲁先科的报告中可以看出,石圈墓这种年代上的差别最早出现在土库曼地区。例如,里海沿岸时代较早的墓葬的石圈位于封土底部,石圈的直径约为墓冢直径的 2/3 左右。而土库曼东部地区时代较晚的墓葬,其石圈位置则又是另一种情况。

在卡尔干 1 号,4 号墓地,阿尔金—厄密尔 1、3、4 号墓地中的公元前后的墓葬中,与石圈一样,新出现了一种用石块堆砌的建筑,它也成为墓葬结构中的一个基本要素。这种建筑平面形状为椭圆形或方形,其位置在地面之上(见图 2 - 60)。在伊犁河右岸的墓地中,这种建筑通常位于墓冢的西侧,距墓冢 6 ~ 7 米左右。其与墓圹、墓道处在一条直线上。这种建筑长度在 3 ~ 5 米之间,宽度在 2 ~ 3 米之间。从目前的研究结果来看,其属于一种宗教建筑。在这种建筑中还发现了陶器,陶器多位于其东南角和西南角(见图 2 - 61、2 - 62)。

图 2 - 60　卡尔干 1 号墓地 M60 封丘旁边的堆砌物(发掘前)

图 2 - 61　卡尔干 1 号墓地 M60 封丘旁边的堆砌物（发掘后）

图 2 - 62　卡尔干 1 号墓地 M70 封丘旁边的堆砌物（发掘后）

　　将这种建筑中发现的陶器与墓圹中出土的陶器进行比较后可以发现，建筑内的陶器要比墓葬中的陶器更大，质量也更好。其中在卡尔干 1 号墓地的 M60 和 M70 两座墓葬的附近，即封土底部周围——建筑与石圈之间还发现了一些木炭，这应该是在墓道入口处的篝火残迹。

　　伊犁河右岸的墓地中的墓圹其形状多为圆角方形和椭圆形，通常长度为 1.6 ~ 3 米（儿童墓葬例外），宽度为 0.6 ~ 1.5 米，深度为 0.8 ~ 2 米。

　　就伊犁河右岸乌孙时代的墓葬而言，无论是墓向还是尸骨方向均与外伊犁地区的阿拉塔乌山麓地带的墓葬一样，多为东西向。其中在伊犁河右岸乌孙时代的 122 座墓葬（这些墓葬占所发掘墓葬总数的

66%)均为东西向,而在 52 具尸骨(占发现尸骨总数的 22%)中,仅有少量为西北—东南向和东北—西南向。

从墓圹结构来看,基本上都是竖穴土坑墓。这是与当地的自然条件密不可分的,通常墓葬都有附属性建筑,目的主要是为了防盗。

伊犁河右岸地区的乌孙墓葬在葬仪方面的特点是:葬式多为仰身直肢葬,头向西。仅有少量的死者其肘部略有弯曲,这类死者有的手掌置于盆骨或盆骨下面。

至于随葬品,多置于墓圹西端及头部附近,但随葬品种类和数量都很少。通常每名死者仅随葬 1 件陶器。在早期墓葬中经常能见到绵羊的脊椎骨,而在晚期的墓葬中则几乎不见。其他随葬品还有铁刀、发簪、珠饰、耳环、镜、各种骨制品、陶器、纺轮和网坠等。

从所占百分比来看,在 140 处墓葬中,有 66 座墓圹中发现的随葬品位于尸骨右侧,约占总数的 47.5%,随葬品位于尸骨左侧的共有 41座墓圹(占总数的 29%)。其余的墓圹中随葬品均位于墓圹西端——颅骨旁边。这样看来,大多数随葬品还是放在尸骨右侧的。

在了解了 B.B.奇斯布勒克所做的古人类学鉴定结果及随葬品的相关情况后可以得出这样的结论:伊犁河右岸乌孙墓葬中的男性墓中,陶器和铁刀较为常见。而在女性墓葬中常见的随葬品有陶器、青铜或铁制发簪、珠饰、耳环及其他女性用品。铁刀出现在女性墓葬中的情况非常罕见。

在目前所公布的考古材料中总是认为颅骨的位置及面向具有一定的含义,例如面朝左、面朝右或者面朝上。

伊犁斯克发现的人骨材料的情况是这样的:在 109 具尸骨中,面朝左(北)的有 47 具,占 43%;面朝上的有 49 具,占 45%;还有 12 具面朝右(南),占 12%。由此分析可以看出,颅骨的面部朝向并没有什么规律性,至少没有在年代早晚中能体现出来。

伊犁河右岸所采集的遗物中,共有 123 件陶器、67 把铁刀(绝大多数已残)、34 件铁发簪,这些发簪均为球状头(绝大多数已残)。其中铁制品保存状况很差,这表明了当时金属锻造工艺水平较低。

这些遗物中还有 4 面铜镜、19 只螺旋状的耳环以及大量珠饰(多为黑色),这些遗物出自 18 座墓葬中。这些遗物中能表明年代的很少,但却独具特色。

伊犁河右岸的这些乌孙时期墓葬还有一个非常显著的特点是,随葬品中很少能见到武器。[1] 例外的只有卡普恰加伊 3 号墓地的 M20,该墓中出土了骨制的六棱镞。

从伊犁河右岸发现的 195 座冢墓共 201 个墓圹来看,有 34 个没有随葬陶器,有 74 个曾被盗掘过。所有墓圹都可按葬具的两个基本特征来进行分类。

第一种类型,也是最主要的类型:竖穴土坑。这种墓葬在乌孙的 3 个时期均有发现。这种墓葬共有 113 座,占所发掘的乌孙墓葬总数的56.2%。这种墓葬在早期阶段经常附带有各种建筑设施(参见表 1)。此外,在墓圹上方有的还架有木盖板。带有这种木盖板的墓葬共有 40座(占所发掘乌孙墓葬总数的 20.5%),这 40 座墓葬从组成盖板的原木的排列方式可分为两类:横向的(共有 17 座)和纵向的(共有 23座)。这两类墓葬从形制上看,其差别仅仅是盖板的结构,因此可以归为一类。

这种类型的墓葬是早期(公元前 3 世纪至公元前 2 世纪)乌孙墓葬中一种很有特点的墓葬。与这种在数量上占绝对优势的竖穴土坑墓并存的还有一种墓,这种墓也可以看做是土坑竖穴墓的一个亚型。我们将这种墓葬称之为侧穴墓,它可以算作是第二种类型的墓葬。

侧穴墓在伊犁河右岸地区共发掘了 38 座,占我们在这一地区所发掘的乌孙墓葬的 19%。这 38 座墓葬的时代大体上为公元前 1 世纪至公元 3、4 世纪之间。这种侧穴墓是由墓道和侧穴共同组成的,其中侧穴与七河流域的同类墓葬一样,位置非常固定,一般位于墓道北壁的底部下方。有的侧穴墓还有用原木制成的盖板(共有 17 座),这些原

---

〔1〕Л. 玛洛维茨卡娅:《塔姆基的冢墓》,载《哈萨克苏维埃共和国科学院通报》(考古卷)1950 年第 2 期,第 119 页。

木倾倒在南壁附近,填满了进入侧穴的通道,尸骨位于侧穴内。有的侧穴墓沿着南壁建有凸出的台阶,台阶高 0.2 米、宽 0.4 米(共有 21 座)(参见表 1)。

　　带有台阶的墓圹在居住在中亚和哈萨克斯坦南部地区的穆斯林居民的墓葬中很常见,其与乌孙墓葬中的台阶在结构上非常相似。两者的差别在于:墓圹和尸骨的方向以及随葬品的多寡。

　　与这些墓圹内的建筑并存的还有一种建筑结构——隔板,这种隔板出现在 8 座墓葬中。总的来看,这 8 座墓葬也是普通的土坑竖穴墓,但在墓圹中用木杆或原木将墓圹分隔开来。这种结构的墓葬可以看做是土坑竖穴墓向侧穴墓过渡的一种类型。

　　石圈也是伊犁河右岸地区乌孙墓葬结构中的一个基本要素,其和墓圹之间具有非常密切的关系。例如,大多数的早期乌孙墓葬(公元前 3 世纪至公元前 1 世纪)为土坑竖穴墓,同时这些墓葬也都带有清晰可辨的石圈。而晚期的乌孙墓葬(公元 1 世纪至 3 世纪)所附带的石圈则不是很明显。通过分析这些墓葬的特点,可以使我们确认,乌孙的墓葬结构可以分为两种类型。

　　但在考古学界目前还存在着一种观点。Е. И. 阿格耶娃在她的著作中对七河流域发现的乌孙时期的几种不同墓葬类型提出了自己的看法[1]。

　　在其另一篇文章中,她在分析了墓葬结构的基础上,将阿拉木图地区的乌孙时代的墓葬分为 12 个类型[2]。

　　目前,有一点我们还不是很清楚,即在七河流域如此广大的一个地域,包括江布尔地区的东半部和现代的阿拉木图地区在内,阿格耶娃将这里的乌孙时期的墓葬划分为 8 个类型,而在现代的阿拉木图地区中,阿格耶娃却划分出了 12 种类型。这有些不符合逻辑。

　　有的学者认为,古代七河流域只有两种基本的墓葬类型:土坑墓

〔1〕Е. И. 阿格耶娃:《七河流域发现的考古材料》,第 65 - 67 页。
〔2〕Е. И. 阿格耶娃:《阿拉木图地区古代墓葬的类型问题》,第 33 - 40 页。

和侧穴墓。[1] 我们赞同这种观点。

在目前已发掘的 370 座乌孙时期的墓葬中,属于我们上文描述的第一种类型的有 293 座(占总数的 80%),属于第二种类型的有 62 座(占 17%),其余类型约占 3%。此外,乌孙的墓葬其椁室上一般均覆盖着木板,这表明乌孙文化的渊源是塞人文化。

这个结论还可以由以下材料得到证实。

1957 年,伊犁考古队发掘了属于塞人墓葬的别斯沙迪尔墓地的 M25,在其墓圹表面覆盖着自北向南由紧密地排列在一起的木头制成的盖板。这座墓葬的年代为公元前 5 世纪至公元前 4 世纪,[2]确定该墓年代的证据是墓中出土的青铜镞等随葬品。而克孜劳兹 1 号墓地的 M12 和 M15 中也有类似的结构。[3]

1959 年,东哈萨克斯坦考古队在奇里克谷地发掘了 1 座墓葬,1960 年又发掘了 3 座,这些墓葬中均有与别斯沙迪尔墓地 M25 相似的用杉树树干制成的盖板。这些墓葬的时代为公元前 6 世纪至公元前 4 世纪,其断代的证据是墓中出土的镞、鱼形动物金饰牌等随葬品。[4]

1956 年,А. Г. 玛克西莫娃作为七河地区考古队的一员参加了德如昂多别墓地的发掘工作,其中在 M12 的墓圹中发现了用木棒拼合而成的盖板。从随葬品特征来看,这座墓葬的时代为公元前 7 世纪至公元前 6 世纪。[5] 而 А. Н. 伯恩施坦在阿拉米西克墓地中还发现了石质的盖板,这些墓葬的时代为公元前 5 世纪至公元前 4 世纪。[6]

研究者们从这一系列的材料中得出了它们的共同特征:墓圹均为

〔1〕K. A. 阿奇舍夫:《1960 年田野考古工作的总结》,载《哈萨克苏维埃共和国科学院通报》(历史、考古与民族版)1961 年第 2 期,第 87 页。

〔2〕K. A. 阿奇舍夫:《七河流域发现的塞人古迹》,载《哈萨克苏维埃共和国科学院历史、考古与民族研究所简报》(考古学专号)1959 年第 7 期,第 204 – 213 页。

〔3〕参见 K. A. 阿奇舍夫:《最新工作总结》,第 69、71、73 页。

〔4〕С. С. 切勒尼科夫:《ВКАЭ 工作总结》,载《哈萨克苏维埃共和国科学院历史、考古与民族研究所 1960 年档案》。

〔5〕А. Г. 玛克西莫娃:《德如昂多别墓地——塞人时代的巨冢》,载《苏联科学院物质文明史研究所报告及野外研究简报》1960 年第 80 期。

〔6〕А. Н. 伯恩施坦:《历史考古概论》,第 27 – 34 页。

东西向,墓圹上普遍放置盖板,墓地的平面布局非常独特。

伊犁河右岸地区的这些乌孙墓葬使用木盖板表明了一种葬俗传统和习惯的继承性,而这种传统和习惯来自于七河流域的塞人文化。

因此在早期阶段带有木盖板的竖穴土坑墓占有绝对数量上的优势是完全合乎规律的,这也正是塞人丧葬传统的一个遗留。

正如我们已经注意到的,伊犁河右岸地区还有一种较为常见的墓葬类型,即侧穴墓。首先,我们认为这类墓葬与塔什干绿洲[1]、费尔干纳[2]、天山[3]、塔吉克斯坦[4]、布哈拉绿洲[5]、伏尔加河流域[6]、克列斯草原[7]、吉尔吉斯共和国奥什州[8]等许多地方发现的同类墓葬有很多共同之处。

我们认为,七河流域及其邻近地区的这种墓葬当属一个类型。这类墓葬大体有以下几个特点。

(1)七河流域包括伊犁河流域在内的墓葬的墓圹均为东西向,而邻近地区的侧穴墓的墓向则为南北向。

(2)七河流域发现的侧穴墓的壁龛总是建在北壁上,而中亚其他地区和伏尔加河流域发现的此类墓葬的壁龛则是建在东壁或西壁上。

(3)七河流域发现的侧穴墓内的尸体多为头西脚东,而中亚其他地区的此类墓葬中的尸体头向则是各种各样,有南向的、西南向的、北向的以及东北向的。

---

〔1〕В. Ф. 卡伊杜科维奇:《乌兹别克斯坦西里尼—萨伊附近的墓地》,载《苏联考古》1952 年第 16 期。

〔2〕Б. А. 拉德尼、Г. Г. 阿波勒杜耶娃:《伊斯法里巨冢》,载《苏联科学院物质文明史研究所报告及野外研究简报》1959 年第 76 期。

〔3〕А. Н. 伯恩施坦:《历史考古概论》,第 190 页。

〔4〕А. 曼杰里斯坦:《比什凯克谷地 1956 年考古成果概要》,载《塔吉克斯坦 1956 年考古成果概要》1959 年第 4 期,第 67 – 70 页。

〔5〕O. В. 奥别里琴科:《库尤–马扎勒墓地发现的墓碑和公元 1 世纪的墓葬》,载《中亚国立列宁大学论文集》(第 4 卷,中亚考古),1957 年,第 205 – 227 页。

〔6〕И. В. 西尼奇:《伊鲁斯兰河下游地区发现的古迹》(1954—1955 年发掘材料),载《苏联考古学资料与研究》1960 年第 78 期。

〔7〕Г. В. 格里果里耶夫:《从考古学上看克列斯草原》,载《哈萨克苏维埃共和国科学院通报》(考古版)1948 年第 1 期,第 47 – 78 页。

〔8〕Ю. А. 让德涅波洛夫斯基:《奥什州南部地区的考古遗迹》。

（4）七河流域的墓葬内的随葬品多置于头部附近和墓圹西端，而中亚其他地区墓葬中的随葬品则几乎在墓圹内的各个位置都能找到。此外，伏尔加河流域的墓葬内的随葬品摆放情况也基本上如此。

尽管各地区的侧穴墓之间有如此多的明显的差异性，但有些研究者总是认为它们的共性更多，而有些学者，例如哈萨克斯坦的学者却持相反的意见。

关于中亚和哈萨克斯坦地区的侧穴墓的属性和起源目前存在着两种观点。一种观点认为这种墓葬的形成是受外来文化影响所致，例如古代民族的迁徙。[1] 而另一种观点在我们看来，可能更准确一些。这种观点认为，侧穴墓中埋葬的都是当地土著居民，因此这种墓葬类型就是从当地发展起来的。[2]

在对伊犁河右岸地区出土的考古材料进行分析后，我们可以确认：就随葬品而言，侧穴墓出土的随葬品与同时期其他墓葬中出土的随葬品并没有任何差异。但其他墓葬，例如土坑墓也没有显示出文化上的扩张性，恰恰相反，与早期的墓葬相比较而言，晚期的墓葬更多地显示出了一种继承性。

而在分析研究了墓葬结构等基本特点后可以认为，从地面建筑来看，侧穴墓和土坑墓之间并没有什么差别，它们可以看做同一类型墓葬。

近年来在七河流域发现的人类学材料可以证实，侧穴墓中的人骨材料包括了多个人种类型。在七河流域发掘的 29 座这类墓葬中，有 13 座墓葬的人骨材料具有中亚河中地区人种的特点，有 7 座墓葬的人骨材料具有欧罗巴人种的短颅特征，有 6 座墓葬的人骨材料具有安德

〔1〕A. H. 伯恩施坦：《科尼科里墓地》，列宁格勒，1940 年，第 32 页；A. H. 伯恩施坦：《匈奴历史概述》，莫斯科—列宁格勒，1951 年，第 101 页；同 49，第 128 - 139 页；同 35，第 38 页。

〔2〕C. C. 萨洛奇尼：《中亚地区的侧穴墓等墓葬的地方性特点》，载《苏联考古》1956 年第 26 期，第 117 页；M. Э. 沃洛涅茨：《乌兹别克共和国科学院历史博物馆考古队 1947 年在弗列弗斯卡娅车站附近发掘的公元 1 世纪的巨冢》，载《乌兹别克共和国历史博物馆馆刊》1951 年第 2 期，第 43 - 73 页。

罗诺沃人的体质特征,有 2 座墓葬的人骨材料具有蒙古人种的体质特征。[1]

如果考虑到哈萨克斯坦境内那些时代较早且分布广泛的侧穴墓中的人骨材料所呈现出来的体质特征的话[2],以及伊犁河右岸地区的侧穴墓中的随葬品、墓葬地面建筑的结构特点、墓地平面布局特征都与同时期的当地其他类型的墓葬具有诸多相似之处,那我们就可以得出结论,伊犁河右岸地区的侧穴墓是当地土著居民的墓葬。这种类型墓葬的产生是乌孙人宗教观念发展的一个结果,也是公元 1 世纪至 3 世纪乌孙社会和经济发生剧变的一个后果。

因此,就没有绝对的把握将中亚和哈萨克斯坦发现的这些侧穴墓视为外来居民的墓葬。像这样的有关古代民众在宗教观念和意识形态方面的变化就是其社会生产方式进一步发展结果的解释,会使研究者们对人类社会发展产生错误的概念,进而会否认在落后的社会生产方式内部也孕育着新的先进的因素这样一个辩证法概念。经济方面的变化导致了古代民众宗教观念的改变,其表现就是在葬仪中出现了新的内容。换句话说,墓葬的所有变化的答案都应该在社会生产方式的特点中去寻找。

如此看来,在分析了大量的实物材料的基础上,我们可将乌孙的社会历史划分为三个独立发展的阶段。每一个阶段都有其自身的特点,例如墓地布局、墓葬地表建筑的独特之处、独特的墓葬形制以及特点鲜明的随葬品等等。这些特点可详见表1。

乌孙各个历史时期的文化也有一些共同特征,主要有:墓地呈南北向排列,且多沿各种分水岭分布;坟冢周围有石圈(共有 14.4% 的墓

〔1〕B. B. 齐斯布里克:《1954 年考古发掘材料综述》,载《哈萨克共和国科学院历史、考古与民族研究所 1955 年档案》;B. B. 齐斯布里克:《哈萨克斯坦东南部地区古代居民的人类学材料》,载《哈萨克共和国科学院历史、考古与民族研究所所刊》1959 年第 7 期,第 266 - 269 页;O. 伊斯马古洛夫:《七河流域乌孙人的人类学特点》,载《哈萨克共和国科学院历史、考古与民族研究所所刊》1963 年第 16 期,第 170 - 192 页。

〔2〕K. 阿奇舍夫:《哈萨克斯坦北部地区的古迹》,载《哈萨克共和国科学院历史、考古与民族研究所所刊》1959 年第 7 期,第 19 - 21 页。

葬有）；竖穴土坑墓占绝大多数（56.2%的墓葬属于此类）；随葬陶器中以圆形底器物最多（占58.5%），且这类陶器中均有动物骨骼。

乌孙各个历史时期的文化还有一些规律性的特征。主要体现在墓地的平面布局、墓葬地表建筑的结构特点、墓圹上面的盖板以及随葬陶器从圆底向平底发生改变的特点。

以早期乌孙遗迹（公元前3世纪至公元前2世纪）为例，伊犁河右岸地区这一时期的乌孙历史有如下特征：第一，墓冢自北而南排成链状；第二，大多数墓葬在墓冢四周和顶部均围以石圈；第三，常见竖穴土坑墓，墓圹上纵横架设圆木；第四，随葬陶器多为圆底，还出土有日用青铜制品；第五，墓中多见绵羊骨（66%的墓葬出土了绵羊骨）。

公元前后的乌孙遗迹为我们展现了这样的一幅历史画面：第一，呈链状分布的墓葬逐渐变得排列无序起来；第二，石圈位置发生变化，由墓冢四周和顶部向坟冢底座内部转移；第三，竖穴土坑墓的数量逐渐减少，侧穴墓的数量则逐渐增加；第四，圆底陶器数量在减少，而平底陶器数量在增加；第五，出土绵羊骨的墓葬数量较少（仅有19%的墓葬出土了绵羊骨）。

如果说第二个历史时期还或多或少地带有一些第一个历史时期的特点的话，那乌孙历史的第三个时期所具有的特点则与第二个历史时期有关。具体特点如下：第一，墓葬排列更加无序；第二，石圈的位置转移到了坟冢底座的下方；第三，竖穴土坑墓和侧穴墓并存；第四，平底陶器的数量在随葬陶器中已占有绝对优势；第五，出土绵羊骨的墓葬与第二个历史时期的同类墓葬比例几乎相当，但还出土了原始的石磨盘。

如此看来，乌孙各个历史时期的文化都发生了显著的变化，主要体现在经济、社会结构和宗教观念这三个方面。

4 分布在伊犁河右岸的乌孙人的
经济和社会结构

4.1 经济

　　要了解乌孙的经济主要依靠两个方法：一是数量不多且语之不详的文献材料；二是考古发掘所得的材料。其中后者主要是陶器，这些陶器有的用来盛放动物骨骼，有的里面则发现了农业生产工具。同时还要考虑到这一地区的自然历史和地理特性。因此我们所获得的材料有着很大的局限性，因为这些材料取自一个很小且比较封闭的地区，这就难以对乌孙的经济做出一个比较全面客观的评价。

　　最能全面反映乌孙经济特点的是中国史料中的记载。那里面对乌孙有这样的描述："（乌孙）不田作种树，随畜逐水草。"[1] 这条记载中所反映的史实受到了怀疑，有人在发掘了吉尔吉斯斯坦北部的遗迹[2]（包括布鲁那尼墓地等）后得出结论，乌孙的经济形态不是单一的。其中最重要的是畜牧业，农业仅具有辅助作用。他们以在乌孙墓葬中出土的数量众多的且制作粗糙的陶器、烧焦的谷物和磨盘为例，论证了农业在乌孙的经济中所起到的作用。[3] 这种观点也得到了很大一部分研究者的赞同。[4]

　　〔1〕Н. Я. 俾丘林：《古代中亚地区居民资料汇编》，第 190 页。

　　〔2〕М. В. 瓦耶沃斯基、М. П. 格里雅斯诺夫：《吉尔吉斯苏维埃共和国境内的乌孙墓地》，载《古代史通报》1938 年第 3、4 期合刊，第 162 – 179 页。

　　〔3〕М. В. 瓦耶沃斯基、М. П. 格里雅斯诺夫：《吉尔吉斯苏维埃共和国境内的乌孙墓地》，载《古代史通报》1938 年第 3、4 期合刊，第 178 页。

　　〔4〕《哈萨克苏维埃共和国历史》，第 1 卷，第 41 – 43 页。

但到了 20 世纪 40 年代,A. H. 伯恩施坦在系统分析了吉尔吉斯斯坦北部和伊犁河流域出土的相关考古材料的基础上,否定了乌孙经济中有农业存在的观点。[1]

但绝大多数考古学家仍确信乌孙的经济形态是多样的。目前,对有关乌孙的考古材料的认识水平要高于 20 世纪三四十年代,同时在数量上也要明显多于那时。因此研究者们提出了很多关于乌孙历史及乌孙与周边民族相互关系的观点。因而现在有可能更加深入地来研究乌孙的经济形态,同时也能说明当时的中国和中亚地区对其产生的影响。当然研究这些内容必须考虑到当时的地理环境因素。

伊犁河流域的自然历史和地貌特征已众所周知,这里是一个高山盆地,[2]有着非常适宜牧业发展的自然条件。这也可以由阿拉木图州南部的土壤和植被资料来证实。[3]

这里适宜牧业发展和农业发展的土地比例为 2:1,这里需要说明的是,我说的适宜农业发展的土地不仅指目前已被开垦的土地,还包括那些尚未开垦的且适宜农业发展的土地。而适宜农业发展的土地又可以划分为水浇地、半灌溉的土地和旱地,其中半灌溉的土地指的是需要灌溉,但其地形条件或是水源条件不能进行灌溉的土地,因此其收成不能有充分的保障。[4]

荒地这个概念仅包括那些完全不能被利用的土地。而阻碍它们被利用的条件多为气候方面的(例如热量不够、降水量稀少等),其他的不利因素还有地形地貌、土壤特点等。如此看来,荒地所占的比例其实很低。就牧场的性质来看,我把它们按季节分为冬牧场和夏牧场两种。

根据伊犁河流域最近 2000 年来自然条件没有发生重大变化这个

〔1〕A. H. 伯恩施坦:《吉尔吉斯北部考古概述》,伏龙芝,1941 年,第 37 - 38 页。

〔2〕B. П. 《谢米诺夫 - 天山地区》,俄罗斯,第 19 册,突厥斯坦边区,圣彼得堡,1913 年。

〔3〕P. И. 阿波林:《哈萨克苏维埃共和国阿拉木图州南部地区的自然和历史关系》,载《中亚国立列宁大学土壤学和地植物学研究所学报》(哈萨克斯坦分卷)1929 年第 1 期,第 58 页。

〔4〕P. И. 阿波林:《哈萨克苏维埃共和国阿拉木图州南部地区的自然和历史关系》,载《中亚国立列宁大学土壤学和地植物学研究所学报》(哈萨克斯坦分卷)1929 年第 1 期,第 57 页。

情况,可以推测,乌孙时代的各类土地比例情况也应该大致如上文所述。因此公元前3世纪至公元3世纪居住在伊犁河流域的乌孙人的生产力发展处在一个很低的水平上。他们利用当地的自然条件发展自己的经济,尤其值得一提的是,他们还修建了复杂的灌溉系统来发展农业。顺便要提及的是,直到现在,也没有在阿拉木图州发现乌孙时代的灌溉设施遗迹。

总之,这两种最主要的土地类型的比例关系可以使我们有理由得出这样的结论:乌孙人绝大多数从事的是牧业经济。这方面的证据就是发现的乌孙墓葬材料。这些墓葬或是位于宽阔的峡谷附近,或是位于山脚和山间牧场。研究者曾多次注意到这一现象,并指出,这些墓地是古代游牧民族的墓地。

伊犁河右岸这些墓葬中出土的材料显示出了一种独特性和典型性。这些材料绝大多数为陶器和绵羊骨头。经统计,在发掘的201处墓葬中共有93个墓圹出土了陶器。这些陶器绝大多数为球状圆底(共有72件),还有一些是略带平底(共有32件)和完全是平底(共有19件)的。这样看来,圆底和略带平底的陶器共有104件(占出土陶器总数的84.5%)。

就乌孙墓葬而言,除了这些陶器以外,比较有特点的就当属绵羊的脊椎骨和骶骨。这些骨头是在94座墓葬中发现的。它让我们了解了乌孙人所饲养的牲畜的种类和特点。其中绵羊的骶骨(这是羊身上最肥的部分)多置于带有把手的圆底陶器中,这是给死者在阴间食用的。按照我们的意见,中国的史料可以证实,乌孙人是游牧民族。如此看来,自然地理条件和这些独特的随葬品使我们可以确认,这些墓葬是以游牧为生的民族所遗留下来的。在我们看来,还有一个指标可以用来确定古代民族的经济形态,那就是墓葬中出土陶器的数量。

众所周知,陶器和其他随葬品是体现墓主人所从事的经济类型的间接证据。在经济基础上还能发展衍生出宗教观念,这其中还包括对阴间生活的信仰。而陶器形态的变化则是古人生活方式变化的间接证据。最后,随葬品还是划分古人社会经济发展程度的一个标尺。如果仔细分析研究伊犁河右岸和伊犁河流域南部地区乌孙墓葬中出土的随葬品,那我们可以看出这样一个规律:每座墓葬的死者一般多随葬1件陶器。其中在伊犁河右岸地区的93座墓葬中,有73座随葬1件陶器,仅有20座墓葬随葬2件或更多的陶器。

伊犁河流域南部地区的情况也与此类似。在这里发掘的墓葬中,有43座随葬1件陶器,24座随葬2件以上的陶器。[1] 而在整个伊犁河流域发掘的乌孙墓葬中,共有116座随葬1件陶器(占所发掘墓葬总数的72.5%),仅有44座墓葬随葬2件以上的陶器(占所发掘墓葬总数的27.5%)。从上述资料中可以看出,乌孙墓葬中所发现的陶器基本上符合我们上面所提到的规律。我们认为,伊犁河流域的乌孙墓葬中的这个特点表明了其经济中的保守性,同时从另一方面来看,乌孙陶器的独特性也体现出了其畜牧经济的特色。

从伊犁河右岸乌孙墓葬出土的这些考古材料可以看出,陶器的数量与死者的人类学特征具有直接的联系。在伊犁河右岸发掘的20座乌孙墓葬中,我们发现当地土著人随葬的陶器只有1件。而在被确定为欧罗巴人种中亚河中类型的5个死者的墓葬中,他们随葬的陶器都在两三个以上。

同样的情况在伊犁河流域南部发现的乌孙墓葬中也是存在的。在24座墓葬中,随葬2件及更多陶器的死者仅有4名能确定人种类型,其中有3名属中亚河中人种类型。这3名死者随葬的陶器在2件到5件之间。尽管这种死者人种类型与随葬陶器数量的对比关系可能会有局限性,但我们仍然认为这二者之间有某种规律性的联系。照例,当地土著人仅随葬1件陶器,而中亚河中人种类型则情况比较复杂,其中既有混血的,也有蒙古人种,他们一般均随葬2件或更多的陶器。这种现象并不仅仅是一种独特的葬仪,从另一个方面来看,这可能表明了一种墓葬年代上的特点。同时,这也是乌孙人的包括制陶业在内的

〔1〕《苏联考古调查队1956年田野考古所得的材料》,载《哈萨克苏维埃共和国科学院历史、考古与民族研究所档案》。

家庭手工业发展的一个结果。

从伊犁河右岸这些乌孙墓葬的出土材料可以看出,墓葬年代与随葬陶器的数量有着非常密切的关系。在早期(公元前 3 世纪至公元前 2 世纪)墓葬中,我们见到只有少量墓葬随葬 2 件或更多的陶器。例如,我们发现了有 9 座墓葬中分别随葬有 2 件陶器,且这些陶器都是圆底的。

到了中期(公元前 1 世纪至公元 1 世纪),特别是晚期(公元 2 世纪至 3 世纪)的墓葬中,随葬陶器的数量大大增加。另外,在我们发掘的 10 座随葬 2 件陶器以上的墓葬中,绝大多数陶器都是平底的。我们认为,墓葬中陶器数量的增长、陶器形制的变化即平底器数量的增加昭示的是乌孙经济中发生的一种很重要的变化,这种变化的时间大体上在公元前后。

伊犁河右岸乌孙墓葬中的这种相互关系还体现在吉尔吉斯北部[1]和塔什干绿洲地区[2]发现的同时期墓葬中。而在伊塞克盆地发现的 8 处墓地中,每座墓葬均随葬 2～15 件陶器,仅有一处墓地中的 2 座墓葬随葬 1 件陶器。[3]

类似情况在中亚的其他地区也能看到。例如,在塔什干附近的弗列弗斯卡娅车站[4]曾发掘过 6 座墓葬,其中的 4 座随葬陶器为 2～4

〔1〕А. Н. 伯恩施坦:《中部天山与帕米尔—阿尔泰地区历史考古概述》,载《苏联考古学资料与研究》1952 年第 26 期,第 50－55 页;М. В. 瓦耶沃斯基、М. П. 格里雅斯诺夫:《吉尔吉斯苏维埃共和国境内的乌孙墓地》,载《古代史通报》1938 年第 3、4 期合刊,第 164－176 页。

〔2〕М. Э. 沃洛涅茨:《乌兹别克苏维埃共和国科学院历史博物馆和历史、考古研究所 1950—1951 年在费尔干纳地区的考古成果》,第 59 页;М. Э. 沃洛涅茨:《乌兹别克共和国科学院历史博物馆考古队 1947 年在弗列弗斯卡娅车站附近发掘的公元 1 世纪的巨冢》,载《乌兹别克共和国历史博物馆馆刊》1951 年第 2 期,第 47－61 页;Ю. 查德涅波洛夫斯基:《奥什州南部地区发现的古迹》。

〔3〕А. Н. 伯恩施坦:《吉尔吉斯北部考古概述》,伏龙芝,1941 年,第 37－55 页;М. В. 瓦耶沃斯基、М. П. 格里雅斯诺夫:《吉尔吉斯苏维埃共和国境内的乌孙墓地》,载《古代史通报》1938 年第 3、4 期合刊,第 166－174 页。

〔4〕М. Э. 沃洛涅茨:《乌兹别克共和国科学院历史博物馆考古队 1947 年在弗列弗斯卡娅车站附近发掘的公元 1 世纪的巨冢》,载《乌兹别克共和国历史博物馆馆刊》1951 年第 2 期,第 60 页。

件,其余 2 座仅随葬 1 件。而纳曼干地区[1]发掘的墓葬中的情况则显示出了另一种特点:这里的 14 座墓葬中平均每座均随葬 5 件陶器。这种情况在费尔干纳地区的墓葬中很常见。

这样看来,中亚和伊塞克盆地的墓葬中随葬的陶器要多于同时期伊犁河流域墓葬中的随葬陶器。

而这两个地区发现的陶器中的一些器形也与伊犁河右岸墓葬中出土的陶器很相似。从一个方面来看,吉尔吉斯斯坦北部和中亚地区的陶器无论是质量、制作工艺,还是纹饰都具有独特之处。如果说伊犁河流域的墓葬中出土的陶器绝大多数为素面、球状、手制的话,那么中亚地区墓葬中出土的陶器基本上带有纹饰、形状各异且平底器居多。

在中亚和吉尔吉斯斯坦北部的这些墓葬中发现的陶器每座墓都有两三个以上,照例,这些墓葬中的死者都属于当地的帕米尔—费尔干纳体质类型。由此可见,这应该是一种规律,即当地居民的墓葬中均随葬好几件陶器。

进行对照后还可以证实:伊犁河流域和中亚地区的早期游牧人墓葬具有一定的差异性。这些差异性主要体现在两个地区居民的经济形态上。

就弄清乌孙经济发展的基本方向的特点而言,我们认为,利用墓葬中的随葬品是不能直接来说明其经济形态的,而只能间接地通过手工业的发展水平来说明。众所周知,手工业是从农业中分离出来的(第二次社会大分工),这种分工是由于社会生产力得到了很大发展,因而所需的劳动时间也得到缩短。[2] 这种情况产生在农业社会中要早于在畜牧业社会中。而伊犁河流域及与之相比较的几个地区的墓葬中出土的随葬品均以陶器为主,陶器既是一种日用品,同时也是一种家庭手工业产品。它们与死者相伴一同进入阴间。我们的看法是,墓葬中出土的数量如此多的陶器,如果生产它们不用耗费大量的时

〔1〕M.Э.沃洛涅茨:《乌兹别克苏维埃共和国科学院历史博物馆和历史、考古研究所 1950—1951 年在费尔干纳地区的考古成果》,第 61 页。

〔2〕卡尔·马克思:《资本论》(第 1 卷),莫斯科,1950 年,第 47 页。

间,那就表明制陶技术得到了极大的提高,并且制陶业已成为一种专门的手工业。

在这种相互关系中,中亚地区古代民族农业经济的集约化促进了陶器制造业的高速发展,[1]同时还能利用包括陶器在内的大量随葬品表现和留下宗教观念的痕迹。与此相反,七河流域部分民族所经营的畜牧经济却阻碍了陶器制造业的发展,使之停留在家庭手工业的阶段,这样反映在墓葬中就是每名死者仅随葬1件陶器。

至于伊犁河流域那些随葬2件或更多陶器的墓葬,我们发现,这些陶器中平底器所占的比例在增加,这表明有部分乌孙人过得是定居生活,同时也能证实乌孙的农业在不断发展之中。由此乌孙人就开始发展家庭手工业,其中就有陶器制造业。可能在此过程中还显示出乌孙周边的农耕文明对其游牧经济所产生的影响,其中之一就是农耕文明带来了用陶器给死者随葬的风俗习惯。

这样看来,畜牧业应该是乌孙经济中的主业,它决定了乌孙社会的特性。但不排除在乌孙人的遗迹中具有定居农业文明的因素。正如在伊犁河右岸地区所得的考古材料反映出的情况,自公元1世纪始,陶器中平底器的数量不断增加,这表明有相当数量的乌孙人已开始经营农业。

近些年来这些关于乌孙经济特点的材料中还补充了来自中国史料中的相关内容。中国的史料中有这样的记载:公元前1世纪中叶,西汉王朝沿着边境线建立了很多具有军事性质的居民点,居住在这些居民点的人们都经营着农业。[2] 如果考虑到这些居民点都位于乌孙境内,那么就可以认为,一部分乌孙人从牧民变为农民是由于得到中国人的帮助。

考古材料已能确凿地证实,自公元1世纪开始,乌孙的经济中农业

〔1〕C.П.托勒斯托夫:《古代花拉子模文明遗存》,莫斯科—列宁格勒,1948年,第93、96、117、118和119页;М.Г.瓦洛毕耶娃:《古典时代花拉子模的陶器》,载《花拉子模考古与民族调查成果集》(第4卷),莫斯科,1959年,第84—145页。

〔2〕《汉书》,北京,1958年,第2068页。(中文)

所起到的作用越来越大。因此,我们认为这不仅仅是受到中国的影响,更是乌孙社会生产力发展的结果。而西汉王朝在边境地区的屯田行动的影响应该看做是对乌孙经济发展起到了进一步的促进和推动作用。

中亚地区的定居农业文明地带也对乌孙的农业发展具有影响。这种影响主要是通过中亚地区的居民向七河流域的迁徙而体现出来的。通过迁徙活动,这些居民所使用的陶器得到了广泛的传播,同时还和其他民族建立了经济上的联系。

我们认为,由此乌孙的经济发展也显现出了新的特征。

在其早期发展阶段(公元前3世纪至公元前1世纪),畜牧业在乌孙经济中占有绝对优势,由此也决定了其社会特性。考古材料这方面的证据是:此时乌孙人墓葬中随葬的陶器里基本上都发现了绵羊的骨头。另外,这时的墓葬中其他随葬品还较为罕见。

公元1世纪乌孙的经济发生了重要的变化。其生产力得到了进一步发展,中国对其的政治影响力也在加强,[1]同时在乌孙境内那些适宜农业发展的地区由于与中亚地区经济联系的加强也加速了农业化的进程。这方面的考古材料是石磨盘、陶器(丘拉克—积基德1号、汪古尔—科拉2号等墓地出土)。

就是在部分乌孙人的经济生活方式从畜牧业转化成农业的晚期发展阶段,畜牧业在乌孙经济中仍占首要地位。

畜牧业是乌孙的基本经济形态,我们的观点是,乌孙时期中央哈萨克斯坦草原畜牧业的广泛普及是造就其成为乌孙经济支柱性产业的最根本的原因。无论是在古代,还是现代,畜牧业的特点都可以归结为:在一块不大的地域内游牧徙居,而且这片地域内有很多相邻的牧场。畜牧业具有垂直的、半游牧的特点,且在春夏牧场和秋冬牧场之间来回转场。而且伊犁河流域的畜牧业的特点是,一年中在冬牧场放牧

---

〔1〕B. 马勒让诺夫:《关于乌孙和中国相互关系的新材料》,载《哈萨克苏维埃共和国科学院历史、考古与民族研究所所刊》1962年第15期,第123–127页。

的时间相对比较长。这些冬牧场多位于地势较高的河滩地或是平原地带,而春夏牧场则多位于山间或山麓地带。

狩猎:狩猎在乌孙的经济生活中看上去并不占重要的地位,甚至连辅助作用都起不到。在我们所发掘的 300 座墓葬中仅出土了 5 个野生山羊的角(分别出土于克孜劳兹 3 号墓地和别斯沙迪尔 2 号墓地)。

在丘拉克山的峡谷地带我们还发现了很多岩画,这可以表明,乌孙人的狩猎对象最主要的是野生山羊。[1]

我们所获得的乌孙考古材料中没有关于其渔业方面的材料,但在丘拉克—积基德 2 号墓地和汪古尔—科拉 2 号墓地出土了 3 件陶和石的小手工制品,它们可能是捕鱼时所用的网坠之类物品的残余。

家庭手工业:伊犁河流域的乌孙人的家庭手工业是在自然经济的基础上发展起来的。乌孙人已能用经过多次锻造的钢铁来制造各种各样的刀、发簪等物品,他们还能利用青铜生产出耳环、刀、手镯和镜等物品。此外,我们还发现了数量较少的金银制品。上述这些金属制品都是利用当地矿藏[2]加工而成的,而且与塞人时代的用浇铸法制造的金属物品相比较来看,它们的制作手法和工艺都是很普通的,当然从这些材料中也看到了很明显的文化继承性。

木雕工艺在乌孙也应用得非常广泛(例证是卡普恰加伊 1 号墓地的 M3 和泰加克 1 号墓地 M15 中发现的随葬品)。此外,乌孙的丝织业也达到了很高的水平。关于这方面的材料是乌孙墓葬出土陶器侧壁上的两种织物式样的纹饰:一种是亚麻布样式的;另一种是对角线样式的。其中前者是用十字交叉的方式编织的,而后者则是用凸纹的方式编织的。

陶器:相对而言,乌孙的陶器制造业已达到了一个相当高的水平。与塞人时期一样,乌孙的陶器中仍然有球状的。由于制陶技艺的不断

---

〔1〕П. И. 马里科夫斯基:《丘拉克山区发现的岩画》,载《哈萨克苏维埃共和国科学院院刊》1950 年第 6 期,第 73 – 79 页;П. И. 马里科夫斯基:《丘拉克山区发现的古迹》,载《哈萨克苏维埃共和国科学院院刊》1951 年第 6 期,第 95 – 100 页。

〔2〕В. 维别勒:《突厥斯坦地区的矿藏》,圣彼得堡,1913 年,第 65 – 75、169 – 174 页。

完善,从而引起了乌孙经济上的变化,不仅陶器形制逐步多样化起来,而且质量也得到很大提高。乌孙时期与塞人时期陶器的区别主要在于,乌孙时期的陶器从视觉角度来看显得更匀称。至于说陶器制造工艺方面,倒是没有多大的变化。如果说塞人时期陶器的特点是手制法,且以夹砂陶(粗砂)为主的话,那么乌孙时期的陶器虽然也是手制的,但在制造器底时使用了布制的模子,这样做的目的是使陶器看上去更匀称。此外,乌孙时期的陶器其陶质虽然也是夹砂陶,但多夹细砂,这也表明了陶器质量的改善。乌孙时期那些时代较晚即公元前后的陶器表面很多涂有亮褐色和浅红色的颜料,有的陶器上面还有粗糙的磨光痕迹。

乌孙人制造陶器的过程是这样的:将一团陶土揉好后放入布制的模子里,模子里还充斥着大量沙子,然后捏制出陶器的底部,因此在陶器底部内侧经常会留下织物的痕迹。这样制造出来的底部多为体态非常匀称的圆形底。也就是说,这类陶器的底部是单独制造出来的。随后开始制造陶器的侧壁部分,而且侧壁上经常有宽约4厘米的条带纹饰。这种装饰方法还被用在陶器的颈部和口沿上。

在将陶器各部分拼合成需要的器形后,还要在陶器的内壁和表面涂抹一层很薄的呈液体状的黏土,并做抹平处理。其中在陶器的表面加工得更为精细。从陶器的断口处看,绝大多数呈暗红色,两层或三层的则非常罕见。

无论是乌孙时期的陶器,还是塞人时代的陶器,其所饰纹饰并没有什么特别之处。值得一提的仅仅是在乌孙时期的较晚阶段出现了简化的中亚类型成分,其表现为在陶器的上部画一条线。此外,乌孙时期陶器上的把手也是独具特色的:首先在陶器的侧壁上钻几个穿孔,然后在穿孔里嵌入用黏土制成的截面为圆形的带子。通常还要将这些带子在内壁的那端捋顺,而在器表的另一端则用黏土进行固定,目的是能将把手与陶器外壁的连接处抹平。

伊犁河右岸乌孙墓葬中出土的陶器有很多与七河流域乌孙墓葬中的陶器器形相同,经过分析研究后可以表明,这两地出土的陶器与中亚地区及伏尔加河流域出土的陶器具有根本的不同。其中中亚和伏尔加河流域出土的陶器多为敞口,且绝大多数没有把手,而伊犁河流域和七河流域则长期盛行带有把手的圆球状陶器。这些陶器器身不高,且腹径也不大。在我们的发掘品中仅有3件陶器使用陶轮进行了修理(出自汪古尔—科拉2号墓地),有7件带把手的陶器没有使用模子的痕迹(分别出自卡普恰加伊3号墓地和别斯沙迪尔2号墓地)。

在对伊犁河右岸乌孙墓葬出土陶器进行分析的基础上,我们按照形态将其中最常见的器形分为4种(参见表3)。

第一种:钵和大杯。其中钵的形体较大,多为圆形球状底、敞口。也有直口、尖唇(通常这类钵里有山羊骨和铁刀),还有4件钵的口沿一模一样,均为宽沿,且在口沿下面饰有很宽的凹弦纹。

就绝大多数钵而言,其高度与腹径之比在1:2之间,即高度在9厘米左右,腹径在18~22厘米之间(见图版三)。

出土这种陶器的墓地主要有:乌特根3号墓地(1/27[1])、泰加克1号墓地(2/4、4a)、克孜劳兹2号墓地(1/11)、克孜劳兹3号墓地(2/1、41)、汪古尔—科拉1号墓地(3/21、22、27)、汪古尔—科拉2号墓地(2/12、13)和别斯沙迪尔2号墓地(3/3、10、11)。

在出土的23件此类钵中,有14件为尖唇,9件为圆唇;有16件为圆形底,4件底部略平,3件为平底。有2件钵为直壁,其中1件还经过陶轮修整(出自汪古尔—科拉2号墓地M12)。

大杯绝大多数为敛口、圆形底,仅有少量平底。它们均为手制,形体较小,通常高度与腹径之比为1:1(见图版四)。出土这种陶器的墓地主要有:卡普恰加伊3号墓地(1/5)、乌特根3号墓地(4/6、16、27、28)、丘拉克—积基德1号墓地(1/31)、泰加克1号墓地(1/15)、汪古尔—科拉1号墓地(4/11、14、22、27)和别斯沙迪尔2号墓地(1/19)。

这类陶器共有15件,其中10件为圆形底,5件底部略平;有4件为尖唇,其余11件为圆唇。

―――――――――――

〔1〕这里分数的意思是,分子表示发现的此类陶器数量,分母表示墓葬编号。

第二种:壶。其形为梨状,主要差别在于口部,可分为两种,喇叭状口和较为狭窄的口。

其中喇叭状口的壶均为手制。器物高度与腹径之间的差距在1~2厘米之间,腹径和口径之间的差距在2~3厘米之间。底部均为圆形,其中一件在口沿旁边有一条凸棱,其余的或为尖唇,或为圆唇(见图版五)。

有一件壶器表还有等腰三角形的纹饰,等腰三角形上下两边还各有一道弦纹。这种形制的壶主要出土于以下墓地:克孜勒—厄斯帕墓地(2/6、72)、丘拉克—积基德1号墓地(1/45)、克孜劳兹3号墓地(1/45)、汪古尔—科拉1号墓地(2/21、23)、卡尔干1号墓地(6/64、67、68以及墓葬填土中)和卡尔干4号墓地(1/11)。

口部较为狭窄的壶其颈部较为狭长,有的还带有把手,均为手制。这类壶的高度要远远大于其腹径,这种比例关系同样也体现在腹径和口径之间。有2件壶的把手位于颈部,其中1件还带有底座;有5件壶为尖唇,有4件为圆唇,还有1件口部有一凸棱;有6件壶为圆底,其中2件底部略平。这种形制的壶主要出土于以下墓地:卡普恰加伊3号墓地(1/18)、乌特根2号墓地(1/4)、丘拉克—积基德1号墓地(1/36)、克孜劳兹3号墓地(1/46)、汪古尔—科拉1号墓地(2/1、13)、汪古尔—科拉2号墓地(2/13)、卡尔干1号墓地(1/4)和阿尔金—厄密尔墓地(1/2)。

第三种:杯。绝大多数个头较为矮小,底部基本上均为半球状,均为手制(见图版七)。

这类器物的高度和腹径基本相同,口径较小。通常都带有把手,把手形状为钩形或是较为凸出。这类器物主要出土于以下墓地:乌特根2号墓地(2/3、72)、乌特根3号墓地(1/4)、丘拉克—积基德1号墓地(1/55)、丘拉克—积基德2号墓地(1/42)、泰加克1号墓地(4/3、4、15、166)、克孜劳兹3号墓地(4/4、9、11、16)、汪古尔—科拉1号墓地(1/21)、汪古尔—科拉2号墓地(4/11、12、26、31)、别斯沙迪尔2号墓地(1/10)和卡尔干1号墓地(1/66)。

在已发现的这类器物中，有 15 件为圆形底，仅有 1 件是平底。在把手为钩形的这类器物中，有 10 件的把手位于器身中部，还有 4 件的把手靠近口沿。而在把手较为凸出的这类器物中，共有 7 件的把手位于口沿处。

另有少量的杯形体比较大，且带有钩形的把手。这类杯中，钩形把手位于器身中部的有 7 件，位于器身上部的有 1 件，位于口沿的有 3 件（见图版七）。这种杯的高度通常要大于其腹径，在出土的 11 件这类器物中，有 9 件为圆唇。这类器物主要出土于以下墓地：克孜劳兹 2 号墓地（4/10、11、15、20）和汪古尔—科拉 2 号墓地（3/10、20）。

第四种：罐。这类器物的口部有大有小（图版八），底部略平，绝大多数罐为尖唇，且底部为圆形。这类器物的高度通常比其口径要稍小，而腹径则要大于其口径和高度。这类器物主要出土于以下墓地：卡普恰加伊 3 号墓地（1/8）、乌特根 3 号墓地（2/8、15）、克孜勒—厄斯帕墓地（4/14、50、51）、丘拉克—积基德 1 号墓地（5/6、40、45、55）、泰加克 1 号墓地（2/4、1）、克孜劳兹 3 号墓地（2/1、68）、汪古尔—科拉 2 号墓地（2/11）、别斯沙迪尔 2 号墓地（2/3、13）、卡尔干 1 号墓地（1/61）和卡尔干 4 号墓地（1/14）。

这种类型的罐共发现了 21 件。

除了这些数量较多的器形以外，我们还在乌孙墓葬中发现了一些陶器。它们的特点也很鲜明，但数量很少，多为一两件。其中有带把手和流的壶。从制作工艺、材质以及形制来看，它们均属于具有乌孙时代特点的陶器。这种带把手和流的陶器出土于泰加克 1 号墓地（2/15、26）。

还有一种陶器为筒形罐，其制法为手制，其腹径与高度几乎相同，圆形底，底部略平，其中有 2 件为尖唇。出土这种陶器的墓地有：泰加克 1 号墓地（1/4A）、克孜劳兹 3 号墓地（2/9、56）、别斯沙迪尔 2 号墓地（1/3）和卡尔干 1 号墓地（3/17、63、65）。

伊犁河右岸乌孙墓葬出土的陶器的口沿大体可分为两类：圆唇（共有 53 件）和尖唇（共有 43 件）。

所有陶器在其外壁上都没有火烧的痕迹,这表明,它们都是被当做餐具使用的。在我们发掘的所有乌孙墓葬中没有发现一件作为炊器使用的陶器,毫无疑问的是,当时乌孙人肯定会使用这类陶器的,但它们并没有被用做随葬品。乌孙人所使用的炊器,从与其具有渊源关系的塞人的相关情况来看,应该有那种厚壁的镂,就像别斯沙迪尔墓地等塞人遗迹中出土的镂一样。[1]

从这些陶器的名称就可以看出其用途。例如钵,它多是用来盛肉的。而半球状的大杯则是用来放置液态食物的(例如肉汤、奶制品、马奶酒等)。至于梨状的壶其还有其他的功用,它可以用来保存液态食物。从乌孙墓葬中出土的这些陶器可以看出,乌孙人给死者所随葬的这些食用器,其实正是死者生前所使用过的。

将这些陶器的特点进行分析后可以看出,就数量而言,在乌孙的整个历史发展阶段,半球状的钵和体型较小的杯(第一类)是最多的。其余数量较多的陶器是口颈狭小的球状罐(第四类)、腹部带有钩形把手的杯(第三类)和窄颈或宽颈、梨状壶(第二类)。

这些器形在伊犁河右岸各个时期的乌孙墓葬中均有出土,其中早期乌孙墓葬(公元前3世纪至公元前2世纪)中第一类和第二类陶器的数量占绝对优势,此时的陶器多为圆底。

而在公元前1世纪至公元1世纪的乌孙墓葬中,第一、二、三类陶器的数量占绝对优势。此时陶器还有一个特点是,圆底器、底部略平的器物和平底器这三种陶器的数量几乎相同。另外这一时期还出现了新的器形,即带流的陶器(泰加克1号墓地出土)和筒形罐。

公元2世纪至3世纪的乌孙墓葬中出土的陶器为我们展现的则是另外一幅图景。此时底部略平的陶器和平底器的数量是陶器中的大宗,圆底器的数量则急剧减少。

如此看来,A.И.杰列诺日金提出的一个观点就得到了证实。他认

〔1〕K.A.阿奇舍夫:《七河流域发现的塞人古迹》,载《哈萨克斯坦苏维埃共和国科学院历史、考古与民族研究所报告》(考古学专号)1959年第7期,第207页,图版十,10。

为,乌孙的陶器与布勒古留的陶器具有很大的差异性,同时与塔什干地区发现的公元 1 世纪的陶器非常相似。[1] 具体来看,乌孙陶器中的钵的形状以及口沿的断面都与天山和费尔干纳地区出土的同一时期的陶器非常相似。C.C.索罗金在分析了费尔干纳墓葬中出土的陶器后认为,天山地区的早期墓葬中出土的钵没有折腹的,而晚期墓葬中则出土有折腹钵。[2]

C.C.索罗金所注意到的这些特点正是伊犁河右岸地区乌孙墓葬中出土的绝大多数陶钵的特点。而他对公元前 2 世纪的陶壶特点的总结也与乌孙墓葬中出土的同时期陶壶的特点相同。此外,伊犁河流域乌孙墓葬中出土的圆底罐和敞口钵与克勒奇尼、伊塞克湖北部地区墓葬[3]中出土的同类器物有相似之处,而半球状的大杯则与塔什干—布勒古留克[4]、费尔干纳等地区的墓葬中出土的同类器物非常近似,其中费尔干纳地区的这些墓葬的年代为公元前 4 世纪至公元前 1 世纪[5]。众所周知,带流的陶器通常出土于公元前 1 千纪中叶的遗迹中。但流位于陶器边缘部分,正如 A.И.杰列诺日金所注意到的:这个特点是布勒古留克墓葬中出土的公元 1 世纪陶器的特点。[6] 如果注意到泰加克 1 号墓地出土的这类陶器都有一个底座,同时把手位于陶器边缘部分,那么我们就可以断定这些墓葬的年代应为公元 1 世纪。

从公元 1 世纪开始,乌孙的陶器开始施红彩[7],还出现了折腹罐

---

〔1〕A.И.杰列诺日金:《塔什干运河中发现的古代遗迹》,载《苏联科学院乌兹别克斯坦分院通报》1940 年第 9 期,第 33 页。

〔2〕C.C.索罗金:《费尔干纳地区地穴墓的起源》,载《苏联考古》1954 年第 20 期,第 145 页。

〔3〕A.H.伯恩施坦:《中部天山与帕米尔—阿尔泰地区历史考古概述》,载《苏联考古学资料与研究》1952 年第 26 期,第 33 页。

〔4〕A.И.杰列诺日金:《塔什干运河中发现的古代遗迹》,载《苏联科学院乌兹别克斯坦分院通报》1940 年第 9 期,第 33 页。

〔5〕Б.3.伽姆布勒克、H.Г.伽勒布诺娃:《阿克塔姆墓地》,载《苏联科学院物质文明史研究所报告及野外研究简报》1957 年第 69 期,第 84 页。

〔6〕A.И.杰列诺日金:《塔什干运河中发现的古代遗迹》,载《苏联科学院乌兹别克斯坦分院通报》1940 年第 9 期,第 33 页。

〔7〕A.И.杰列诺日金:《塔什干运河中发现的古代遗迹》,载《苏联科学院乌兹别克斯坦分院通报》1940 年第 9 期,第 33 页。

和球形杯[1]。而且施红彩的特点很可能广泛流行于所有陶器之中。

4.2　社会结构

　　乌孙的社会结构是一个尚未进行深入研究的历史问题。要解决这个问题仅仅依靠考古材料是不够的,考古材料只能帮助我们全面而正确地了解乌孙的社会发展史。因此,考古学家就需要借助文献材料来分析社会关系等方面的问题。而七河流域积累的实物材料使我们能结合现有的文献材料来对乌孙的社会关系问题进行研究。

　　中文史料中的关于乌孙社会结构的记载这里就不再赘述,那里面说乌孙内部已是阶级社会。这里我们还是把注意力放在考古材料上,从对伊犁河右岸的这些乌孙墓葬的分析结果来看,墓地的平面布局大体可分为三种类型。我们感兴趣的是第一种和第二种。

　　在考古学界有一种观点认为,古代民族墓地中的墓葬如果呈链状排列的话,那这些墓葬中所葬之人就同属一个家族,同时表明这种家族内部父权制家庭关系占统治地位。而随葬品和墓葬形制的差别则传递出了个人财产多寡的信息。[2] 在对比了这两类墓地的形制差异和随葬品的特点后可以表明七河流域的乌孙人内部的个人财产已经有了很大的差异,而呈链状分布的冢堆则证实了强大的父权制家庭传统。

　　乌孙的早期发展阶段就是个体家庭逐渐从氏族社会中分离出来。能证实这点的是这一时期的墓葬,即每座墓葬封土下面的墓圹。[3] 例

----

〔1〕C. C. 索罗金:《费尔干纳地区地穴墓的起源》,载《苏联考古》1954 年第 20 期,第 145 页;O. B. 奥别里琴科:《库尤 - 马扎勒墓地发现的墓碑和公元 1 世纪的墓葬》,载《中亚国立列宁大学论文集》(第 4 卷,中亚考古),1957 年,第 109 – 131 页。

〔2〕M. B. 瓦耶沃斯基、M. Π. 格里雅斯诺夫:《吉尔吉斯苏维埃共和国境内的乌孙墓地》,载《古代史通报》1938 年第 3、4 期合刊,第 178 页;K. A. 阿奇舍夫:《七河流域发现的塞人古迹》,载《哈萨克斯坦苏维埃共和国科学院历史、考古与民族研究所报告》(考古学专号)1959 年第 7 期,第 208 页。

〔3〕K. A. 阿奇舍夫:《七河流域发现的塞人古迹》,载《哈萨克斯坦苏维埃共和国科学院历史、考古与民族研究所报告》(考古学专号)1959 年第 7 期,第 207 页。

如,在乌孙早期的墓地中(包括乌特根3号墓地、克孜劳兹3号墓地、克孜勒—厄斯帕墓地和别斯沙迪尔2号墓地)所见到的8座冢墓,每座封土下面都是2个墓圹。而每个墓圹中都没有夫妻合葬的情况。到了乌孙的晚期发展阶段,墓葬中呈现的则是另外一幅图景(参见表4)。

正如表四中所反映出的情况,公元前后的乌孙墓葬保留了早期乌孙墓葬封土下面有2个墓圹的传统。但此时夫妻同穴合葬的方式已得到普及,看来,此时出现了一个观念,即妇女是作为男子的附属物而一同进入冥界的。

我们的观点是:这种丧葬习俗的变化乃是公元初年乌孙的氏族社会解体变成了个体家庭所致,而个体家庭的出现则表明独立的经济组织的出现,同时妇女由于社会角色的改变在家庭中的地位也发生了变化。

那些大型墓葬中所发现的随葬品较之于小型墓葬和土坑墓多得多也从一个方面证实了乌孙社会发生了重大的变化。

我们统计了一下:在伊犁河右岸地区发掘的乌孙墓葬中,有9座规模较大的巨冢,剩下的110座为小型墓。除此之外,在1959—1960年间我们还发掘了8座小土坑墓。其中3座位于阿拉木图市的西南部,其余5座位于阿拉木图以北(见图2-63)。将巨冢和小土坑墓出土的材料进行对比后,我们可以更加明确地认识到乌孙社会分化中的某些问题。

图2-63　阿拉木图北郊建筑工地上发现的古代墓葬

从卡普恰加伊3号墓地的20座墓葬、泰加克1号墓地的12座墓葬以及乌特根1号墓地的1座墓葬中发现的随葬品来看,均为武器。

其中主要有骨镞、单刃剑等。这三处墓地从规模、葬仪以及随葬品的情况来看,都非常类似。

我们再用另一种眼光来认识一下伊犁河右岸的这些小型墓和土坑墓。在这些墓葬中,没有一座发现有武器。如果这些小型墓在地表有规模不大的封土,那这些封土与那些巨冢的封土差别是非常明显的。而那些土坑墓从地表则根本看不出有什么明显的标志,仅仅是在土坑里垒砌两排石块而已(见图2-64)。

图2-64 发掘后的土坑墓

在上面提到的3座位于阿拉木图市西南部的土坑墓的发掘过程中,土坑上面覆盖着石块,土坑长2米,宽0.8米,东西向。在土坑中深约0.9米处发现了1具尸骨,仰身直肢葬,头向西。头旁边随葬1件陶器,从质地和形制来看,与伊犁河右岸乌孙墓葬中出土的陶器基本类似。每座墓葬也只有这1件陶器作为随葬品(见图2-65),在这些墓葬中没有发现羊骨和铁刀。这些资料不仅能证实乌孙的经济状况,还能说明其社会阶层已经分化。

伊犁河右岸地区这些巨冢和小型墓之间,无论是封土、墓上建筑,还是随葬品的数量都有很大的差别。对此我们的理解是,这些特点表明了乌孙内部每个人财产状况的差异性。换句话说,那些巨冢中埋葬的都是乌孙的权贵,他们能用黄金饰物和武器来随葬;而小型墓中埋葬的则是普通的乌孙牧民。例如,泰加克1号墓地的17号巨冢虽已被盗掘过,但仍出土了黄金项链和饰物,因此这座墓葬埋葬的很可能是

图 2 – 65　随葬陶器

一位贵族人物。而泰加克 1 号墓地的 12 号巨冢,其封土非常大,而且墓圹上面堆满了石块,石块下面则是原木盖板,所使用的原木每根直径达到了 35 厘米。毫无疑问,用这种规格下葬的死者只能是乌孙人中的富有者。

这样就可以得出下面的结论:乌孙的社会在发展过程中达到了很高的程度,这是从个人财产占有情况和社会阶层分化的角度而言的。而这些结论的论据则是考古材料和来自中国的史料。

在乌孙的社会结构中,最小的单位是个体家庭,几个具有血缘关系的父权制家庭形成了一个亲族,而几个亲族又联合在一起形成部落,乌孙就是由部落联盟所构成的。于是在部落联盟内部诞生了早期的封建关系,而这种关系又是建立在畜牧经济基础上的。

中国两汉时期的史料中关于乌孙的记载是:乌孙内部已发展成为阶级社会,其最高首领称为昆莫,并且形成了世袭制。这些史料中对乌孙还有如下的描述:乌孙内部最富有的人能拥有四五千匹马。换言之,当时的乌孙已发展成为一个强大的政治军事联盟,并已成为汉王朝对抗强大的匈奴的一个重要盟友。因此,汉王朝为了保障通往西方的商道通畅而和乌孙建立了睦邻友好关系,同时还将公主嫁给乌孙的昆莫。

正如七河流域和吉尔吉斯斯坦北部地区的考古材料所反映出的情况,当时乌孙占据的地域非常辽阔。它还在周邻国家的经济和军事政治生活中发挥过重要的作用,这些国家主要有:乌揭(分布于哈萨克斯坦东部地区)、匈奴(分布于中国北部和内蒙古自治区)、康居(花拉子模地区)和贵霜(分布于帕米尔和印度北部地区)。

4.3　乌孙人的体质类型和宗教信仰

在中国的史料中,乌孙人的特点仅仅是深目,关于其体质类型的其他特点并没有描述。而如今通过关于乌孙人的人骨材料,已能弥补中国史料中关于乌孙人体质类型记载的不足。从伊犁河右岸获得的乌孙人颅骨资料来看,这一地区的古代居民与该地区更早阶段的民族(青铜时代的塞人)系同一种群。这里的人种主要是大欧罗巴人种中的安德罗诺沃类型。顺便说一句,塞人和乌孙不仅在文化上具有前后的继承关系,二者在人种类型上也与安德罗诺沃人种类型具有密切的关系。从我们在这一地区发现的 55 个乌孙人颅骨材料来看,有 44 个具有明显的欧罗巴人种特点,占所发现颅骨总数的 88%;仅有 5 个具有蒙古利亚人种的特点,占所发现颅骨总数的 10%。

在这批人骨材料中,欧罗巴人种中的中亚河中类型所占比例不大。这一类型的人种占能确定人种类型的颅骨总数的 32%。这一类型的颅骨基本上出土于第二期的乌孙墓葬,具体情况可见表 5。

对伊犁河流域发现的古代居民的人骨材料进行分析研究后可以表明,正如 B.B.奇斯布里克所言,这里的古代居民特点是:欧罗巴人种占绝对优势,蒙古利亚人种比例很小。众所周知,绝大多数蒙古利亚人种为短颅型。这个特点也能反映在乌孙人的特点中,但他们高鼻的特点与蒙古利亚人种差别很明显,与欧罗巴人种却很接近。[1]

将这些颅骨材料进行比对后还可以发现,伊犁河流域的欧罗巴人种中的中亚河中类型的广泛分布并不能表明以安德罗诺沃文化的居民为代表的欧罗巴短颅人群对伊犁河右岸地区的居民产生过重要影响。

---

〔1〕B.B.齐斯布里克:《哈萨克斯坦东南部发现的古代居民人骨材料》,载《哈萨克斯坦苏维埃共和国科学院考古学与人类学研究所通报》1959 年第 7 期,第 267 页。

从目前在伊犁河流域发现的 74 个乌孙人颅骨来看,共有 61 个(占总数的 82.5%)属欧罗巴人种,仅有 13 个(占总数的 17.5%)具有蒙古利亚人种的特征。而中亚河中类型的颅骨出土于 28 座墓葬中,占墓葬总数的 37%。

如此看来,乌孙时期伊犁河流域的居民从体质类型上来说,主要是欧罗巴人种中的安德罗诺沃类型和中亚河中类型。

伊犁河流域乌孙人的宗教观念是哈萨克斯坦古代史中最缺乏深入研究的一个问题。宗教及与之密切相关的民族观念是一个可以独立进行研究的对象。我们目前还不能完全解答这个问题,因为相关的材料少之又少。这样就需要积累大量的能反映古代民族宗教观念的考古学和民族学材料。

在数量众多的古代文献中有一些最能反映中亚和哈萨克斯坦地区古代居民的信仰问题。[1]

中国的史料中也包含有类似的记载,与西方史料的区别是:中国唐代的编年史中援引了很多小的部落联盟的名称,并阐明了它们的葬俗以及宗教信仰。但无论是中国的史料,还是西方的史料,对于充分说明这些民族的宗教信仰都是不够的。尽管如此,这些史料仍然是解决这些民族宗教信仰问题的最基本的材料。

在记载各民族的风俗习惯的史料中有这样的内容:东胡人崇拜火和天,他们死了以后都埋葬在山里,他们的葬礼能持续一个月之久。他们内部也分等级,他们认为死者是不洁的。他们在每年一月的第二天都会用祭品来供奉自己的先人。[2] 在了解了嚈哒人统治下的各个民族的风俗习惯的同时,中国的史料中还有如下的记载:富有的人死后埋葬在石室墓中,而穷人死后只能栖身于土坑墓中。此外,他们生前穿过的衣服也会被用来随葬。[3]

---

〔1〕马克西姆·基勒斯基:《需要用上帝才能建造雕像吗》,载《古代史通报》1948 年第 2 期,第 278 页;盖尤里伊索林:《大事件汇编》,B. B. 拉德谢夫译:《古代作家对斯基泰和高加索地区的描述》,载《古代史通报》1949 年第 13 期,第 243 页。

〔2〕H. Я. 倬丘林:《古代中亚地区居民资料汇编》(第 2 卷),1950 年,第 262 – 263 页。

〔3〕H. Я. 倬丘林:《古代中亚地区居民资料汇编》(第 2 卷),1950 年,第 269 页。

就是中国的史料也不能揭示乌孙宗教信仰的本质,因为从一方面来看,居住在距我们所要研究的地区最西端的古代民族是没有信仰的。从另一方面看,与乌孙毗邻的地区居民的葬仪能了解得时代都比较晚。

这些都是弄清乌孙宗教信仰的难点所在。尽管如此,考古材料(包括葬仪、填土的结构特点)还是能为我们揭示一些乌孙宗教方面的特点。但应该记住的是,从伊犁河流域发现的塞人和乌孙的考古材料来看,二者之间具有很明确的前后继承关系。因此,乌孙的信仰应该是在塞人宗教观念的基础上逐步发展和完善起来的,正如社会意识形态的发展一样。

宗教观念属于上层建筑的范畴。它源自社会生产力水平的低下,是曲解的一种社会意识形态,同时也是对客观世界发展规律的一种错误理解。马克思认为宗教是人类对客观世界的一种错误认识,[1]即因曲解了客观现实,从而产生了幻想,进而认为大自然和各种社会力量都是能统治我们的。由此也就产生了对超自然力量的信仰,这种力量能够干预人类的日常生活,并赋予这种力量或善或恶的特点。

人类最明显的宗教观念主要体现在葬仪、墓上以及墓内的独具特色的建筑上。

与其先祖塞人一样,乌孙人在日常生活中由于不了解社会发展规律,因而在与大自然的斗争感到无能为力,进而认为其周围的环境中隐藏着巨大的超自然的力量。正如我们从考古材料中所看到的,他们的宗教观念具有早期时代的信仰特征,这一时期属宗教发展的二元论阶段。

从考古材料来看,最能体现乌孙宗教中二元论特点的是其葬仪及随葬品,其中随葬品主要包括日用器和饮食器。

从伊犁河右岸乌孙墓葬中的葬仪我们可以看出乌孙人的一些观念:他们相信人死后去往阴间生活,还认为人的灵魂永生。当然,同样

---

〔1〕《马克思恩格斯合集》(第 1 卷),莫斯科,1955 年,第 414 页。

的观念在乌孙之前及以后的其他民族中也存在。

对超自然力量的信仰导致人类产生了使用魔幻的手法和方式来对自然现象进行影响的不切合实际的观念。[1] 这其中之一就是萨满教,这种宗教在一些游牧民族中一直延续到 18 至 19 世纪。[2] 巫术实践—法术——这些与萨满教交织在一起,进而出现了多神的宗教观念。

在祭礼上使用火来进行净化的观念在乌孙各个时期的墓葬中都能看到,这其中既有早期的(公元前 3 世纪至公元前 2 世纪),也有晚期的(公元 1 世纪至 3 世纪)。

在早期的乌孙墓葬(包括克孜勒—厄斯帕墓地、汪古尔—科拉 1 号墓地和别斯沙迪尔 2 号墓地)中,使用火的祭礼是在墓圹中进行的。这种净化主要的目的是:将恶魔从死者心中或身边驱赶出去。

而在晚期乌孙墓葬(泰加克 1 号墓地、卡尔干 1 号和 4 号墓地)我们仍然能发现使用火的祭礼痕迹。照例也是在墓圹中,但此时使用火来进行净化的观念已和祭礼一样非常普及。[3]

祭礼对于乌孙人来说,是其法术文化中的一个非常有特点的基本组成部分。通过对泰加克 1 号墓地、卡尔干 1 号和 4 号墓地及随葬品的研究可以看出乌孙人祭礼上死神、恶魔以及超自然的力量所使用的象征物。

在乌孙人内部更为普及的宗教观念是对祖先和大自然的崇拜,这也是乌孙社会向父权制演变并产生阶级的时代的重要特征。

伊犁河右岸的乌孙墓葬中体现出来的自然崇拜特点最为鲜明。其中在绝大多数坟冢周围有圆形石圈,这是对包括太阳、月亮和各种星辰等在乌孙人生活中具有重要意义的天体进行崇拜的象征。这些天体是用于进行纪年的参照物,通过它们可以确定在各个牧场之间转场的时间,同时还能调整进行宗教仪式的时间。[4]

---

〔1〕A. 多尼尼:《人、神像和神》,莫斯科,1962 年,第 24－25 页。

〔2〕Ч. Ч. 瓦里哈诺夫:《著作汇编》(第 1 卷),第 469－493 页。

〔3〕A. 多尼尼:《人、神像和神》,莫斯科,1962 年,第 22－23 页。

〔4〕Ч. Ч. 瓦里哈诺夫:《著作汇编》(第 1 卷),第 478－480 页。

圆形石圈同时也是关于宇宙起源、原始禁忌[1]、死者及其埋葬地神圣不可侵犯等观念的反映。

在乌孙人内部最盛行的宗教观念是对祖先的崇敬。这是一种关于宗教仪式和观念的复合体,而且这种观念和仪式还吸收了更早的原始宗教的一些元素。

祖先崇拜亦即对先人的精神表示崇敬,这是建立在对包括部落首领、军人在内的已故的部落成员表示崇敬甚至是盲目崇拜的基础上的,因为这些人拥有很高的荣誉。[2] 进而他们的遗体就成为了这种崇拜祭礼的物质对象。

与先前的很多宗教一样,祖先崇拜也具有二元论的特点。

祖先崇拜在乌孙社会内部的广泛普及或许能解释他们相信先人有特殊的魔力,在乌孙人看来,先人不仅能佑护自己的族人,还是死者精神的庇护者。祖先崇拜在古代很多民族中长期盛行,看来这是氏族墓地出现的一个重要原因。这种墓地随着时间不断增长,后来出现的规模更大的墓地不仅埋葬具有血缘关系的亲人,还埋葬有同一个大家族内部但没有血缘关系的人。

如此看来,通过分析伊犁河右岸发现的这些考古材料可以证实,当个体家庭代替了氏族而占统治地位时,乌孙人的宗教观念才进一步发展起来。[3]

〔1〕M. O. 卡斯维尼:《原始文明历史概述》,莫斯科,1953 年,第 145 页。

〔2〕Ч. Ч. 瓦里哈诺夫:《著作汇编》(第 1 卷),第 472 – 473 页。

〔3〕A. 多尼尼:《人、神像和神》,莫斯科,1962 年,第 28 页。

结　语

一、由于独具特色的自然历史条件，伊犁河右岸地区成为了古代民族发展游牧经济的绝佳之地。分布在七河流域的部分塞人和乌孙分别在公元前 5 世纪至公元前 4 世纪和公元 3 世纪至 4 世纪分散居住在该地区。

二、乌孙的物质文化资料反映出了其延续时间很长，根据这些资料可以将其历史分为三个时期。

三、在分析了随葬品和墓葬结构的各种特点后可以总结出乌孙人在葬仪上的一些共性，同时还能弄清其各个历史时期的物质文化特点。

四、在分析了伊犁河右岸考古发掘出土的材料后，并将这些材料与邻近地区出土的同时期考古材料进行了比对。同时，我们还考虑到乌孙和其所具有的基本经济形态的特点密切相关，于是就有可能深入研究其生产力发展的过程，还能确定在乌孙的早期发展阶段，其经济形态为畜牧业；而自公元 1 世纪始，其经济形态发生了重要变化，开始变为农牧并重。

五、乌孙社会生产力进一步发展的结果是，自公元 1 世纪始其社会和家庭关系均发生了重大变化。具有父权制色彩的一夫一妻制家庭成为了乌孙社会的基本细胞，并由此产生了阶级关系的萌芽。

父权制家庭也是形成部落的基本单位，而部落在随后的发展中又形成了部落联盟。

这样看来，公元 3 世纪至 4 世纪时，乌孙的部落联盟在具有浓厚的父权制残余和独具特色的昆末继承制度的阶级社会中发挥着重要作用。

附　录

1　公元前 3 世纪至公元前 2 世纪的乌孙遗迹

1.1　卡普恰加伊 3 号墓地

M1:石圈直径 5 米,剖面显得较为平坦,是用石块在地面上垒成环形,宽 0.45~0.7 米。在石圈东南部深约 0.55 米处的一座墓圹上方有一个用石块垒砌的椭圆形台子,台子为西北—东南向,长 2 米,宽 1.15 米。在墓圹深 1 米处发现了尸骨,头向西北。在头部附近发现了 1 枚铁发簪和 18 颗珠饰。

M4:封丘直径 8 米,高 0.12 米,剖面较为平坦。在填土中有用石块垒成的直径 7 米、宽 0.6 米的石圈。墓圹长 2 米,宽 1 米,西北—东南向。在深 1.25 米处发现了腐烂的木头,在墓圹的东北部出土了 1 根管状的人骨,在墓圹东南角深 1.6 米处发现了 1 把铁刀,长 14 厘米,宽 2 厘米。

M3:封丘直径 7 米,高 0.7 米。在填土中有用石头垒成的宽 0.6 米的石圈。在填土中央以下是墓圹,墓圹长 1.8 米,宽 0.6 米,西北—东南向。墓圹中出土有人的颅骨、指骨以及牙齿等。能有解剖学价值的仅发现了盆骨和腿骨,从这些人骨材料来看,死者头向应为西北向。墓中没有发现任何随葬品。

M6:封丘直径 6 米,高 0.2 米,剖面显得较为平坦。在填土中有用石块垒成的石圈,石圈宽 0.4~0.6 米,在距地表 0.25 米处的石圈中部,即墓圹上方有一个台子,长 2 米,宽 0.9 米。墓圹中散落着人骨和腐烂的木头。该墓曾早年被盗掘过。

M8:封丘直径 6 米,高 0.2 米,剖面显得较为平坦。在填土中有用石块垒成的石圈,石圈宽 0.5~0.6 米。墓圹为东西向,长 1.8 米,宽

1.35米。在墓圹的东半部发现了腐烂的木头和芦苇,在墓圹中深1.5米处的北壁附近发现了人骨,为仰身直肢葬,头向西,但没有找到颅骨。

M9:石圈直径5米,宽0.5~0.6米,剖面较为平坦。墓圹为西北—东南向,长2米,宽0.75米。在深0.9米的墓圹西北角处发现了人的盆骨、肋骨和上肢骨,在深1.1米处有一个深0.3~0.35米的壁龛。在壁龛中发现了盆骨和下肢骨,从尸骨的摆放位置来看,应为仰身直肢葬,头向西北。此外,还在墓圹的西北角发现了1把锈蚀严重的铁刀,而在盆骨处则发现了1件骨制品。

M11:封丘直径8米,高0.2米,塌陷严重。在填土底部有呈半圆形的石圈,其中西部宽1.1米,东部宽0.5米。墓圹为西北—东南向,长2.1米,宽1米。在深1.35米处发现了散乱的人骨。该墓早年曾被盗掘。

M12:石圈直径5米,宽0.5~1米。在距地表0.2米处的石圈东南部有一个长1米、宽0.8米的石台子,其方向为西北—东南向。石台子下面为墓圹,墓圹长1.6米,宽1米,西北—东南向。在距地表深0.65米处的墓圹中部发现了腐烂的木头,在墓圹的西半部还发现了人骨,主要有肋骨、锁骨、肩胛骨,从人骨特征来看,应为一少年。在人骨旁边还发现了绵羊骶骨。该墓早年曾被盗掘。

M13:石圈直径5米,剖面较平坦。墓圹为西北—东南向,里面散落着人骨(颌骨、颅骨和脊椎骨等)和陶片,其中人骨分属于一个男性成年人和一个儿童。在深1.1米处的墓圹东半部发现了人的腿骨,由此可证实死者应为仰身直肢葬,头向西北。

M16:石圈直径5米,剖面较平坦。在距地表0.3米处的西北部发现了3块石板,石板下面为墓圹,墓圹为西北—东南向,长2.5米,宽0.6米。在距地表0.98米处的墓圹中发现了1具属中亚河中类型的男性骨架,骨架放置的方向为西北—东南向。其中颅骨已破损,上肢骨也已不存,未发现随葬品。

M19:石圈直径6米,是由地表堆积的石块组成。在石圈的东部,有一串大石块与之相连,长约11米。在距地表0.3米的石圈中部发现了墓圹,墓圹长2.2米,宽1.2米。在深1.2米处发现了1具属中亚河中类型的男性骨架,头向东北,右臂弯曲,右手掌置于盆骨处,左臂和左腿呈弯曲状。骨架长1.45米,未发现随葬品。

M20:封丘直径20米,高0.97米,剖面呈球形。在填土的西边有一个由石块组成的圈形结构,宽1.5米,直径9米。在石圈的北部有一个豁口——通道。在石圈中部的地表还发现了一层厚度为1米的腐烂的芦苇,芦苇铺在墓圹边缘上,墓圹为圆角方形,长3米,宽2.3米,东西向。在深1.4米处的墓圹西端出土了人的脊椎骨、肋骨和锁骨,而在墓圹中部还发现了1件残铁器,与之共出的还有1件骨镞(图版二,13),骨镞长7.5厘米。

M25:石圈直径6.5米,宽0.7米。在石圈内深0.4米处发现了墓圹,墓圹为东西向,长2.6米,宽1.6米。在深1.3米靠近北壁处发现了1具没有盆骨和脊椎骨的骨架。

M26:石圈直径6米,宽0.7米。墓圹为西北—东南向,长2.4米,宽0.9米。在深0.5米处发现了腐烂的芦苇,芦苇下面还有残木。在深0.9米靠近北壁处发现了尸骨,仰身葬,头向西北。在墓圹西端的颅骨右侧发现了绵羊骶骨,骶骨上还插有1把小铁刀。

M27:封丘直径8米,高0.2米。在填土中有直径5米、宽1.2米的石圈。在石圈的中部的一堆石块下面发现了墓圹,墓圹为圆角方形,东西向,长2.9米,宽0.8米。在深0.38米靠近北壁处发现了1具尸骨,仰身葬,头向西。没有发现颅骨,下颌骨置于右肩上,尸骨长1.6米。

M33:封丘直径7米,剖面较为平坦,地表有石圈,直径4.5米,宽0.5米。墓圹长2米,宽0.9米,椭圆状,东北—西南向。墓圹内堆积有厚度达到1.1米的石块,石块下面是腐烂的木头,再往下还出土了颈椎骨、大腿骨和盆骨。在深1.4米处发现了足骨,尸骨为直肢葬,头向西。该墓早年曾被盗。

M34:石圈直径5米,宽0.6~0.8米,墓圹为圆角方形,长2.3米,宽0.7米,东西向。在深0.9米处发现了由石板和石块组成的堆砌物,堆砌物下面有1具人骨架,头向西,仰身葬,手置于躯干处,肘部略有弯曲。

M38:石圈直径5米,墓圹为西北—东南向,长2米,宽0.8米。在深 0.9 米处发现了 1 具人骨架,这具人骨架没有掌骨、小腿骨和颅骨。从其姿态来看,应为仰身葬,头向西北。在墓圹的西北角还出土了陶片,陶片断面为黑色。

M40:封丘直径 6 米,高 0.08 米,剖面为球形。填土底部有一个宽 0.3 米的石圈,石圈中部还有一些堆砌物,堆砌物下面为墓圹,墓圹为西北—东南向,长 2.2 米,宽 0.8 米。在深 1.1 米处发现了盆骨和腿骨,尸体为仰身葬,头向西北。此外还出土了断面为黑色的陶片。

M42:石圈直径 6 米,宽 0.7 米。墓圹为椭圆形,西北—东南向,长 2.3 米,宽 0.7 米。在深 0.9 米处发现了人骨架,仰身葬,在靠近其左肩部有一块绵羊的脊椎骨,在左手腕处、右手腕处以及墓圹底部共发现了三颗珠饰。

M43:石圈直径 5 米,宽 0.6 米。在石圈中部有一个用石块堆砌的物体,宽 0.45 米,堆砌物下面为墓圹,墓圹为椭圆形,西北—东南向,长 1.6 米,宽 1 米。在深 0.95 米处出土了人骨架,头向西。在颅骨右侧发现了 1 把已锈蚀的铁刀和 1 块绵羊脊椎骨。

1.2 乌特根 3 号墓地

M4:封丘直径 6 米,高 0.09 米,塌陷严重。墓圹为东西向,长 1.9 米,宽 0.7 米。在深 1.65 米处发现了人骨架,人骨架长 1.65 米,仰身葬,头向西,双手置于躯干处。人骨架属一男性,为安德罗诺沃类型。颅骨右侧有 1 块绵羊骶骨,上面插有 1 把长 12 厘米、锈蚀严重的铁刀。在其右肩旁边发现了 1 件高 15 厘米的带把陶杯(图版九,10)。

M6:封丘直径 10 米,高 0.24 米,剖面呈半球状。在填土的东半部发现了带有织物痕迹的陶片。墓圹为西北—东南向,长 2 米,宽 0.9 米。在深 1.75 米处发现了人骨架,仰身葬,长 1.7 米,头向西北,双手置于躯干处。人骨架为一男性,属安德罗诺沃类型。在其肋骨和脊椎骨之间发现有陶片。颅骨旁边有绵羊骶骨、铁刀,后者长 12.5 厘米,且刀柄要宽于刃部,上面还有穿孔(图版二,4)。在尸骨肩部附近还发现了 1 件圆底陶器(图版四,5),这件陶器高 10 厘米,口径 9.5 厘米,上面有烟熏的痕迹。陶器烧制得并不均匀,底部内壁上有织物的痕迹。

M8:封丘直径 5 米,高 0.09 米,塌陷严重。墓圹为东西向,长 2.3

米,宽1.3米。在深1.68米处发现了人骨架,仰身葬,头向西,双手置于躯干处。脊柱有弯曲,有可能墓主人生前为驼背,人骨架长1.65米。在颅骨右侧有一圆底陶器,高12厘米,腹径16厘米(图版四,10)。在靠近右肩处发现了1块绵羊骶骨,上面还插着1把长24厘米锈蚀严重的铁刀。

M15:封丘直径8米,高0.14米,有塌陷。墓圹为椭圆形,西北—东南向,长2米,宽0.8米。在深1.6米处发现了人骨架,人骨架长1.6米,仰身葬,头向西北,双手置于躯干处。尸体为一女性,属安德罗诺沃类型。颅骨旁边发现了1枚铁发簪,在颅骨左侧还出土了1件圆底陶器,高11厘米,口径10厘米(图版九,11)。

1.3 克孜勒—厄斯帕墓地

M51:封丘直径8米,高0.22米,剖面坡度很小。在填土中有一个直径5.8米、宽0.4米的石圈。在石圈中央发现了4块陶片,包含物为灰烬和烧焦的木头的篝火残迹。墓圹为西北—东南向,长2.8米,宽0.65米。墓圹内出土了带织物痕迹的陶片,在深1.5米处的墓圹西端发现了人骨架。仰身葬,头向西,手臂顺躯干自然垂放,整个人骨架长1.5米。在颅骨左侧有1件陶器,这件陶器旁边还有1把铁刀和1块绵羊骶骨。

M65:封丘直径12米,高0.45米,剖面为球形。在填土中有1个直径5.3米、宽0.6米的石圈。填土下面有1块30厘米见方的灰斑,斑内的包含物有木炭和烧焦的木头。墓圹为圆角方形,长2.1米,宽0.6米,东西向。在深1.75米处发现了人骨架,仰身葬,颅骨有受到挤压的痕迹,面朝北,手臂顺躯干自然垂放,整个人骨架长1.75米。在颅骨右侧有1块长35厘米的绵羊骶骨,上面还插有1把长12厘米的铁刀。此外,墓圹中还发现了1块陶片,陶片上面饰有螺旋状的纹饰,并绘有白彩。

在篝火遗迹下面的墓圹西端还出土了1件受到过挤压的圆底陶壶。此外,在篝火遗迹中还发现了沙枣核。

M72:封丘直径8米,高0.18米,剖面为球形,较为平缓。在填土中有1个直径5.6米、宽0.4米的石圈。墓圹长2.55米,宽0.6米,东西向。在深 1.35 米处发现了人骨架,仰身葬,头向西北,手臂顺躯干自然垂放。骨架保存状况很差。在颅骨附近有 1 件侈口陶壶,其口径9.5厘米,腹径 13.5 厘米(图版九,4)。

M77:封丘直径 12 米,高 0.6 米,平面呈椭圆形。在填土中有 1 个直径 6.6 米、宽 0.6 米的石圈。在石圈的东北部发现了陶器的底部残片。封丘下面的墓圹共有 2 个,均为东西向。

北墓圹:长 1.6 米,宽 0.7 米。在墓圹西端发现了陶器残片。在深 1.15 米处出土了 1 个受到过挤压的人的颅骨。发现的人骨架没有经过扰动的仅有肩胛骨和小腿骨,其余的都被扰动,散落于墓圹内。在墓圹西端还出土了 1 件陶罐,高 9.5 厘米,底部有凸起(图版四,8)。此外,在颅骨附近还有 1 把残铁刀。

南墓圹:长 2.55 米,宽 0.9 米。在墓圹中发现有腐烂的木头。在深 1.85 米处发现了人骨架,仰身葬,头向西,颅骨有挤压的痕迹,手臂顺躯干自然垂放,整个骨架长 1.6 米。颅骨旁边发现了 1 件高 9 厘米的陶钵(图版八,1)。而在颅骨西侧还有 1 把长 16.5 厘米、宽 1.5 厘米的铁刀。在铁刀和颅骨之间有 1 件长 12.5 厘米的铁发簪和 1 件陶器。

M102:封丘直径 8 米,高 0.33 米,剖面呈扁平状。在填土中有 1 个直径 4.5 米、宽 1.2 米的石圈。墓圹为东西向,长 2 米,宽 0.9 米。在深 0.7 米处发现了腐烂的木头,木头下面是 1 具人骨架,仰身葬,头向西,颅骨有挤压的痕迹,手臂顺躯干自然垂放,整个人骨架长 1 米。在颅骨右侧有 1 块绵羊骶骨和 1 把长 15.5 厘米的铁刀。

1.4 克孜劳兹 3 号墓地

M16:封丘直径 6 米,高 0.21 米,剖面为球形。在填土中发现了带钩形把手的陶器残片和腐烂的木头。墓圹为东西向,长 2.28 米,宽 1 米。在深 0.92 米处的墓圹西端有 1 件带钩形把手的陶杯(图版六,3)。这件陶杯为手制,高 12.3 厘米,底径 7 厘米,口径 9.8 厘米。陶杯底部还有 2 块山羊脊骨。墓圹内的人骨架为仰身葬,头向西,整个人骨架长 1.79 米,手臂顺躯干自然垂放。

M25:封丘直径 6 米,高 0.24 米,剖面为球形。在填土中有 1 个直径 4 米、宽 0.2 ~ 0.4 米的石圈。在石圈中心处发现了腐烂的木头。木头下面有 2 个墓圹,均为东西向。其中北墓圹长 1 米,宽 0.4 米,南墓圹长 1 米,宽 0.35 米。2 座墓圹之间的距离为 0.85 米。

北墓圹:在深 0.15 米处的墓圹东端出土了 2 块人的脚趾骨和腐烂的木头,而在靠近北壁处则发现了人的肋骨和 3 块脚掌骨。在深 0.4 米处发现了 1 具小孩的骨架,仰身葬,头向西,面朝北,整个骨架长 0.73 米。

南墓圹:在深 0.25 米处的墓圹东端出土了肋骨、部分肩胛骨、颈椎骨以及 2 块大腿骨,均为儿童的。从现场的痕迹来看,尸骨最初的姿势应为头西脚东。

M28:封丘直径 10 米,高 0.95 米,剖面为球形。在填土中有 1 个直径 9.4 米、宽 1 米的石圈。在石圈中央发现了腐烂的木头,木头下面为墓圹,墓圹长 3.3 米,宽 0.8~0.9 米,东西向。在深 1.4 米处出土了人骨架,仰身葬,头向西。没有发现颅骨,整个人骨架长 1.25 米。在墓圹西端有 1 块绵羊骶骨和 1 把铁刀。

M46:封丘直径 8 米,高 0.4 米,剖面较为平缓。在填土中有 1 个直径 6 米、宽 1 米的石圈。在石圈中央有腐烂的木头,木头下面为墓圹,墓圹长 2 米,宽 0.6 米,东西向。在深 1.25 米处发现了人骨架,仰身葬,人骨架中没有指骨、脊椎骨和盆骨,整个骨架长 1.5 米。在墓圹西端还发现了 1 块绵羊骶骨。

M56:封丘直径 8 米,高 0.44 米,剖面较为平缓。在填土中有 1 个直径 7 米、宽 0.7 米的石圈。在填土中发现了 5 块陶片和腐烂的木头。木头下面为墓圹,墓圹长 1.9 米,宽 0.62 米,东西向。在墓圹中也有腐烂的木头,还发现了人的肋骨、上肢骨、腿骨以及脊椎骨。这具人骨架为仰身葬,头向西,长 1.5 米。颅骨西边有 1 件破损的陶器,颅骨和这件陶器之间还发现了 1 块绵羊骶骨。该墓早年曾被盗。

M73:封丘直径 10 米,高 0.43 米,剖面较为平缓。墓圹位于一石圈中央,其中前者长 2.8 米,宽 0.8 米,东西向;后者直径 5.2 米,宽 1 米。在墓圹深 1.1 米处发现了绵羊的尾椎骨和骶骨,墓圹内的人骨散落在各处,其中有下颌骨、肋骨、脊椎骨、右上肢骨等。该墓早年曾被盗。

M76：封丘直径 10 米，高 0.8 米，剖面较为平缓。在填土中有 1 个直径 5 米的石圈，此外，还出土了 2 块陶片。而在石圈中央则发现了颅骨的残片。墓圹长 2.4 米，宽 0.9 米，圆角方形，东西向。在墓圹西端发现了绵羊的脊椎骨和腐烂的木头，而在靠近北壁处发现了被破坏的颅骨。此外，墓圹内还出土了人的右肩胛骨、左腕骨等。墓圹内的人骨架为仰身葬，头向西。在颅骨右侧有 1 件陶壶，其底部有凸起，口径 8 厘米（图版五,5）。而在颅骨与北壁之间还发现了 1 件铁发簪。

M80：封丘直径 9 米，高 0.57 米，剖面为球形。在填土中有 1 个直径 4.6 米、宽 0.8~1 米的石圈。石圈里发现了芦苇的残余，芦苇下面为墓圹，墓圹长 2 米，宽 0.7 米。墓圹中发现了腐烂的木头，而在墓圹西端深 0.5 米处出土了动物的角和人骨。在深 1.05 米处发现了人骨架。在墓圹西端的颅骨右侧发现了山羊的骶骨，而在墓圹底部还出土了铁发簪。

M83：封丘直径 9 米，高 0.59 米，剖面为球形。在填土中有 1 个直径 4.75 米、宽 0.9 米的石圈。墓圹为椭圆形，东西向，长 2.35 米，宽 0.85 米。在深 1.3 米处发现了动物的角。人骨架保存状况很差，长 1.26 米。颅骨已被破坏，在肩部附近发现了 1 颗红中带黄的珠饰，而在墓圹西端则出土有 1 块山羊骶骨和 1 把铁刀。

M93：封丘直径 10 米，高 0.66 米，剖面为球形。在填土中有 1 个直径 5 米、宽 1 米的石圈。墓圹长 2.7 米，宽 0.75 米，东西向。在深 0.3 米处的墓圹西端出土了 1 件陶壶，其口径 9 厘米，高 14.5 厘米。在深 0.48 米处发现了人骨架，仰身葬。这具人骨架曾被扰动过，有些部位已缺失。颅骨和盆骨还有受到挤压的痕迹。整个人骨架长 1.25 米（至膝盖处）。在颅骨西侧还发现了 1 块山羊骶骨。

1.5　汪古尔－科拉 1 号墓地

M13：封丘直径 8 米，高 0.47 米，剖面较为平缓。在封丘底部发现了腐烂的木头。墓圹长 2.4 米，宽 0.7 米，东西向。在深 0.3 米处发现了腐烂的木头，上面还裹着芦苇。在墓圹的东西两端都有原木的残余。人骨架位于盖板下面，长 1.55 米，仰身葬，头向西。颅骨有挤压的痕迹，面朝南，这具人骨架为一男性。颅骨左侧有 1 件圆底陶壶，高 15 厘米,口径 8.5 厘米。此外,还发现了 1 件长 12 厘米的铁发簪,在陶壶和发簪之间还有 1 块绵羊骶骨和 1 把铁刀。

M14:封丘直径 7 米,高 0.44 米,其顶部有石堆。墓圹的边缘不甚明显,在深 0.75 米处发现了 7 根原木,原木上还覆盖着芦苇。盖板下面是人骨架,其中颅骨有挤压的痕迹,2 根锁骨并排放置,没有发现胸骨。尸骨为一男性,仰身葬,头向西,手臂置于躯干处,整个人骨架长 1.65 米,未发现随葬品,该墓早年曾被盗。

M16:封丘直径 14 米,高 0.85 米,剖面呈球形。在封丘底部发现了腐烂的木头,木头下面为墓圹,墓圹长 2.3 米,宽 1.1 米,东西向。在深 0.8 米处的墓圹西端发现了人的颅骨,而在墓圹中部则散落着人的椎骨、肋骨和盆骨。综合各方面情况来看,死者的头向应朝西,未发现随葬品。

M24:封丘直径 7 米,高 0.43 米,剖面呈球形。墓圹长 2 米,宽 0.9 米,东西向。在深 0.7 米处的墓圹东部发现了 2 根原木,其直径分别为 8 厘米和 10 厘米,原木下面发现了人骨架,仰身葬,头向西,手臂置于躯干处,整个人骨架长 1.54 米。人骨架的性别为女性,在其颅骨左侧有一些绵羊的尾椎骨,而在其左膝旁边则发现了绵羊的矩骨。此外,在墓圹西端和颅骨之间还出土了 2 件圆头铁发簪。

M26:封丘直径 8 米,高 0.63 米,剖面呈球形。封丘底部环绕着 1 个宽 0.5 米的石圈。墓圹为圆角方形,东西向,长 2.2 米,宽 0.8 米。墓圹内有 1 块由 4 根原木组成的盖板,盖板下面为人骨架,仰身葬,手臂置于躯干处,颅骨有挤压的痕迹,面朝北,整个人骨架长 1.68 米。在颅骨左侧有 1 块绵羊骶骨,上面还插有 1 把铁刀。

M27:封丘直径 4.5 米,高 0.9 米。墓圹为东西向,长 1.9 米,宽 0.9 米。在墓圹深 0.9 米处发现了人骨架,仰身葬,头向西。在颅骨左侧有 2 件陶钵,其中 1 件里面有山羊的椎骨(图版四,2)。这 2 件陶钵中,有 1 件烧制火候不均匀,在其外壁上带有灰色的斑点,其直径为 23 厘米,侧壁厚度为 5 厘米,在其内壁上还有织物的痕迹。另 1 件直径为 12.5 厘米,在其外壁上有烟黑。

M29:封丘直径 6 米,高 0.36 米,剖面呈球形。墓圹长 2.1 米,宽

0.7 米,为圆角方形,东西向。人骨架为仰身葬,头向西,躯干部分已被盗扰,很多骨头不存。

M30:封丘直径 8 米,高 0.51 米,剖面呈球形。墓圹长 2.1 米,宽 1.1 米,东西向。在墓圹中仅发现 2 块人骨,无随葬品。

M31:封丘直径 11 米,高 0.78 米,剖面呈球形。封丘底部环绕着 1 个直径 6 米、宽 0.5 米的石圈。在封丘底部的偏南处出土了人的尸骨残骸。墓圹长 3 米,宽 0.7 米,东西向。在墓圹深 1.45 米靠近南壁处发现了人的颈椎骨、右侧的胸廓骨以及部分指骨,无随葬品。

M34:封丘直径 8 米,高 0.7 米。在其底部有 1 个宽 0.56 米的石圈,此外这里还发现了腐烂的原木。在原木中发现了 3 块厚壁陶片和 1 块薄壁陶片。原木呈垂直状排列,其中短的那行原木每根长度为 1.3 米,直径 8～10 厘米,原木从北向南排列;而长的那行(能达到 2 米)位于短的那行上方,呈东西向排列。原木下面为墓圹,墓圹长 2 米,宽 1 米,东西向。在墓圹深 0.9 米处的西端发现了 1 个陶罐,其高度为11.5 厘米,腹径 13.5 厘米,底部有凸起。人骨架已被扰动。

M35:封丘直径 7 米,高 0.33 米,在其底部有 1 个半圆形的石圈。墓圹长 2.3 米,宽 0.6 米,椭圆形,东西向。在墓圹深 0.5 米处发现了人的桡骨,还发现了部分左肩胛骨。颅骨有挤压的痕迹,在盆骨旁边还发现了一块长 9 厘米、宽 1.8 厘米的磨刀石(图版二,16),这块磨刀石上还有一个透孔。在墓圹的西北角出土了 2 件陶器,其中 1 件为球形罐,腹部带有把手,高 12 厘米,腹径 13 厘米,口径 10 厘米(图版六,1);另 1 件为钵,直径 20 厘米,高 8 厘米,敞口,底部略平。

1.6 别斯沙迪尔 2 号墓地

M3:封丘直径 12 米,高 0.9 米,封丘顶部为扁平状,且有一处较为明显的凹陷。封丘底部还有 1 个石圈。墓内发现了腐烂的木条,这些木条厚 5 厘米,宽 10 厘米。墓圹为方形,东西向。墓圹内出土了人骨和陶器碎片,其中在墓圹的东端发现了人的小腿骨、足骨以及 2 件陶器的碎片。其中 1 件为罐(图版四,9),另 1 件为手制罐,其底部较厚,口部外侈。

M6:封丘直径 7 米,高 0.52 米,剖面呈球形,其顶部有堆石。封丘底部有一直径 4 米的石圈,墓圹为东西向,长 2.45 米,宽 0.72 米,在墓圹内发现了人的小腿骨以及 2 块不能确定部位的人骨。

M8:封丘直径 7.5 米,高 0.53 米,剖面呈球形。墓圹为方形,东西向,长 2.6 米,宽 0.8 米,在深 1.56 米处发现了 1 具人骨架,仰身葬,头向西。在墓圹西端还出土了 1 把锈蚀严重的铁刀和 1 块绵羊骶骨,而在墓圹中部则发现了一个角。

M10:封丘直径 10 米,高 0.6 米,剖面呈球形。封丘底部有 1 个直径 16 米、宽 0.8 米的石圈。在距地表深 0.72 米处发现了腐烂的木头和 2 个墓圹,墓圹均为东西向。

在北墓圹深 0.4 米处发现了少量的人骨、绵羊的椎骨以及木头。在深 0.43 米处又出土了一些人骨,在墓圹西端还发现了 2 件陶器。其中 1 件为钵(图版三,5),里面有绵羊的尾椎骨。另 1 件位于颅骨北侧,是一陶壶,其口部外侈,腹部有一个宽大的把手,底部有凸起。

在南墓圹深 0.67 米处即墓圹西半部靠近南壁处有 1 件陶钵(图版三,6),其质地为红陶。与这件陶钵并排在一起出土的还有 1 件陶壶,其腹部为梨状,器身上还遗留有手制的痕迹。在靠近北壁处发现了未经扰动的人的椎骨,其余部分不存。

M11:封丘直径 8 米,高 0.29 米。在封丘底部有 1 个直径 5 米的石圈,距该石圈 7 米还有 1 个直径 13.5 米的石圈。墓圹宽 0.7 米,东西向。在墓圹中出土了腐烂的木头,而在墓圹东端还发现了少量的人骨。该墓早年曾被盗掘。

M13:封丘直径 9 米,高 0.41 米。在封丘底部有 1 个直径 6 米的石圈,在其外围还有 1 个宽 0.2 米、直径 14 米的石圈。墓圹为椭圆形,长 0.5 米,宽 0.67 米,东西向。在墓圹东半部靠近南壁处发现了腐烂的原木,原木下面为人骨架,人骨架中仅有椎骨、盆骨和左臂。未发现随葬品。

M19:封丘直径 7 米,高 0.45 米,剖面呈球形。在距封丘底部 3 米处有 1 个直径 13 米的石圈。墓圹为东西向,其表面覆盖着木头。墓圹内的人骨架为仰身葬,双手置于躯干处,颅骨面朝北,整个人骨架长 1.67 米。在其左侧有 1 件陶器,系半球状的敞口杯,与其并排的是绵羊的尾椎骨和 1 把铁刀。

2 公元前 1 世纪至公元 1 世纪的乌孙遗迹

2.1 乌特根 1 号和 2 号墓地

M1：封丘直径 11 米，高 0.34 米。在封丘底部有 1 个宽度为 1.5 米的半圆形石圈。墓圹长 4.2 米，宽 1.8 米，西北—东南向。在墓圹中出土了人的骶骨、锁骨和肋骨，另外还有 2 块小的铁器残片。该墓早年曾被盗掘。

1 号堆砌物：长 2 米，宽 0.75 米，用石块堆砌而成，西北—东南向，里面未发现尸骨痕迹。

2 号堆砌物：长 3 米，宽 2 米，西北—东南向。用来堆砌的石块不大，里面未发现尸骨痕迹。

M2：封丘直径 6 米，高 19.4 厘米，非常平坦，地表堆砌着石块，未发现墓圹。

M72：封丘直径 7 米，高 0.24 米，剖面呈球形。在封丘底部有 1 个宽 0.6 米的石圈，在封丘中央有堆石。在从北壁挖进去的侧穴中有 1 具人的尸骨，仰身葬，手臂顺躯干自然垂放，颅骨面朝北，整个尸骨长 1.4 米。在颅骨右侧有 1 个带把陶杯，高 13 厘米，腹径 17 厘米，口径 11.5 厘米（图版六，10）。在这件陶杯旁边有绵羊的骶骨，上面还插着 1 把铁刀，刀长 12.5 厘米。

2.2 泰加克 1 号墓地

M1：封丘直径 12 米，高 0.38 米，剖面呈球形。地表有半月状的石圈，自西向东逐渐收缩，最后变成 1 排石块。石圈西端宽 1.3 米，东端宽 0.3 米，直径 4.7 米。第二个石圈所处的位置要比这个石圈的位置高些，其形状与这个石圈基本相同，其直径为 5.1 米。墓圹为东西向，长 3 米，宽 0.8 米。在墓圹中偏南处发现了篝火的痕迹，人骨架位于开凿在北壁上的侧穴中，头向西。在墓圹西端还发现了少量的人的大腿骨，而在墓圹中部则出土了人的下颌骨、肋骨等。该墓早年曾被盗掘。

M4：封丘直径 12 米，高 0.5 米，剖面呈球形，在封丘底部有 1 个直径 5 米、宽 1～1.2 米的石圈。墓圹长 2.6 米,宽 1.25 米,东西向。在墓圹中深 0.9 米处发现了人的颅骨残片和木炭。人骨架位于在北壁上开凿的侧穴中,头向西,仰身葬。人骨架的左半部保存状况较好,长 1.6米。在墓圹西端还出土了 1 个带把陶杯,其底部有凸起(图版六,6)。陶杯旁边有绵羊骶骨和 1 把铁刀,其中后者长 14 厘米,宽 2 厘米。

M4a:封丘直径 14 米,高 0.61 米,剖面呈球形,在封丘底部有 1 个直径 10 米的石圈。这里还发现了腐烂的木杆,而在封丘底部的东半部则发现了陶片。墓圹为西北—东南向,长 1.8 米,宽 1 米。在墓圹中有腐烂的木头,在深 0.8 米处的墓圹西北角出土了管状骨和矩骨。该墓早年曾被盗掘。

M5:封丘直径 16 米,高 1.1 米,剖面呈球形,在封丘底部有 1 个直径 11 米、宽 0.4 米的石圈。在封丘底部出土有动物的骨头,而在石圈旁边则发现了 4 块较厚的陶片。墓圹为西北—东南向,长 2 米,宽 1.2米。墓圹中出土了人的肋骨、椎骨和颅骨。该墓早年曾被盗掘。

M7:封丘直径 8 米,高 0.3 米,剖面较为平缓。在封丘底部有 1 个直径 4.2 米的石圈,这里还发现了 2 堆篝火的痕迹。墓圹为东西向,长 2.5 米,宽 0.8 米。在深 1.15 米处开凿在墓圹北壁上的侧穴中发现了 1 具男性人骨架,从人种来看,属中亚河中类型,仰身葬,头向西,左腕置于盆骨旁边,右臂肘部微曲,腿骨亦略有弯曲。整个骨架长 1.8 米,无随葬品。

一个带有石地基的封丘:封丘直径 7 米,高 0.4 米,剖面呈球形。墓圹为南北向,长 1.2 米,宽 0.9 米,墓圹内未发现任何遗物。

M12:封丘直径 30 米,高 2.8 米,剖面呈球形。其顶部有一个小凹坑。封丘底部有 1 个宽 2 米、直径 20 米的石圈。在石圈中央发现了腐烂的圆木,每根圆木直径为 0.25 米,共有 2 排。墓圹为圆角方形,西北—东南向,长 4 米,宽 2.2 米。墓圹上搭盖有 2 排圆木,圆木已腐烂,每根直径为 25 厘米。圆木上还覆盖有芦苇。沿着墓圹侧壁还立有木柱。在深 2 米处的墓圹北端发现了人的大腿骨,而在墓圹南端则出土了 2 块人的小腿骨,在墓圹中部颅骨旁边发现了 1 把残铁刀。该墓早年曾被盗掘。

·欧·亚·历·史·文·化·文·库·

M16:封丘直径 10 米,高 0.42 米,剖面呈球形。墓圹长 2.1 米,宽 0.7 米,东西向。在深 0.2 米处发现了腐烂的木头。在深 1 米处出土了堆放散乱的人骨,其中包括:3 块肋骨、颅骨和 2 块指骨等。该墓早年曾被盗掘。

M166:封丘直径 6 米,高 0.13 米,剖面呈球形。在封丘底部有 1 个石圈。墓圹长 1.6 米,宽 0.6 米,东西向。在墓圹深 0.6 米处发现了堆放散乱的人骨,其中有下颌骨、肋骨、锁骨和桡骨。在墓圹中部还出土了腐烂的木头和颌骨,而在靠近墓圹北壁处则发现了 1 个儿童的左半部盆骨和大腿骨。在墓圹的西北角出土了 1 件带把陶杯(图版六,14),其高度为 12 厘米,口径 9 厘米,腹径 14.5 厘米,底部为圆弧形。

19 号堆砌物:直径 4 米,高度不清,剖面较为平坦。在其底部有 1 个长、宽均为 2 米的正方形石圈,石圈是用石块垒砌而成的。石圈里面没有发现墓葬的痕迹。在石圈内深 0.1 米的西北角处发现了 2 件残铁马镫,均为叶状,其上部较为平滑,下部有使用浇铸法烧造时留下的接缝。

2.3 克孜劳兹 2 号墓地

M10:封丘直径 8 米,高 0.48 米,剖面呈球形。在封丘底部有堆石,此外还有腐烂的木头,木头下面为墓圹,东西向,长 2.35 米,宽 1 米。在墓圹深 0.96 米靠近北壁处发现了堆放散乱的人骨,其中 1 具没有颅骨,从放置位置来看,头向朝东。尸骨为仰身葬,手掌置于腹部,整个人骨架长 1.67 米,在其肩部附近有 1 件陶器,平底,有把手,口沿略向外侈,流很短,口径 12 厘米,腹径 15 厘米,底径 10 厘米。

M11:封丘直径 8 米,高 0.68 米,剖面呈球形。在封丘底部有一个方形的堆砌物,长 2.5 米,宽 1.8 米,东西向。堆砌物下面有腐烂的木头。墓圹为东北—西南向,长 2.15 米,宽 0.9 米。在墓圹中深 0.56 米处出土了人的指骨、肋骨和颅骨。在墓圹底部发现了人骨架的其他部分,其中包括:大腿骨、肘骨、盆骨右半部、肩胛骨和椎骨等。整个人骨架为仰身葬,头向西南,手掌置于腹部。在颅骨偏西处发现了绵羊的脊椎骨和 2 件陶器,其中 1 件其侧壁带有 2 个把手(图版九,9),另 1 件侧壁上有 1 个把手(图版七,1)。在这 2 件陶器的旁边还有 1 件陶钵。在颅骨下面还发现了1件残铁器,其形制不明。

2.4　卡尔干1号墓地

M26:封丘直径8米,高0.4米,剖面呈球形。在封丘底部有1个石圈,直径5.5米。墓圹长2.9米,宽0.45米,东西向。在墓圹深1.45米的南壁附近有土台阶,每级宽0.32米,高0.3米。侧穴位于墓圹深1.5米处,人骨架置于其中,为一女性,属短颅型的中亚河中类型人种,仰身葬,头向西,手臂顺躯干自然垂放,整个人骨架长1.5米。在颅骨旁边还发现了1枚铁发簪和1把铁刀,其中前者长17厘米,后者长18厘米,宽2厘米(图版二,6)。

M64:封丘直径9米,高0.48米,剖面呈球形。地表有1个直径4.5米的石圈。在石圈中央有一个石块堆砌物,东西向,长2.2米,宽0.7~1.1米,高0.4米。堆砌物下面为墓圹,墓圹长2.6米,宽0.5米。在墓圹深1.05米的西端,即颅骨的右侧有1件陶壶(图版九,3),陶壶高15.5厘米,口径10厘米,腹径13厘米。与之并排放置的是1件陶钵(图版三,9),陶钵高9厘米,口径22厘米。在陶钵里面还发现了1件长8厘米、宽1.5厘米的铁刀。人骨架置于开凿于北壁的侧穴中,仰身葬,头向西,手臂顺躯干自然垂放,颅骨有挤压的痕迹,整个人骨架长1.6米。从人骨架特征来看,死者应为一老年男性。

M65:直径7.5米,高0.18米,剖面较为平坦,旁边有1个直径7米的石圈。石圈外围还环绕着1个直径11.5米的石圈。距该石圈3米处有一个方形石堆,长2米,宽1米,南北向。墓圹长1.6米,宽0.4米,西北—东南向。墓圹内未发现尸骨及随葬品。

在石堆内深0.1米的东南角处发现了1件残陶器(图版九,12),底部略平,残高17厘米。

M66:封丘直径5.2米,高0.32米,剖面呈球形。在距封丘底部2.5米处有1个直径10米的石圈环绕在其四周。墓圹为圆角方形,东西向,长2.1米,宽0.6米,在墓圹深1.5米处发现了人骨架。仰身葬,头向西,颅骨面朝北,手臂顺躯干自然垂放,整个人骨架长1.7米。从其特征来看,应为男性。颅骨右侧有1件带把陶杯,高11.5厘米,腹径13.5厘米,口径11厘米(图版六,7)。此外在肩胛骨附近还发现了1

块绵羊骶骨和1把铁刀,其中后者长10.5厘米。

M68:封丘直径6米,高0.23米,剖面呈球形。在封丘底部以西5米处有1个椭圆形的石堆,石堆南北长3米,东西宽1.5米。在封丘底部还有1个东西长5.7米、南北宽5.2米的石圈。墓圹为圆角方形,长2米,宽0.41米,东西向。在深0.85米的墓圹西端发现了1件受到挤压的陶器,窄颈,圆腹,高14厘米,口径10厘米,腹径13厘米。这件陶器旁边还有2件残铁刀。在椭圆形石堆的中央深0.27米处发现了1块陶片,手制,其一面有织物和磨光的痕迹。

M87:封丘直径8米,高0.35米,剖面呈球形。封丘下面埋着1个直径7.5米的石圈。在封丘以西4米处还有1个椭圆形的石堆,长1.2米,宽0.8米,东西长,南北窄。墓圹为东西向,长2米,宽0.8米。在墓圹深0.65米处发现了散落的人骨。该墓曾早年被盗,石堆内未发现任何随葬品。

3 公元2世纪至3世纪的乌孙遗迹

3.1 卡普恰加伊2号墓地

相关材料已经详细发表过。[1]

3.2 丘拉克一积基德1号墓地

M6:封丘直径9米,高0.35米,剖面呈球形。在封丘底部的北半部发现了4堆篝火的痕迹,而2座墓圹就位于这4堆篝火之间。

南墓圹为椭圆形,东西向,长2.1米,宽0.6米。墓圹内发现了一些已炭化的细木棍,在北壁的剖面上也有已腐烂的木杆,这些木杆斜插在南北壁之间。在深1.35米处的墓圹西端出土了1件陶罐,其高度为10厘米,口径14厘米,底径8厘米,腹径15.5厘米(图版八,4)。墓圹内发现的人骨架为仰身葬,头向西,手臂顺躯干自然垂放,颅骨面朝南,整个人骨架长1.7米。从其特征来看,应为一女性。

北墓圹距南墓圹0.8米,亦为东西向,长1.7米,宽0.8米。在墓

〔1〕K. A. 阿奇舍夫:《苏联科学院人类学、考古学和人种学研究所1954年度工作总结》,载《哈萨克斯坦苏维埃共和国科学院历史、考古与民族研究所简报》1956年第1期,第7页。

圹北壁上发现了腐烂的木头残余。

在深 1.15 米处的墓圹北部出土了 2 把铁刀。在深 1.25 米处发现了人骨架,头向西,手臂顺躯干自然垂放,颅骨面朝南,整个人骨架长1.75 米,为一男性。在其右侧发现了 1 件陶罐,手制,平底,高 10 厘米,底径 6.5 厘米,口径 12.5 厘米,腹径 14 厘米(图版八,8)。

M36:封丘直径 10 米,高 0.48 米,剖面呈球形。墓圹长 2.75 米,宽0.5 米,东西向。在深 1 米处发现了直径在 10～16 厘米之间的木棍残余,这些木棍斜插在北壁上。在深 1.7 米处的墓圹南壁上有一个宽 28～35 厘米的台阶。而在墓圹西端发现了 1 件陶壶,手制,腹部残留有把手(图版五,13)。此外,还发现了 1 把带木把手的铁刀。在深 2.1 米处的墓圹北壁侧穴中发现了 1 具人骨架,仰身葬,头向西,颅骨有挤压的痕迹,手臂顺躯干自然垂放,右手握成拳,颅骨下面发现了 1 件铁发簪。

M50:封丘直径 12 米,高 0.45 米,剖面呈球形。共有 2 个墓圹,均为西北—东南向。其中南墓圹长 2.4 米,宽 0.6 米,北墓圹长 0.85 米,宽 0.3 米。

南墓圹:在墓圹西端深 1.3 米处发现了腐烂的木头。在这些木头上有 1 具被扰动过的女性尸骨。其颅骨面朝北,手臂顺躯干自然垂放,整个人骨架长 1.5 米。在颅骨西侧有 1 件陶罐,平底,鼓腹,手制(图版八,2)。在这件陶罐和颅骨之间还发现了 3 件铁发簪,而在陶器下面则出土了绵羊的骶骨。

北墓圹:在深 0.55 米发现了 1 具儿童的尸骨,头向西,手臂顺躯干自然垂放,颅骨有挤压的痕迹,没有发现随葬品。

3.3　丘拉克—积基德 2 号墓地

M46:封丘直径 9 米,高 0.29 米,呈椭圆形,南北向,剖面较为平坦。墓圹长 2.13 米,宽 0.55 米,西北—东南向。在深 0.48 米处的墓圹中部发现了一些斜插在北壁上的木杆。在深 1.25 米处有一些原木残余。在深 1.62 米处的墓圹北壁上有一个侧穴,1 具安德罗诺沃类型人种的男性骨架置于其中,仰身葬,颅骨有挤压的痕迹,面朝北,手臂顺躯干自然垂放,整个人骨架长 1.8 米。在墓圹西端的壁龛里还发现了

3 块绵羊的骶骨和椎骨。

3.4 泰加克2号墓地

M3：封丘直径8米，高0.31米，剖面呈球形，封丘底部有1个石圈。地表有一个用石板垒砌而成的石箱，西北—东南向。石箱最外边长3.3米，最里边长2.4米，宽0.6米。石箱内充斥着碎石块。在石箱底部距其最东端0.43米处发现了人的小腿骨，在小腿骨略微偏西处还发现了人的大腿骨。该墓早年曾被盗掘。

5号石圈：直径5.6米，剖面较为平坦，平面呈椭圆形，东西向，石圈是用石块垒砌而成的。没有发现墓葬的痕迹。

8号石圈：用石块垒砌而成，平面为马蹄形。没有发现墓葬的痕迹。

M10：封丘直径8米，高0.25米，剖面较为平坦。在封丘北侧有一个用石块堆砌而成的方形附属建筑物。其为东北—西南向，长2.5米，宽1.7米。在封丘底部有2个石圈，均为鹅卵石堆砌而成。其中位于外侧的石圈直径5.6米，位于内侧的石圈东西长4.15米，南北宽3.7米，为椭圆形。在内侧石圈中央有一个用石板搭建的长0.9米、宽0.4米的建筑，其方向为西北—东南向。这处建筑下面为墓圹，墓圹长1.7米，宽0.7米，其东半部覆盖有3块木板，在墓圹内出土了骨头和木炭残余，而在墓圹东端靠近南壁处还发现了人的腿骨残余。无论是在墓葬内，还是其他附属建筑物中均未发现随葬品。

3.5 汪古尔—科拉2号墓地

M8：封丘直径5米，高0.19米，剖面较为平坦。墓圹形状为圆角方形，东西向，长1.95米，宽0.75米。在墓圹深0.4米的西南角处，即人骨架的右侧有1个陶罐，侈口，平底，口径7厘米，高9.5厘米（图版八，3）。人骨架为仰身葬，头向西，长1.6米。其左手置于躯干处，右手略有弯曲。

M9：封丘直径6米，高0.4米，剖面呈球形。墓圹为东西向，长2.4米，宽0.8米。在墓圹深0.67米处发现了人骨架，仰身葬，头向西。颅骨有挤压的痕迹，双手肘部均略有弯曲且置于躯干处。没有发现随葬品。

M11:封丘直径 5 米,高 0.21 米,剖面呈球形。墓圹长 1.8 米,宽 0.7 米,东西向。在墓圹深 0.4 米处发现了 1 具保存状况很差的人骨架,右手腕位于盆骨下方,大腿骨缺失,整个人骨架长 1.6 米。在颅骨左侧,即墓圹西北角有 1 个陶罐(图版七,3),在这件陶器下面还有 2 块绵羊脊椎骨。

M12:封丘直径 8 米,高 0.69 米,剖面呈球形。在封丘底部西南角处出土了 1 件残陶器。墓圹长 2 米,宽 1.5 米,东西向。在墓圹深 1.25 米处发现了人骨架,仰身葬,头向西,整个人骨架长 1.7 米,颅骨有挤压的痕迹,手臂顺躯干自然垂放,胸廓的下半部、腕骨以及脊椎骨均缺失。在墓圹西端出土了 2 件陶器,其中 1 件为钵(图版三,10),钵内有羊骨;另 1 件为筒形罐(图版六,15)。

M16:封丘直径 6 米,高 0.39 米,剖面较为平坦。墓圹为圆角方形,东西向,长 1.6 米,宽 0.6 米。在墓圹深 1.1 米处发现了人骨架,仰身葬,手臂顺躯干自然垂放,整个人骨架长 1.4 米。人骨架中缺失了肩胛骨、指骨等。

M18:封丘直径 8 米,高 0.51 米,剖面呈球形。在封丘顶部有石块,而在封丘底部的西半部还发现了一些腐烂的原木,原木下面是墓圹。墓圹长 2.9 米,宽 1.15 米,东西向。在墓圹内也出土了原木,原木之间散落着人的肋骨、指骨和脚掌骨。在墓圹深 1.1 米处发现了其他的人骨,主要有颅骨、盆骨、上肢骨等。整个人骨架长 1.7 米。在墓圹的西南角还出土了 8 块绵羊的椎骨和骶骨。

M20:封丘直径 6 米,高 0.39 米。墓圹为东西向,长 1.8 米,宽 0.8 米。在墓圹深 1.2 米的西端,即颅骨左侧发现了 1 件被打碎的陶器。人骨架为仰身葬,头向西,长 1.8 米。手臂顺躯干自然垂放,但在肘部略有弯曲。右臂缺失腕骨。

M26:封丘直径 6 米,高 0.35 米,剖面呈球形。在深 0.15～0.2 米的封丘底部中央出土了陶片。其中一片为口沿残片。墓圹长 2.4 米,宽 1.2 米,东西向。在墓圹深 0.55 米处发现了 2 具人骨架,1 具在南,1 具在北。其中 1 具为侧身葬,面朝左,其长度为 1.6 米。另 1 具为仰身葬,长 1.4 米。北面那具保存状况较差,在其颅骨西侧有 1 件陶罐,高

12 厘米,最大径为 13 厘米(图版九,13)。与之共出的还有 1 件石磨盘(见图 2 - 44)。

M34:封丘直径 8 米,高 0.6 米,剖面呈球形,其表面覆盖着鹅卵石,而顶部亦有很多石块。墓圹上覆盖着厚厚的原木,原木上还抹有黏土。墓圹长 2.35 米,宽 0.9 米。在墓圹深 0.1 米处发现了小块的人骨,从其特点来看,为一男性,仰身葬,头向西,没有发现随葬品。

3.6　卡尔干 4 号墓地

M12:封丘直径 9 米,高 0.44 米,剖面较为平坦,其形状近似梯形,在其顶部有一处不太明显的凹陷(大约 7~8 厘米)。在距封丘底部 2 米处有 1 个小石圈。墓圹为圆角方形,长 1.3 米,宽 0.5 米,东西向。在墓圹深 0.9 米的西端发现了 1 个属安德罗诺沃类型的男性头骨,人骨架置于北壁的侧穴中,除了头骨以外,仅发现了腿骨。

M13:封丘直径 8 米,高 0.7 米,剖面呈球形,其表面覆盖着石块。在距封丘底部 4 米处有 1 个直径为 16 米的石圈,而在石圈以西 3 米处还有 1 个椭圆形的堆砌物,长 3 米,宽 1.8 米,东西向。此外,在封丘底部也发现了 1 个直径 5.2 米的石圈。

封丘底部的结构较为复杂:在石圈中央有一个椭圆形的堆砌物,长 2.4 米,宽 1.5 米,系用石块堆砌而成,东西向。堆砌物内还充斥着大量泥土,这些泥土形成了封丘的底部,其直径 3 米,高 0.5 米,泥土上面覆盖有一排石块,随后是黄土和碎石层,最上面又铺有一层石块。其中在石块堆砌物中发现了腐烂的木头和动物的角。

在墓圹西端深 1.5 米处发现了篝火的痕迹。篝火下面有 1 具儿童的尸骨,这具尸骨具有欧罗巴人种类型的特点,其颅骨属短颅型。尸骨为仰身葬,头向西,腕部置于盆骨下方,整个骨架长 1.4 米。还有 1 具尸骨置于开凿在北壁的侧穴之中,从盆骨和胸骨的情况看,该死者的年龄在 17~18 岁之间。在其颅骨右侧有 1 块羊骶骨和 1 把长 10 厘米的铁刀,而在颅骨西侧还发现了 1 件长 27 厘米的铁器和 2 件铁发簪,这 2 件铁发簪 1 件长 4 厘米,另 1 件长 10 厘米。

在石块堆砌物的西南角处还发现了 1 件陶器,其残长 12 厘米,腹径 21 厘米,口沿残缺。

M14:封丘直径 5 米,高 0.45 米,剖面呈球形。在距封丘底部 2.5 米处有 1 个直径 10 米的石圈。在封丘底部里面还埋着 1 个直径 3.7 米的石圈。在这个石圈的中央有一个石堆,石堆长 2 米,宽 0.7 米,东西向。石堆下面为墓圹,在墓圹深 1.3 米处的北壁上凿有 1 个侧穴,侧穴内有 1 具人骨架。仰身葬,头向西,整个人骨架长度为 1.07 米。其左臂顺躯干自然垂放,在其颅骨旁边发现了绵羊骶骨、铁刀以及人的盆骨和椎骨。从此情况来看,该墓曾被盗掘过。死者的年龄在 12 ~ 13 岁之间。在墓圹西端有 1 件陶罐,圆底,高 11 厘米,口径 12.2 厘米,腹径 11 厘米(图版八,6)。

3.7 阿拉尔突报 1 号墓地

M4:封丘直径 6.5 米,高 0.51 米。墓圹为椭圆形,东西向,长 2 米,宽 1 米。在深 0.9 米的墓圹东端发现了人腿骨,人骨架为仰身葬,头向西,长 1.4 米。此外,还发现了 2 件耳环,均为细铜丝制成。其中 1 件位于人骨架左耳处,这件耳环上还有 1 个直径 0.7 厘米、高 1.8 厘米的圆柱状珠饰,另 1 件耳环位于右耳处,已断裂为 2 段。

M6:封丘直径 7.5 米,高 0.5 米,平面呈圆形。墓圹边界不清,在其东半部边缘堆砌有石块,墓圹为东西向,长 2.1 米,宽 1.5 米。在深 1.05 米处发现了 1 具破坏严重的人骨架,仰身葬,头向西,长 1.4 米,未发现随葬品。

M8:封丘直径 7 米,高 0.3 米,东西向。在封丘底部有 1 个半圆形的石圈。墓圹为椭圆形,长 2.5 米,东西向。在深 0.5 米的南壁中部发现了 2 块人骨,而在墓圹西端则出土了人的颅骨及其他部位的骨头,整个人骨架为仰身葬。死者的年龄在 16 ~ 17 岁之间。靠近墓圹北壁有一个二层台,上面发现了 1 块绵羊矩骨,未发现其他随葬品。

M17:封丘直径 8 米,高 0.88 米,剖面呈梯形。在封丘底部有 1 个直径为 6 米的石圈。墓圹长 2 米,宽 0.8 米,西北—东南向。墓圹中出土了一些人的管状骨和足骨。该墓早年曾被盗掘。

M26:封丘直径 6 米,高 0.43 米,剖面呈球形,上面覆盖着石块。墓圹为东西向,长 2.15 米,墓圹遭到了严重破坏,因此其宽度不能确定。未发现人骨和随葬品。

　　M27:封丘直径6米,高0.44米,剖面呈球形,上面覆盖着石块。墓圹长1米,宽0.5米,东西向。在深0.2米处的一层石块和泥土混合物下面有1具儿童尸骨,头向西,未发现随葬品。

图　版

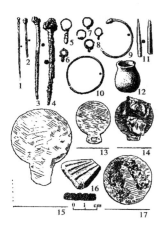

图版一

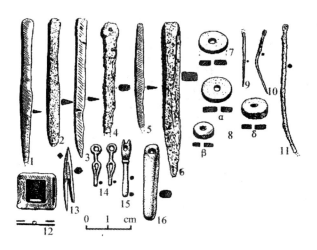

图版二

图版三

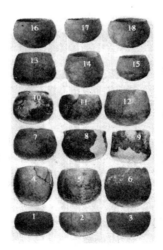

图版四

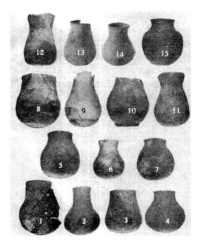

图版五

图版六

图版七

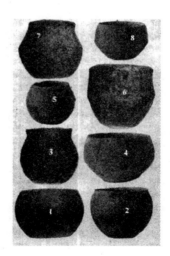

图版八

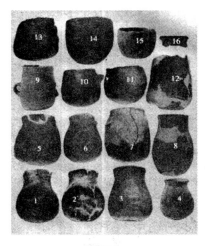

图版九

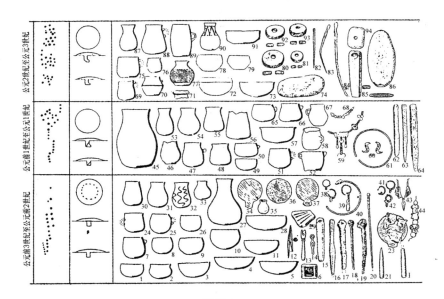

图版十

·欧·亚·历·史·文·化·文·库·

原书彩版 *

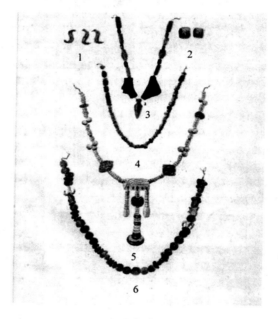

彩版壹

＊ 本图原书为彩版，翻译时因原图不够清晰，特改为黑白印刷。

附　表

表 1 伊犁河右岸地区乌孙墓葬家墓结构及出土陶器分期

表2 伊犁河右岸地区乌孙墓葬特点一览表

时代	墓地	发掘的冢墓数量	带石圈的封冢（石圈的位置）						发掘数量	墓葬形制				随葬陶器的墓					陶器形制				其他随葬品	
			合计	封冢底部四周	封冢底部	封冢顶部	封冢内部	封冢下面		土坑墓	有盖板的墓	带墓门的墓	侧穴墓	合计	1件	2件	3件	被盗掘的	合计	圆底	底部内凹	平底	绵羊骨	石磨盘
公元2世纪至公元3世纪	卡普恰加伊2号墓地	3	—	—	—	—	—	—	3	3	1	—	—	1	1	—	—	—	1	—	—	1	1	—
	丘拉克—积基德1号墓地	7	—	—	—	—	—	—	10	1	—	6	3	9	8	1	—	—	10	3	4	3	6	1
	丘拉克—积基德2号墓地	2	—	—	—	—	—	—	2	—	—	—	2	1	1	—	—	—	1	—	1	—	2	—
	泰加克2号墓地	6	5	—	—	—	—	5	6	6	—	—	—	—	—	—	—	—	—	—	—	—	—	—
	汪古尔—科拉2号墓地	14	2	—	—	—	—	2	15	14	1	—	—	9	3	1	2	3	14	6	3	5	6	2
	卡尔干4号墓地	6	8	4	—	—	—	4	6	1	—	—	5	3	3	—	—	—	3	2	1	—	3	—
	阿拉尔—突报墓地	6	4	—	—	—	—	4	6	3	1	—	—	—	—	—	—	—	—	—	—	—	1	—
	合计	44	19	4	—	—	—	15	48	28	3	6	10	23	16	2	2	3	29	11	9	9	19	3
公元前1世纪至公元1世纪	乌特根1号，2号墓地	11	5	—	—	—	5	—	6	2	—	—	4	4	4	—	—	—	4	3	—	1	4	—
	泰加克1号墓地	16	10	—	—	—	4	6	16[1]	6	2	—	8	9	5	3	1	—	12	8	2	2	8	—
	克孜劳兹2号墓地	4	—	—	—	—	—	—	4	—	—	—	4	4	1	1	—	2	9	4	4	1	1	—
	卡尔干1号墓地	14	12	6	—	—	—	6	14	7	—	—	7	2	2	—	—	—	2	—	2	—	3	—
	阿尔金—厄密尔墓地	19	17	2	2	—	5	8	18	14	3	—	—	8	7	—	1	—	13[2]	5	6	2	2	—
	合计	64	44	8	2	—	14	20	58	29	5	—	23	27	19	4	2	2	40	20	14	6	18	—

时代	墓地	发掘的家墓数量	带石圈的封冢（石圈的位置）							墓葬形制					随葬陶器的墓					陶器形制				其他随葬品	
			合计	封冢底部四周	封冢底部	封冢顶部	封冢内部	封冢下面	发掘数量	土坑墓	有盖板的墓	带塞门的墓	侧穴墓		合计	1件	2件	3件	被盗掘的	合计	圆底	底部内凹	平底	绵羊骨	石磨盘
公元前3世纪至公元前2世纪	卡普恰加伊3号墓地	30	28	—	28	—	—	—	30	23	—	2	5		3	2	1	—	—	4	3	—	1	11	—
	乌特根3号墓地	7	—	—	—	—	—	—	8	8	—	—	—		8	7	1	—	—	9	7	2	—	8	—
	克孜劳勒—厄斯帕墓地	8	8	—	1	7	—	—	9	4	5	—	—		7	6	—	1	—	7	4	1	2	3	—
	克孜劳兹3号墓地	15	13	1	8	4	—	—	20	8	12	—	—		10	7	2	1	1	12	8	3	1	11	—
	汪古尔—科拉1号墓地	17	4	—	1	3	—	—	17	8	9	—	—		9	5	4	—	—	13	12	1	—	18	—
	别斯沙迪尔2号墓地	10	11	5	1	4	—	—	11	5	6	—	5		6	4	1	1	—	9	7	2	—	6	—
	合计	87	63	6	39	18	—	—	95	56	32	2	5		43	31	9	1	2	54	41	9	4	57	—
	总计	195	126	18	41	18	14	35	201	113	40	8	38		93	66	15	5	7	123	72	32	19	94	3

说明：1. 有 1 个墓穴的类型没有确定；2. 陶器中有 5 个来自石圈内。

表3　伊犁河右岸乌孙墓出土陶器特点

时代	墓地	陶器数量	基本形制 半球形体杯	杯	壶 敞口	壶 小口	高脚杯 体形较短	高脚杯 体形较高	罐	其他	底部 圆底	底部 平底内凹	底部 平底	边缘 圆的	边缘 经过修剪的	边缘 倾斜的	把手位置 腹部	把手位置 颈部	把手位置 边缘	把手位置 贴塑突出	带有纹饰的
公元2世纪至公元3世纪	卡普恰加伊2号墓地	1	1	—	—	—	—	—	—	—	1	—	—	—	—	—	—	—	—	—	—
	丘拉克—积基德1号墓地	10	—	1	1	1	1	1	5	—	3	4	3	6	3	1	—	1	2	—	—
	丘拉克—积基德2号墓地	1	—	—	1	—	—	—	—	—	—	1	—	—	1	—	—	1	—	—	—
	泰加克2号墓地	—	—	—	—	—	—	—	—	—	—	—	—	—	—	—	—	—	—	—	—
	汪古尔—科拉2号墓地	14	3	—	—	1	4	4	2	—	6	3	5	9	2	3	2	5	2	—	2
	卡尔干4号墓地	3	—	—	—	—	1	1	1	—	1	1	1	—	2	1	—	—	—	—	—
	阿拉尔—突报墓地	—	—	—	—	—	—	—	—	—	—	—	—	—	—	—	—	—	—	—	—
	合计	29	4	1	2	2	6	6	8	—	11	9	9	15	8	5	2	7	4	—	2
公元前1世纪至公元1世纪	乌特根1号,2号墓地	4	—	—	—	1	3	—	—	—	3	—	1	—	1	3	—	—	—	—	—
	泰加克1号墓地	12	2	—	1	—	4	—	2	3	8	2	2	2	7	3	3	—	—	3	—
	克孜劳兹2号墓地	9	1	1	—	2	1	2	1	1	8	1	—	5	4	—	—	—	—	2	—
	卡尔干1号墓地	13	—	—	1	6	—	2	1	3	1	9	3	2	5	3	1	2	1	—	—
	阿尔金—厄密尔墓地	2	—	—	—	1	—	1	—	—	—	2	—	—	1	1	—	—	—	2	—
	合计	40	3	1	2	10	8	5	4	7	20	14	6	9	18	10	4	2	1	7	—

时代	墓地	陶器数量	基本形制							底部			边缘			把手位置			贴塑突出	带有纹饰的
			半球形钵	壶		高脚杯		罐	其他	圆底	平底内凹	平底	圆的	经过修剪的	倾斜的	腹部	颈部	边缘		
			钵	敞口	小口	体形较短	体形较高													
公元前 3 世纪至公元前 2 世纪	卡普恰加伊 3 号墓地	4	—	—	1	3	—	—	—	3	—	1	3	1	—	—	—	—	—	—
	乌特根 3 号墓地	9	1	—	—	2	—	1	—	7	2	—	3	3	1	—	—	—	1	—
	克孜勒—厄斯帕墓地	7	—	—	3	—	—	4	—	4	1	2	5	3	1	—	—	—	1	—
	克孜劳兹 3 号墓地	12	2	1	1	5	—	2	1	8	3	1	5	5	2	5	—	—	—	—
	汪古尔—科拉 1 号墓地	13	5	2	2	1	1	—	2	12	1	—	7	5	1	1	—	—	—	—
	别斯沙迪尔 2 号墓地	9	4	1	—	—	1	2	1	7	2	—	6	2	1	6	—	1	1	—
	合计	54	12	3	7	11	1	9	2	41	9	4	29	17	6	12	9	6	6	—
总计		123	19	7	19	25	12	21	9	72	32	19	53	43	21	12	9	6	8	2

表4 伊犁河右岸地区各期的典型乌孙墓葬

时代	墓地	冢 墓	
		两个墓穴	男女合葬墓
公元前1世纪	泰加克1号墓地	1	—
公元1世纪	克孜劳兹2号墓地	—	1
公元2世纪至3世纪	丘拉克—积基德1号墓地 汪古尔—科拉2号墓地 卡普恰加伊2号墓地	3 1 1	1 2 —

表5 伊犁河右岸地区乌孙墓葬中出土的人骨类型统计表

人种类型	时代			总计
	公元前3世纪至 公元前2世纪	公元前1世纪至 公元1世纪	公元2世纪至 3世纪	
安德罗诺沃类型	7	5	4	16
欧罗巴短颅类型	3	2	4	9
北欧类型	1	1	1	3
中亚河中类型	1	12	3	16
混合类型	—	2	3	5

后 记

我在北京大学考古文博学院攻读博士学位期间（2000—2004），有幸聆听了林梅村老师讲授的几门课程。林老师上课的一个特点是：支持并鼓励学生阅读与课程相关的外文资料，同时还要对这些资料进行分析与研究。

《伊犁河流域塞人和乌孙的古代文明》一书正是我在上课期间选定的一部俄文专著。但当时由于时间有限，因此只是在林老师的指导下，将这本书中的一些主要观点进行了翻译。最后的成果也仅仅是给林老师交了一篇还算差强人意的作业而已。

学生生涯结束后，特别是来到郑州大学历史学院成为专任教师后，我逐渐确立了自己的研究方向：中国古代北方民族考古。该方向的主要研究对象，例如匈奴、鲜卑、突厥、契丹和蒙古诸民族不仅在中国历史上起到过重大的作用，同时在世界范围特别是欧亚大陆上亦是历史发展的重要推手。因此我们对其的研究，就不仅局限于国内的相关材料，也要关注国外尤其是与我国接壤的各国的考古材料和研究成果。

在这其中，就第一手的考古材料而言，俄文材料当属重中之重。几乎贯穿于整个 20 世纪的苏联时代，它们的考古学家在西伯利亚、蒙古、中亚、高加索以及南俄草原地区进行了大量的考察与发掘，并留下了数量众多的考古报告、专题研究论著等资料。

但由于语言的限制，对这些材料的利用国内学界还亟待加强。本人自中学以来一直学习俄语，投身考古工作后，尤其热衷于翻译事业。特别是 2009 年以翻译整理《匈奴文化与诺彦乌拉巨冢》为申报课题获得国家社科后期资助项目立项并完成以后，热情更加高涨。于是就将《伊犁河流域塞人和乌孙的古代文明》这本书找了出来，大约利用了 1 年多的时间，将其全部译出。

为了使用方便，特做出以下说明，第一，全书译文均与原著的自然段落一致;第二,对书中乌孙部分提到的各处墓地,采用了黄振华、张光达两先生的译名(《乌孙研究》一书中的附录部分,王明哲、王炳华著,新疆人民出版社,1983 年);第三,对原著中的插图、图版进行了符合我国学界习惯的调整;第四,文中注释凡未说明语种的皆为俄文。

翻译工作虽然艰辛,但获得该书的中文版授权书更属不易。在此过程中,我要对中国人民大学历史学院的魏坚先生和我的同学努尔兰先生表示诚挚的谢意。特别是努尔兰先生,在获取授权书的过程中可谓不遗余力,令我对北大同学的友情倍感珍惜!

西北大学文化遗产学院的王建新先生不仅对我这个后学倍加关心,还欣然为本书作序,令我感激之至!兰州大学出版社的施援平女士在本书的出版过程中也付出了很多,当使我永远铭记!

此时我不禁想起了一位历史人物——唐代的玄奘,世人皆知他是一位高僧、中国佛教法相唯识宗创始人;当然在西方人眼中,他还是一位著名的探险家。但在我心中,他的汉传佛教史上最伟大的译经师之一的身份让我更为看重。通过上文提到的这两部考古专著的翻译,我逐渐坚定了一个信念:在有生之年继续从事翻译与我国相关的各类俄文考古成果,即认真践行我国北方民族史著名专家林干先生对研究中国古代北方民族的第二条展望:收集国内已经发表的及翻译国外的北方民族考古资料加以整理出版(林干:《中国古代北方民族通论》,第498 页,内蒙古人民出版社,1998 年)。当然我也知道,尽凭我个人的力量很难在短时期内把这些成果翻译出来。因此我更希望,历史学界、考古学界乃至民族学界有更多的有识之士能参与进来,这样定会对我国北方民族学术研究起到给力的推动!

本项目得到郑州大学历史文化遗产保护研究中心及考古学重点学科大力支持。

孙危

2012 年 4 月 26 日于郑大新校区寓所

索　引

A

阿尔金—厄密尔 4 号墓地　　161

阿尔泰

7 - 9,11,19,58,59,63,88,92 -
96,98,99,102,106,109,113,
115,119,141 - 144,181,183 -
186,190,194,212,222

阿拉尔—突报 1 号墓地
176,177,192

阿里斯铁阿斯　　90,114

阿姆河宝藏　　14

阿契美尼德王朝　　4,5,10,12

安德罗诺沃文化

11,57,79,88,89,93 - 109,123,
126, 127, 149, 150, 153, 171,
174,227

安诺文化　　94,105,109

B

巴尔喀什湖　　12,116

巴泽雷克文化　　106

贝希斯顿铭文　　13

别斯沙迪尔 2 号墓地

121, 139, 147, 148, 192, 216,
218 - 220,224,230,242

别斯沙迪尔墓地

17,21 - 23,53 - 57,59,60,62,
64 - 66,75,77,92,120,139,
144,190,203,221

部落

3, 6, 64, 94, 185, 186, 226,
231,232

部落联盟　　10,15,226,228,232

C

侧穴墓　　201,202,204 - 207

D

带套筒的镞　　92

F

发簪

74, 123 - 126, 130, 137, 138,
142, 146, 147, 151 - 154, 162,
169, 171, 200, 216, 233, 237,
238,240,241,247,249,252

·欧·亚·历·史·文·化·文·库·

伏尔加河流域
92,204,205,218
镞
17－20,25,77,79,82,83,120,
148,190,221
父权制　78,114,230,232
父权制家庭
74,78,223,226,232

G

高加索　85－87,92,228,267
格罗斯　54
个体家庭　223,224,226,231

H

哈萨克斯坦
6,8－12,15－19,21,22,53,62,
63,69,74,76,78－80,82,85－
93,95－109,113,114,118,119,
141,142,145,146,166,168,
178,179,183,190,202,203,
205,206,209,215,221,223,
226－228,248
黑海北岸　58,86
后哈拉帕文明　109

J

祭祀
19,22,26,55,56,165

家庭手工业
211,213,214,216
尖帽塞人
4,5,10,14－16,21,54,66
经济
7,21,59,63,64,75,89,96,98－
100,104－107,113－115,118,
167,182－185,189,198,206－
217,224－226,232
居址　74,96,98－101,105－108
居住在海那边的塞人　10

K

卡德勒巴伊3号墓地
17,68,69,76
卡尔干1号墓地
121,156,158－161,165,166,
174,181,192,194,195,197－
199,219,220,247
卡尔干4号墓地
121,174,181,192,197,219,
220,252
卡拉硕克墓地　68,69
卡拉苏克文化　106
卡普恰加伊2号墓地
121,167,168,177,192,248,266
卡普恰加伊3号墓地
120－126,141,143,191,201,
218－220,224,233

克孜劳兹 1 号墓地
　17,68,69,73,74,76,78,203
克孜劳兹 2 号墓地
　121, 155, 164, 165, 192, 218,
　220,246,266
克孜劳兹 3 号墓地
　121,130,132 – 134,146 – 148,
　191, 194, 216, 218 – 220,
　224,238
克孜勒—厄斯帕墓地
　121, 128 – 130, 145, 192, 219,
　220,224,230,237

L

梨状壶　　145,221
螺旋状青铜耳环　　141,144,177

M

马萨格泰人
　4 – 8,10,11,13,94,114
蒙古利亚人种
　14 – 16,227,228
木质棺椁　　57,58
牧地塞人　　5,10
牧业　　105,209,210

N

南乌拉尔　　97,99

农业
　7, 9, 63, 76, 84, 85, 93 – 95,
　104 – 107, 113, 118, 121, 179,
　184, 185, 188, 189, 208 – 210,
　213 – 215
诺彦乌拉巨冢　　267

O

欧罗巴人种
　14,15,70,124 – 128,153,170,
　171,173,205,211,227,228,252

P

帕米尔
　7,9,11,12,19,63,93 – 96,98,
　102, 109, 113, 115, 119, 181,
　183, 185, 190, 194, 212, 213,
　222,227

Q

七河流域
　11,12,15 – 18,20,22,53,56,
　59,60,62,63,65,67,69,75,76,
　78,79,81,83,84,91,92,94,96
　– 98, 100, 102, 103, 107, 108,
　113,115 – 119,142,144 – 147,
　164 – 166, 168, 180, 184 – 186,
　188 – 191,201 – 205,214,215,
　217,218,221,223,226,232

青铜铸造业　　79,84

青铜镞

　52,69,78,85 - 88,145,203

丘拉克—积基德1号墓地

　169,170,172,192,218 - 220,

248,266

丘拉克—积基德2号墓地

　171,192,216,219,249

R

如安多别墓地　　68,75

S

萨尔马泰文化　　86,106

萨迦人　　5,115

塞人

　1,3 - 20,22,23,53,54,56,57,

59,60,63 - 69,74 - 79,81,83,

84,91 - 95,107 - 109,114 -

116,118 - 120,142,143,146,

148,164,166,168,190,194,

203,204,216,217,221,223,

227,229,232,267

社会结构　　207,208,223,226

石墙

　23,24,26,34 - 37,55,89,124 -

126,161

石圈

　23 - 26,34,36,46,47,53 - 56,

73,74,78,89,98,114,122,123,

125,126,129,130,132 - 134,

136,137,139,141,146,148,

150,152,154,156,158 - 163,

165 - 167,174,175,178,179,

181,182,190 - 192,194,195,

197 - 199,202,206,207,230,

233 - 248,250,252,253

石室墓

　57,58,66,67,76,108,228

氏族社会　　78,115,223,224

狩猎　　216

竖穴土坑　　200,201,204,207

斯基泰人

　5 - 7,13,54,58 - 60,85,86,92,

94,115

斯基泰野兽纹　　6

斯特拉波　　5,12,114,115

T

塔加尔文化　　106

泰加克1号墓地

　121,151,153,154,163,164,

192,193,197,216,218 - 222,

224 - 226,230,244,266

陶器

　66,68 - 71,73,74,76,77,79 -

82,85,88,98,101,107,113,

114,123,124,127,128,130 -

132,134,136 - 140,143 - 149,
152 - 154,156,157,159 - 167,
169 - 171,173,175 - 182,198 -
201,207,208,210 - 218,220 -
223,225,236 - 239,242,243,
246 - 249,251,252

体质类型　213,227,228

天山

7,10 - 12,15,16,19,26,28,40,
48,60,63,93 - 96,98,102,109,
113, 115, 116, 119, 181, 183,
185,190,194,204,209,212,222

铁制品　76,190,200

同心圆　35,69,194

铜镜

69,88,114,126,129,130,138,
142,143,145 - 147,160,201

土坑墓

57,66,76,143,167,181,200 -
202,204,205,207,224,225,228

托勒密　12,16,114

W

汪古尔—科拉 1 号墓地

121, 134 - 138, 147, 148, 191,
192,194,218,219,230,240

汪古尔—科拉 2 号墓地

121, 172 - 174, 179, 192, 216,
218 - 220,250,266

乌孙

7, 8, 15, 16, 19, 57, 63, 64, 66,
67, 76, 78, 79, 81, 108, 111,
113 - 116, 118 - 122, 143, 145,
147, 148, 162, 163, 165, 167,
177,179 - 184,187,189 - 191,
194, 197 - 218, 220 - 233, 244,
248,266 - 268

乌特根 1 号墓地

148 - 150,192,224

乌特根 2 号墓地　151,192,219

乌特根 3 号墓地

121, 126, 128, 143, 145, 148,
191,218 - 220,224,236

X

西伯利亚

9, 19, 92, 94 - 97, 99, 102, 103,
106, 108, 117, 141, 142, 144,
190,267

希罗多德

5,10 - 14,16,54,58,114

咸海沿岸

6,7,63,93,94,102,107

匈奴

5, 6, 15, 57, 59, 115, 118, 181,
205,226,227,267

·欧·亚·历·史·文·化·文库·

Y

雅利安人　109

养羊业　75,187

伊犁河流域

　1,16 - 18,21,64,69,80,117,
118, 120, 141, 142, 144, 146,
148, 151, 155, 160, 181, 183 -
186,204,209 - 211,213 - 216,
218,222,227 - 229,267

伊塞顿人

　10 - 12,15,16,90,106 - 108

伊塞克湖

　19,68,82,113,116,163,165,
166,184,190,222

油灯　45

Z

中亚

　3 - 6,8 - 14,16,21,54,63,64,
74,78,84 - 86,92 - 94,96,97,
101 - 109,113 - 116,118,144,
152 - 154, 157, 158, 161, 163,
169,170,174,178,179,202,204
- 206,208,209,211 - 215,217,
218, 222, 227, 228, 234, 245,
247,266,267

宗教信仰　113,182,227 - 229

欧亚历史文化文库

已经出版

林悟殊著:《中古夷教华化丛考》 定价:66.00 元

赵俪生著:《弇兹集》 定价:69.00 元

华喆著:《阴山鸣镝——匈奴在北方草原上的兴衰》 定价:48.00 元

杨军编著:《走向陌生的地方——内陆欧亚移民史话》 定价:38.00 元

贺菊莲著:《天山家宴——西域饮食文化纵横谈》 定价:64.00 元

陈鹏著:《路途漫漫丝貂情——明清东北亚丝绸之路研究》

定价:62.00 元

王颋著:《内陆亚洲史地求索》 定价:83.00 元

〔日〕堀敏一著,韩昇、刘建英编译:《隋唐帝国与东亚》 定价:38.00 元

〔印度〕艾哈默得·辛哈著,周翔翼译,徐百永校:《入藏四年》

定价:35.00 元

〔意〕伯戴克著,张云译:《中部西藏与蒙古人

　　——元代西藏历史》(增订本) 定价:38.00 元

陈高华著:《元朝史事新证》 定价:74.00 元

王永兴著:《唐代经营西北研究》 定价:94.00 元

王炳华著:《西域考古文存》 定价:108.00 元

李健才著:《东北亚史地论集》 定价:73.00 元

孟凡人著:《新疆考古论集》 定价:98.00 元

周伟洲著:《藏史论考》 定价:55.00 元

刘文锁著:《丝绸之路——内陆欧亚考古与历史》 定价:88.00 元

张博泉著:《甫白文存》 定价:62.00 元

孙玉良著:《史林遗痕》 定价:85.00 元

马健著:《匈奴葬仪的考古学探索》 定价:76.00 元

〔俄〕柯兹洛夫著,王希隆、丁淑琴译:

　《蒙古、安多和死城哈喇浩特》(完整版) 定价:82.00 元

·欧·亚·历·史·文·化·文·库·

乌云高娃著:《元朝与高丽关系研究》　　　　　　　定价:67.00 元

杨军著:《夫余史研究》　　　　　　　　　　　　　定价:40.00 元

梁俊艳著:《英国与中国西藏(1774—1904)》　　　定价:88.00 元

〔乌兹别克斯坦〕艾哈迈多夫著,陈远光译:

　《16—18 世纪中亚历史地理文献》(修订版)　　　定价:85.00 元

成一农著:《空间与形态——三至七世纪中国历史城市地理研究》

　　　　　　　　　　　　　　　　　　　　　　　定价:76.00 元

杨铭著:《唐代吐蕃与西北民族关系史研究》　　　　定价:86.00 元

殷小平著:《元代也里可温考述》　　　　　　　　　定价:50.00 元

耿世民著:《西域文史论稿》　　　　　　　　　　　定价:100.00 元

殷晴著:《丝绸之路经济史研究》　　　　定价:135.00 元(上、下册)

余大钧译:《北方民族史与蒙古史译文集》　定价:160.00 元(上、下册)

韩儒林著:《蒙元史与内陆亚洲史研究》　　　　　　定价:58.00 元

〔美〕查尔斯·林霍尔姆著,张士东、杨军译:

　《伊斯兰中东——传统与变迁》　　　　　　　　　定价:88.00 元

〔美〕J. G. 马勒著,王欣译:《唐代塑像中的西域人》　定价:58.00 元

顾世宝著:《蒙元时代的蒙古族文学家》　　　　　　定价:42.00 元

杨铭编:《国外敦煌学、藏学研究——翻译与评述》　定价:78.00 元

牛汝极等著:《新疆文化的现代化转向》　　　　　　定价:76.00 元

周伟洲著:《西域史地论集》　　　　　　　　　　　定价:82.00 元

周晶著:《纷扰的雪山——20 世纪前半叶西藏社会生活研究》

　　　　　　　　　　　　　　　　　　　　　　　定价:75.00 元

蓝琪著:《16—19 世纪中亚各国与俄国关系论述》　定价:58.00 元

许序雅著:《唐朝与中亚九姓胡关系史研究》　　　　定价:65.00 元

汪受宽著:《骊靬梦断——古罗马军团东归伪史辨识》　定价:96.00 元

刘雪飞著:《上古欧洲斯基泰文化巡礼》　　　　　　定价:32.00 元

〔俄〕Т. Б. 巴尔采娃著,张良仁、李明华译:

　《斯基泰时期的有色金属加工业——第聂伯河左岸森林草原带》

　　　　　　　　　　　　　　　　　　　　　　　定价:44.00 元

叶德荣著:《汉晋胡汉佛教论稿》　　　　　　　　　定价:60.00 元

王颋著:《内陆亚洲史地求索(续)》　　　　　　定价:86.00 元

尚永琪著:

《胡僧东来——汉唐时期的佛经翻译家和传播人》　　定价:52.00 元

桂宝丽著:《可萨突厥》　　　　　　　　　　　定价:30.00 元

篠原典生著:《西天伽蓝记》　　　　　　　　　定价:48.00 元

〔德〕施林洛甫著,刘震、孟瑜译:

《叙事和图画——欧洲和印度艺术中的情节展现》　定价:35.00 元

马小鹤著:《光明的使者——摩尼和摩尼教》　　定价:120.00 元

李鸣飞著:《蒙元时期的宗教变迁》　　　　　　定价:54.00 元

〔苏联〕伊·亚·兹拉特金著,马曼丽译:

《准噶尔汗国史》(修订版)　　　　　　　　　定价:86.00 元

〔苏联〕巴托尔德著,张丽译:《中亚历史——巴托尔德文集

第 2 卷第 1 册第 1 部分》　　　　　定价:200.00 元(上、下册)

〔俄〕格·尼·波塔宁著,〔苏联〕B.B.奥布鲁切夫编,吴吉康、吴立珺译:

《蒙古纪行》　　　　　　　　　　　　　　　定价:96.00 元

张文德著:《朝贡与入附——明代西域人来华研究》　定价:52.00 元

张小贵:《祆教史考论与述评》　　　　　　　　定价:55.00 元

〔苏联〕K.A.阿奇舍夫、Γ.A.库沙耶夫著,孙危译:

《伊犁河流域塞人和乌孙的古代文明》　　　　定价:60.00 元

敬请期待

许全胜著:《黑鞑事略汇校集注》

贾丛江著:《汉代西域汉人和汉文化》

王永兴著:《敦煌吐鲁番出土唐代军事文书考释》

薛宗正著:《汉唐西域史汇考》

李映洲著:《敦煌艺术论》

徐文堪编:《梅维恒内陆欧亚研究文选》

徐文堪著:《古代内陆欧亚的语言和有关研究》

刘迎胜著:《小儿锦文字释读与研究》

李锦绣编:《20 世纪内陆欧亚历史文化研究论文选粹》

李锦绣、余太山编:《古代内陆欧亚史纲》

·欧·亚·历·史·文·化·文·库·

郑炳林著：《敦煌占卜文献叙录》

陈明著：《出土文献与早期佛经词汇研究》

李锦绣著：《裴矩〈西域图记〉辑考》

李艳玲著：《公元前 2 世纪至公元 7 世纪前期西域绿洲农业研究》

许全胜、刘震编：《内陆欧亚历史语言论集——徐文堪先生古稀纪念》

张小贵编：《三夷教论集——林悟殊先生古稀纪念》

李鸣飞著：《横跨欧亚——马可波罗的足迹》

杨林坤著：《西风万里交河道——明代西域丝路上的使者与商旅》

杜斗城著：《杜撰集》

林悟殊著：《华化摩尼教补说》

王媛媛著：《摩尼教艺术及其华化考述》

李花子著：《长白山踏查记》

芮传明著：《摩尼教东方文书校注与译释》

马小鹤：《摩尼教东方文书研究》

段海蓉著：《萨都剌传》

〔德〕梅塔著，刘震译：《从弃绝到解脱》

郭物著：《欧亚游牧社会的重器——鍑》

王邦维著：《玄奘》

冯天亮著：《词从外来——唐代外来语研究》

芮传明：《内陆欧亚中古风云录》

李锦绣著：《北阿富汗的巴克特里亚文献》

〔日〕荒川正晴著，冯培红译：《欧亚的交通贸易与唐帝国》

孙昊著：《辽代女真社会研究》

赵现海著：《明长城的兴起
　　——"长城社会史"视野下明中期榆林长城修筑研究》

华喆著：《帝国的背影——公元 14 世纪以后的蒙古》

杨建新著：《民族边疆论集》

〔美〕白岚克著，马娟译：《大蒙古国的畏吾儿人》

余太山著：《内陆欧亚史研究自选论集》

淘宝网邮购地址：http://lzup.taobao.com